REFERENCE TO CRIMINAL TRIAL

# 刑事审判参考

中华人民共和国最高人民法院
刑事审判第一、二、三、四、五庭／主办

总第122集

法律出版社
LAW PRESS·CHINA

总第122集

# 刑事审判参考

# 编辑说明

《刑事审判参考》系最高人民法院刑事审判庭主办的业务指导和研究性出版物,自1999年4月创办以来,秉承立足实践、突出实用、重在指导、体现权威的编辑宗旨,在编辑委员会成员、作者和读者的共同努力下,密切联系刑事司法实践,为刑事司法人员提供了有针对性和权威性的业务指导和参考,受到刑事司法工作人员和刑事法律教学、研究人员的广泛肯定和欢迎。

《刑事审判参考》作为最高人民法院用以指导全国各级人民法院刑事审判工作的唯一出版物,由最高人民法院刑事审判第一、二、三、四、五庭共同主办,最高人民法院李少平副院长担任编辑委员会主任,姜伟、高憬宏、杨万明副院长和裴显鼎专委担任副主任。姜伟副院长担任主编,各刑事审判庭庭长担任副主编。

根据《刑事审判参考》主编会的决定,自2012年始,《刑事审判参考》由原32开改版为特16开。改版后的《刑事审判参考》仍为双月出版,全年共出版六集,设有以下栏目:

【指导案例】选择在认定事实、采信证据、适用法律和裁量刑罚等方面具有研究价值的典型案例,详细阐明裁判理由,为刑事司法工作人员处理类似案件提供具体的指导和参考。

【立法、司法规范】收录与刑事司法工作密切相关的法律、行政法规、部门规章、司法解释及其他规范性文件。

【刑事政策】最新的刑事司法政策,如最高人民法院院领导在刑事审判工作会议上的讲话、刑事审判工作会议讨论的问题等。

【审判实务释疑】最高人民法院刑事审判庭解答在刑事审判工作中具有普遍指导价值的法律适用问题。

【理论前沿】摘要登载近期刑事理论界、实务界最新研究成果，及时跟踪研究刑事审判中出现的新问题，为刑事司法人员提供最新理论参考。

【域外司法】评介域外的刑事立法及司法制度、实务问题和典型案例的文章。

【经验交流】地方司法机关制定的刑事司法规范性文件及其背景说明；地方各级人民法院在刑事审判工作中对于某些问题的处理政策和意见等。

【实务探讨】针对刑事司法工作中必须解决的疑难、复杂问题，登载相关学者与司法人员的研究文章，为刑事司法工作人员提供解决相关问题的思路。

【大案传真】登载在社会上影响较大的案件的有关裁判文书，及时传递大要案、热点案件的审判信息。

【疑案争鸣】针对实践中发生的疑难案例，对其中争议问题进行分析，给读者提供参与交流探讨的平台，推动相关问题的深入研究。

【裁判文书选登】选择典型裁判文书进行评析，展现法官智慧，指出不足，促进裁判文书制作水平的不断提高。

最高人民法院刑事审判第一、二、三、四、五庭

# 目　录

**【指导案例】**

余坤锋交通肇事案[第1334号]

——“自首认罪”案件如何理解和把握“证据确实、充分”的证明标准　王　淼　1

邓文均、符纯宣生产、销售有毒、有害食品案[第1335号]

——在食品加工中使用“口水油”并销售的，应认定为生产、销售有毒、有害食品罪　张　川　11

易某某非法经营案[第1336号]

——非法经营烟花爆竹制品行为的定性　刘山焮　肖　波　17

周长兵非法经营宣告无罪案[第1337号]

——未经许可经营保安服务业的行为是否构成非法经营罪以及如何把握“不以单位犯罪论处”的情形　刘晓虎　25

王秀敏故意杀人案[第1338号]

——共同犯罪人先后归案后被分案起诉，法院能否并案审理　齐　素　31

被告人梁某强奸案[第1339号]

——如何运用证据认定熟人之间强奸罪与非罪的界限

万　杰　宋珺梅　许　汪　38

张某文抢劫、抢夺案[第1340号]
——死刑复核程序中发现一审、二审对被告人身份、是否构成累犯等事实认定错误的,应如何处理 范冬明 44
蒲长才盗窃案[第1341号]
——如何确定非数额型盗窃罪的罚金刑数额 王永兴 艾乾宇 51
黄钰诈骗案[第1342号]
——如何区分诈骗罪与民事欺诈 张 勤 57
王江浩挪用资金案[第1343号]
——小区业主委员会主任挪用业主委员会银行账户资金的行为应当如何定性 张 冰 赵 靓 63
周禄宝敲诈勒索案[第1344号]
——利用信息网络敲诈勒索犯罪与利用网络维权的界限 王 东 70
朱伦军寻衅滋事案[第1345号]
——多次拦截儿童强行夺取较低经济价值物品的行为如何定性 彭冬梅 王丽冰 78
蔡恒寻衅滋事案[第1346号]
——凌晨酒后驾车追撵他人机动车,导致车损人伤的行为如何定性 商俊峰 84
夏永华等人开设赌场案[第1347号]
——利用微信群抢红包等方式进行赌博的,能否以开设赌场罪定罪处罚 陆建红 江 华 89
赛黎华、王翼龙贩卖毒品,赛黎华非法持有毒品案[第1348号]
——如何认定毒品犯罪中的同种罪行及非法持有毒品罪中的“持有” 姜琳炜 100
袁七虎容留、介绍卖淫案[第1349号]
——容留、介绍卖淫罪“情节严重”的司法认定 王 敏 107
阎吉粤介绍卖淫案[第1350号]
——利用“QQ”网络建群为群成员卖淫嫖娼活动提供方便的行为应如何定性 李剑弢 113

梁世勋贩卖淫秽物品牟利案[第1351号]
——网络云盘中淫秽物品的数量认定及量刑 赵 芳 陈克娥 119
李群受贿案[第1352号]
——接受他人装修房屋长期未付款,也未有付款表示的行为能否认定为受贿行为 张 晔 125
王琦筠等国家机关工作人员签订、履行合同失职被骗案[第1353号]
——国家机关工作人员虽未在合同上签字署名,但在负责签订、履行合同的调查、核实、商谈等工作过程中,严重不负责任被骗的,如何定性 杨温蕊 袁红玲 130
**【立法、司法规范】**
**最高人民法院 最高人民检察院**
关于办理非法利用信息网络、帮助信息网络犯罪活动等刑事案件适用法律若干问题的解释 139
《关于办理非法利用信息网络、帮助信息网络犯罪活动等刑事案件适用法律若干问题的解释》的理解与适用 145
**最高人民法院**
关于审理走私、非法经营、非法使用兴奋剂刑事案件适用法律若干问题的解释 156
**最高人民法院**
关于依法妥善审理高空抛物、坠物案件的意见 158
**【经验交流】**
**江苏省高级人民法院**
产权刑事司法保护问题研究 162
**江西省高级人民法院**
关于审理串通投标犯罪案件情况的调研报告 188
**【实务探讨】**
论组织卖淫罪的司法适用 潘 洁 197
协助组织卖淫罪的定罪量刑问题 张 剑 210

**【裁判文书选登】**

李旭贪污、受贿案

——四川省成都市中级人民法院刑事判决书 224

# 指导案例

[第 1334 号]

## 余坤锋交通肇事案

——“自首认罪”案件如何理解和把握“证据确实、充分”的证明标准

### 一、基本案情

被告人余坤锋,男,1992 年 6 月 14 日出生。2014 年 8 月 29 日被逮捕。

广东省高州市人民检察院以被告人余坤锋犯交通肇事罪,向高州市人民法院提起公诉,并提出被告人余坤锋具有自首情节。

被告人余坤锋对公诉机关的指控无异议。

高州市人民法院经审理查明:2014 年 8 月 17 日零时,一辆车牌号为粤 KEM626 的小轿车从广东省茂名市往高州市方向行驶,在途经高州市石仔岭大转盘路段时,与从石鼓往高州方向由被害人朱鹏飞驾驶的二轮摩托车发生碰撞,造成两车损坏、朱鹏飞当场死亡的重大交通事故。事故发生后,粤 KEM626 小轿车司机弃车逃离现场。当天 14 时许,本案被告人余坤锋到交警部门投案自首,主动认罪。余坤锋供述称,2014 年 8 月 16 日 23 时许,其到高州乐天大酒店一楼大厅找朋友余来桂玩,在一楼大厅喝咖啡时,余来桂刚好去卫生间,他从桌上拿走余来桂的车钥匙,到停车场开走余来桂的小车,开车返回乐天大酒店时,在石仔岭大转盘处撞上摩托车,他弃车逃离现场。当天上午,家人劝其自首,他在家人及朋友的陪同下到交警部门投案自首。交警部门认定,余坤锋应负事故的全部责任。

粤 KEM626 小轿车的所有人为茂名市车天下汽车租赁有限公司。2014 年 8 月 11 日 21 时,公司将该车租给客户陈乐使用。

高州市人民法院认为,公诉机关指控被告人余坤锋犯交通肇事罪的证据中,除余坤锋的供述和指认笔录外,没有其他证据证实是余坤锋驾驶肇事车辆发生交通事故,余坤锋的供述与其他证据不能形成证据链和相互印证,本案证据证明的结论不具有唯一性,不能排除合理怀疑,公诉机关指控被告人余坤锋犯交通肇事罪事实不清,证据不足,指控的犯罪不能成立。据此,判决如下:

被告人余坤锋无罪。

宣判后,高州市人民检察院以原判认定余坤锋无罪错误为由,向茂名市中级人民法院提出抗诉,茂名市人民检察院审查后支持抗诉。

高州市人民检察院抗诉提出:原判认定被告人余坤锋无罪错误。主要理由是:被告人余坤锋投案自首,到案后如实供述了自己的犯罪行为;余坤锋对案发现场、作案车辆及车辆的内饰、碰撞部位等均作了准确指认,也从保管箱中准确找到肇事车辆的钥匙;交警部门的事故认定书认定余坤锋应负事故的全部责任。

茂名市人民检察院检察员出庭意见:原判错误,应予纠正。主要理由是:本案证据已形成完整证据链条,足以证实被告人余坤锋就是本案的肇事者。案发前,余坤锋所述取车环节得到证人陈乐与余来桂的证言印证;案发时,所述肇事环节与案发现场情况一致;案发后,所述回家商量投案自首环节得到其家人及邻居的证言印证。

被告人余坤锋提出:对公诉机关的抗诉书没有异议,承认自己犯交通肇事罪。其指定辩护人提出:原公诉机关指控余坤锋犯交通肇事罪的证据没有形成证据链,不能相互印证,本案证据证明的结论不具有唯一性,不能排除合理怀疑。主要理由是:首先,在咖啡厅取走车钥匙的事实只有余坤锋的供述,并没有其他证据予以佐证。虽然余坤锋始终承认是其在2014年8月17日零时无证驾驶粤KEM626小轿车发生交通事故,致一人死亡,但其关于如何取车、在何处取车、因何缘故经过案发地点从而发生事故等情节的供述前后矛盾,疑点重重。一是余坤锋关于如何拿走肇事车辆钥匙的情节供述存在前后三次不一致的情况;二是余坤锋关于为何开走肇事车辆的动机供述存在前后矛盾的情况,其开走肇事车辆的动机仍不明确;三是证人余来桂、陈乐的证词与余坤锋的供述存在矛盾；四是余坤锋亲友的询问笔录属于传来证据，不能证明本案的客观事实。其次，余坤锋的指认笔录没有见证人的签名，且卷宗中没有对此的解释或说明，因此该指认笔录不能作为定案的根据。

广东省茂名市中级人民法院经审理认为，本案证实所谓“犯罪各环节”的证据，要么存在矛盾，要么不足。抗诉机关和支持抗诉机关至二审终结前，没有提供充分并足以排除存在矛盾的证据证实被告人余坤锋有犯罪行为。根据《刑事诉讼法》第五十三条第一款“对一切案件的判处都要重证据，重调查研究，不轻信口供”的规定，[①]虽然余坤锋始终“认罪”，但本案没有任何能够将余坤锋与肇事现场或肇事现场车辆联系起来的客观性证据，也没有提取到其作为亲历者所知晓的隐蔽性证据；特别是在如何取得肇事车辆这一重要环节上，余坤锋的供述不但前后不一，亦与其他证人证言相互矛盾；而且，综观全案证据，余坤锋的供述亦存在诸多无法解释的不合常理之处。因此，对原审被告人余坤锋的有罪供述无法查证属实，其有罪供述的真实性存疑，全案证据尚未达到确实、充分的法定证明标准。据此，裁定如下：

驳回抗诉，维持原判。

## 二、主要问题

在“自首认罪”案件中，如何理解和把握“证据确实、充分”的证明标准？

## 三、裁判理由

### （一）对被告人“自首认罪”案件依然应当坚持“事实清楚，证据确实、充分”的证明标准

在审判实务中，被告人“自首认罪”的案件，一般情况下，案件事实是清楚的，证据也是充分的。但是，审判实践表明，即使被告人“自首认罪”的案件，也存在出现冤假错案的风险。所以，在被告人“自首认罪”的案件中，如何坚持证据裁判原则，恪守法定证明标准，贯彻疑罪从无，无论在理论上还

① 此处为修正前的《刑事诉讼法》，对应修正后的《刑事诉讼法》第五十五条第一款。

是在实践中都是一个值得研究的问题。

我们认为,被告人"自首认罪",只是表明被告人对案件事实的主观态度,并不代表案件事实一定是清楚的,证据一定是充分的。对被告人"自首认罪"案件依然应当坚持"事实清楚,证据确实、充分"的证据裁判原则,其理由如下:

1. 重证据,不轻信口供是我国证据制度的重要特点

《刑事诉讼法》第五十三条第一款规定:"对一切案件的判处都要重证据,重调查研究,不轻信口供。只有被告人供述,没有其他证据的,不能认定被告人有罪和处以刑罚;没有被告人供述,证据确实、充分的,可以认定被告人有罪和处以刑罚。"该条第二款规定:"证据确实、充分,应当符合以下条件:(一)定罪量刑的事实都有证据证明;(二)据以定案的证据均经法定程序查证属实;(三)综合全案证据,对所认定事实已排除合理怀疑。"①上述法律规定,体现了我国证据制度不轻信口供的特点。

2. 对被告人认罪的案件,依然严格贯彻证据裁判原则

这可以从我国关于刑事案件速裁程序的有关规定上得到印证。刑事案件速裁制度的基本前提是被告人自愿认罪,包括被告人自首后认罪。对这类案件的证据标准,根据《全国人大常委会关于授权最高人民法院、最高人民检察院在部分地区开展刑事案件速裁程序试点工作的决定》(2014年6月27日)和《最高人民法院、最高人民检察院、公安部、司法部关于在部分地区开展刑事案件速裁程序试点工作的办法》(法〔2014〕220号,以下简称《试点办法》)的规定,适用刑事案件适用速裁程序,案件事实清楚、证据充分是必要条件,而不是只要被告人认罪就可适用刑事速裁程序。并且,《试点办法》第二条还特别规定,犯罪嫌疑人、被告人认罪但经审查认为可能不构成犯罪的,或者辩护人作无罪辩护的,不适用速裁程序。②

3. 被告人认罪不代表案件事实清楚,证据充分

被告人与诉讼结果有切身的利害关系,基于各种目的,其口供可能反映

① 此处为修正前的《刑事诉讼法》,对应修正后的《刑事诉讼法》第五十五条。

② 2018年修正的《刑事诉讼法》吸纳了上述规定内容,详见《刑事诉讼法》第二百二十二条、第二百二十六条。

案件的事实真相，也可能歪曲事实，制造假象。更为甚者，替人顶包或者屈打成招等情况下作出的认罪案件也偶有发现。实践证明，轻信、倚重被告人口供，是造成冤假错案的重要原因之一。因此，对于被告人的口供，决不能盲目地、轻易地认定；在运用被告人口供时，应当注重调查研究，将主要精力放在收集口供以外的其他证据上，用其他证据审查、核实被告人的口供。

（二）对被告人“自首认罪”案件的证据审查，依然应当恪守法定证明标准，对证据进行全局审查判断和综合运用

《刑事诉讼法》第五十三条第二款规定了“证据确实、充分”应当同时具备的三个条件。[①] 据此，证据在量上要求对定罪量刑的事实都有证据证明；在质上要求经过法定程序查证属实，据以定案的证据之间、证据与犯罪事实之间不存在矛盾或者矛盾得以合理排除，而根据证据认定犯罪事实的过程符合逻辑和经验法则，由证据得出的结论具有唯一性，才能达到确实、充分的证明标准。《刑事诉讼法》及相关司法解释对如何审查认定证据及如何对证据进行综合审查与运用作了详细规定。这些规定，既是对审查、运用证据的法定要求，也是审查、运用证据的基本方法。

本案中，虽然被告人“自首认罪”，也不能放松对证据的审查判断，而是要恪守法定证明标准，运用多种方法，对全案证据进行多层次、多角度、全方位的立体化审查判断，在审查判断的基础上进行综合分析，然后得出证据是否确实、充分的结论。

1. 在微观上，对单个证据的证据能力和证明力进行全面审查判断

对单个证据的审查判断是对全案证据审查判断的基础，是确保案件质量的首要环节。这个阶段主要是对单个证据的证据能力和证明力进行审查判断，通过审查将没有证据能力及证明力的证据予以排除。《最高人民法院关于适用〈中华人民共和国刑事诉讼法〉的解释》（以下简称《刑诉法解释》）对如何审查各类证据作了非常详尽的规定。实务中应当遵循这些规定审查证据。

就本案而言，一审、二审法院通过阅卷分析、实地调查、庭审中对出庭民

① 此处为修正前的《刑事诉讼法》，对应修正后的《刑事诉讼法》第五十五条第二款。

警办案过程的询问、征求办案机关的上级机关审查意见等方法，发现本案有两份关键证据，即指认笔录、道路交通事故认定书存在问题，因没有证据能力或缺乏证明力，而不能作为定案根据。

第一，关于指认笔录。从《刑事诉讼法》第四十八条规定看①，法定证据中并没有指认笔录这一证据分类。司法实践中的指认笔录，其实质属于辨认笔录。对于如何审查辨认笔录，《刑诉法解释》第九十条要求，对辨认笔录应当着重审查辨认的过程、方法，以及辨认笔录的制作是否符合有关规定，并列明了辨认笔录不得作为定案根据的六种情形：(1)辨认不是在侦查人员主持下进行的；(2)辨认前使辨认人见到辨认对象的；(3)辨认活动没有个别进行的；(4)辨认对象没有混杂在具有类似特征的其他对象中，或者供辨认的对象数量不符合规定的；(5)辨认中给辨认人明显暗示或者明显有指认嫌疑的；(6)违反有关规定，不能确认辨认笔录真实性的其他情形。就本案而言，除被告人供述外，指认笔录是本案能将余坤锋与肇事现场、肇事现场车辆联系起来的唯一证据。然而，本案中公安、检察机关组织的指认却存在下列问题：(1)指认前指认人已经了解或见到指认对象。一是现场指认笔录。在侦查阶段，被告人并没有对现场进行辨认，而是在法院第一审的第一次开庭之后，侦查机关才作出指认现场笔录，也就是说，在本案中，一审开庭在前，现场指认在后。如此，在现场指认前，通过庭审举证、质证，被告人余坤锋已经全面了解事故现场情况。二是车辆指认笔录。车辆指认笔录除了存在“开庭在前，指认在后”的问题外，还存在见“实物在前，讯问在后”的情况。一般情况下，指认笔录都是侦查机关先讯问被告人，让被告人叙述被指认对象的基本情况，然后进行指认。但本案中，侦查机关先组织被告人余坤锋对肇事车辆进行指认，余坤锋在指认车辆过程中，通过没有玻璃的前窗完全可能看清楚肇事车辆撞击部位以及车内饰品的情况。但侦查机关却在此之后才对余坤锋进行有关肇事车内饰特征的讯问。因此，该讯问没有实质性的意义，对车辆内饰特征的指认笔录也没有实质性的意义。(2)对肇事车钥匙的指认存在瑕疵，车钥匙没有物证提取笔录，来源不清。(3)指认对象没有

① 此处为修正前的《刑事诉讼法》，对应修正后的《刑事诉讼法》第五十条。

混杂在具有类似特征的其他对象中。在组织辨认时，侦查机关没有将指认对象肇事车钥匙混杂在具有类似特征的其他对象中。指认时，辨认对象中其他车钥匙都贴有一个明显的标签，唯独“肇事车钥匙”没有贴标签。(4)现场指认笔录所述部分内容不真实。现场指认笔录记载：“经民警带被告人余坤锋到案发地点进行指认，被告人余坤锋能准确指认两车碰撞的原始地点，与民警制作的现场图吻合。”经查，民警制作的原始现场图中并无两车碰撞原始地点的记载。(5)花坛撞击点的指认结果与现场勘查照片明显不符，不具同一性。余坤锋指认的花坛撞击点附近有一处排水口，而现场勘查照片中显示的花坛撞击点附近并没有排水口。经现场调查比对，两者距离达10多米远。(6)公安、检察机关组织的指认均无见证人。(7)检察机关组织的指认无指认笔录。由此，本案指认笔录存在的上述问题，违反了《刑诉法解释》第九十条的有关规定，故不能作为定案根据。

第二，关于道路交通事故认定书。该认定书认定余坤锋系肇事者，应负事故的全部责任。这是本案证明余坤锋是交通肇事者的直接证据。但是，根据办案民警陈伟兴、李络的出庭证言及茂名市公安局交通警察支队的复函，原审法院认为交警部门之所以认定余坤锋为肇事者，并非依据客观性证据和技术性证据，而主要是依据余坤锋的有罪供述及现场勘验笔录。本案仅仅根据余坤锋的有罪供述及无法确定是否与其具有关联性的现场勘验笔录，就认定余坤锋为交通肇事者，依据不充分。作出该认定书后，虽然公安、检察机关补查了大量证据，但补查后的证据却存在指认笔录制作不科学、不合法；余坤锋的供述内容前后说法不一、又与余来桂、陈乐的证言相互矛盾；现场指认的花坛撞击点与现场勘查照片无法吻合等诸多问题，而且这些证据矛盾亦无法得到排除或合理解释。因此，即使经补查，综合全案证据，道路交通事故认定书的认定依据依然没有得到补强，因而该认定书关于余坤锋为肇事者的结论，依据不充分，不能作为定案根据。

2. 在案件事实层面，对被告人所述“各犯罪环节”的证据进行全面审查判断

根据被告人余坤锋的供述，可以将整个案件的发展过程分为案发前“取车”环节、案发时“肇事”环节、案发后“自首”环节。为准确认定案件事实，法

院采取纵横对比分析的方法,分别对每个环节的证据进行逐一审查判断。

第一,关于能否认定被告人余坤锋所述"取车"一节。

关于被告人余坤锋所述"取车"一节,在案证据不但相互矛盾,而且不合常理。余坤锋关于去乐天大酒店的原由、当时几人在场、谁将车钥匙放在桌面、谁去了卫生间、开车的动机等细节供述前后矛盾,说法不一,且与余来桂的证言不能吻合。此外,由于陈乐、余来桂与交通肇事的车辆存在关联,案发后两人又同时去向不明,直至二审阶段才现身,故陈乐、余来桂证言的可信度较低。因此,现有证据不足以证明余坤锋所述在乐天大酒店擅自开走他人车辆的事实。

第二,关于能否认定被告人余坤锋所述"肇事"一节。

根据法医学尸体检验鉴定报告、现场勘查笔录和现场图、证人梁兴有的证言等证据,虽然可以证实发生重大交通事故的事实,但却无法建立上述证据与被告人余坤锋之间的实质性联系,根据上述证据不能得出余坤锋就是肇事者的结论。此外,现场目击证人梁兴有证言与余坤锋供述相互矛盾。梁兴有证实,小车停下后从驾驶室冲下来一名男青年,片刻都没有停留,径直往乐天大酒店方向逃离事故现场,但余坤锋却供称车停止下来后,他还下车看了看车底有没有东西,然后往金山方向逃回家。另外,余坤锋指认的花坛撞击点与现场勘查照片中显示的花坛撞击点亦明显不符,相互矛盾。因此,关于余坤锋所述"肇事"一节,由于没有其他证据可以印证,在案证据又相互矛盾,也无法认定。

第三,关于能否认定被告人余坤锋所述"自首"一节。

关于被告人余坤锋所述"自首"环节,有证人杨秀华、余坤良、陈彩云、余焕杰、余碧霞、李络、陈伟兴等证言证明,与破案经过吻合,可以认定。但上述证据除能证明余坤锋对上述证人讲过自己"开车肇事"的事实外,并不能够证明余坤锋所讲的话就具有真实性,就是客观事实。

所谓千里之堤溃于蚁穴,定案的证据体系也是如此。虽然本案余坤锋所述"各犯罪环节"在形式上都有证据证实,但在案证据有数量无质量,又相互矛盾,其所述"各犯罪环节"中每个环节的证据都不确凿、不充分、不牢靠,检察机关所构筑的指控犯罪证据体系根基脆弱,存在错案的重大隐患与风险。

3. 在宏观上，综合全案证据，从主客观两个方面、正反两个维度对整个指控证据体系进行全面审查判断

在宏观上对全案证据进行综合审查判断，是法院最终形成定案结论的关键环节。对全案证据进行综合审查判断，要从主、客观两个方面、正、反两个维度展开。在客观上，运用印证方法审查判断全案证据与待证事实的内在联系，看能否形成闭合的完整证据链条，从正面对案件证明体系进行积极的构建；在主观上，运用排除合理怀疑方法审查判断在案证据的矛盾和疑点，看能否形成内心确信，从反面进行验证、证伪。

在客观上，本案证据存在先天缺陷、在案证据之间缺乏内在关联，无法形成有效印证。由于没有调取到案发当日乐天大酒店、被告人余坤锋所述行车轨迹的监控视频；没有调取到余坤锋、陈乐、余来桂、余坤良、杨秀华等人的通话记录；没有提取肇事车辆上的有关物品、痕迹、生物检材等物证；没有根据余坤锋的供述，提取到任何隐蔽性证据，致使本案缺乏将余坤锋与肇事现场或肇事现场车辆联系起来的客观性证据。除余坤锋的供述外，本案唯一能将余坤锋与肇事现场、肇事车辆联系起来的证据就是指认笔录。由于该笔录不能作为定案根据，故本案没有能够将余坤锋与肇事现场或肇事现场车辆联系起来的任何客观证据。

在主观上，本案不能排除合理怀疑，得出唯一结论，无法有效形成心证。本案证据之间，证据与案件事实之间存在众多矛盾，如在“取车”环节被告人余坤锋的供述反复不定，自相矛盾，其供述与余来桂的证言也不能印证；在“肇事”环节余坤锋的供述与现场目击证人的证言相互矛盾，其指认的花坛撞击点与现场勘查照片不符等。此外，本案还有诸多不合常理之处，如余坤锋始终说不清开车的动机、汽车档位的功能、当晚一起喝咖啡的朋友“阿庆”的具体身份信息；案发后，余坤锋半夜三更舍近求远地跑到别人家借手机，再回到自家打电话；案发后，本案肇事车辆关联人陈乐、余来桂又同时失踪；余坤锋始终否认案发后与当晚肇事车辆的实际控制人余来桂有过联系等。这些证据矛盾和疑点既无法排除，也不能作出合理解释。而证据矛盾和疑点正是审判实践中检验所认定事实是否已排除合理怀疑的切入口。排除合

理怀疑的过程,就是心证形成的过程。因此,综合全案证据,本案证据中矛盾、疑点与逻辑、经验法则相违背,不能排除合理怀疑,得出唯一的事实结论。

检察机关依法承担证明被告人有罪的举证责任,应当提供确凿、充分的证据来证明被告人有罪。本案中,对被告人余坤锋是否犯罪既不能证实,也不能证伪,属于“定放两难”的“疑罪”案件。而“疑罪”的存在,意味着检察机关提供的证据不足以认定犯罪行为系被告人实施。“疑罪”是检察机关未能实现证明责任的结果,其本身并不以被告人是否“认罪”为前提。所以,即使被告人“认罪”,但如果其有罪供述的真实性缺乏保障,在案证据未能达到确实、充分标准,也不能认定被告人有罪。一审、二审法院依照证据规则依法判定余坤锋无罪是正确的,充分贯彻了疑罪从无的审判原则。

(撰稿:广东省茂名市中级人民法院　王　淼
审编:最高人民法院刑四庭　陆建红)

[第 1335 号]

# 邓文均、符纯宣生产、销售有毒、有害食品案

——在食品加工中使用“口水油”并销售的，应认定为生产、销售有毒、有害食品罪

## 一、基本案情

被告人邓文均，男，1968 年 1 月 8 日出生，原浙江省温州市瓯海郭溪符纯宣火锅店经营者。2016 年 12 月 18 日被逮捕。

被告人符纯宣，女，1968 年 7 月 18 日出生，原浙江省温州市瓯海郭溪符纯宣火锅店经营者。2017 年 6 月 23 日被逮捕。

浙江省温州市瓯海区人民检察院指控被告人邓文均、符纯宣犯生产、销售有毒、有害食品罪，向温州市瓯海区人民法院提起公诉。

被告人邓文均、符纯宣对起诉书指控的基本事实及适用的法律均无异议，二辩护人均提出本案查获的“口水油”与“地沟油”、“泔水”等有别，系“四川老油”的做法，不具有实质危害性，二被告人对制作和添加“口水油”的违法性认识不足，其夫妇二人经营时间不长，规模小，归案后均有坦白表现，建议从轻处罚并适用缓刑。

温州市瓯海区人民法院经审理查明：2015 年 5 月 1 日始，被告人邓文均、符纯宣在温州市瓯海区郭溪街道梅屿村温瞿东路 1256 号共同经营一家“老四川火锅店”，并于同年 6 月 24 日依法登记为温州市瓯海郭溪符纯宣火锅店，符纯宣为该店的负责人。邓文均、符纯宣在经营该火锅店的过程中，为节约成本，将顾客吃剩的火锅汤料回收后过滤到水桶内，再放在锅里进行熬制，将回收的废弃油再供顾客食用，进行循环销售从中牟利。2016 年 11 月 30 日 20 时许，该火锅店被执法人员查获，现场缴获已回收尚未熬制的火

锅汤料油水 9.865 公斤。

温州市瓯海区人民法院认为,被告人邓文均、符纯宣违反食品安全管理法规,在加工食品中掺入非食品原料并进行出售,其行为均已构成生产、销售有毒、有害食品罪,公诉机关指控的罪名成立。邓文均、符纯宣在归案后均能如实供述自己的罪行,结合具体案情,予以不同程度的从轻处罚。依照《中华人民共和国刑法》第一百四十四条、第二十五条第一款、第六十七条第三款、第六十四条之规定,判决如下:

一、被告人邓文均犯生产、销售有毒、有害食品罪,判处有期徒刑九个月,并处罚金人民币一万元。

二、被告人符纯宣犯生产、销售有毒、有害食品罪,判处有期徒刑七个月,并处罚金人民币一万元。

一审判决后,二被告人均未提出上诉,检察机关亦未抗诉。判决已发生法律效力。

## 二、主要问题

将火锅店顾客吃剩的火锅底料通过加工分离出剩油,再制作锅底油的行为应如何定性?

## 三、裁判理由

近年来,四川、重庆等地的一些火锅店被媒体曝出使用"老油"制售火锅底料,所谓"老油"就是回收火锅店顾客吃剩的火锅底料,过滤再加工之后分离出来的剩油,被人们形象地称为"口水油"。这一行业潜规则被曝光后,在四川、重庆火锅行业内引发餐桌食品安全风暴,为此重庆火锅协会、四川省饭店与餐饮娱乐行业协会均组织会员单位作出承诺"推行一次性锅底油"。本案在审理过程中,对于被告人邓文均、符纯宣将火锅店顾客吃剩的火锅底料通过加工分离出剩油,再制作锅底油的行为应如何处理,存在两种不同观点:

第一种观点认为,涉案的"口水油"与"地沟油"有别,经过高温烧煮后没有实质危害性,不属于废弃油脂,本案没有证据证实涉案的火锅汤料含有有毒、有害物质,故二被告人的行为不构成生产、销售有毒、有害食品罪。如果二被告人的行为足以造成严重食物中毒或者其他严重食源性疾病,可以构成生产、销售不符合安全标准的食品罪。

第二种观点认为,“口水油”中积聚大量的有毒有害物质,属于废弃食用油脂,能够认定为有毒、有害的非食品原料,使用“口水油”加工食品并用于出售,构成生产、销售有毒、有害食品罪。

我们同意第二种观点,具体理由如下:

(一)使用“口水油”会对人体健康造成严重危害

本案在审理中,二被告人辩解他们的做法是“四川老油”的传统做法。在此,有必要厘清传统“四川老油”“地沟油”与上述被查出的“口油水”之间的区别与联系。传统“四川老油”不同于“口水油”,“老油”与“老汤(卤)”的做法类似,取自第一锅油,当第二次熬油时倒入保存的第一锅油,同时重新添加新油和新的调料进行熬制,熬好后再取出一定量予以保存,如此重复使用,使得“老油”内积聚的芳香物质越来越多,通过“老油”熬煮食物主料能够更加美味。这里“老油”的回收保存和重复使用仅限于厨房的加工制作阶段,没有掺入食物主料,更没有进入食用环节,与本案被查处的“口水油”明显不同。另外,关于“地沟油”与“口水油”的区分,大众理解的“地沟油”是指下水道污水中的油脂漂浮物、混杂着各种餐厨垃圾的泔水(潲水)中的油脂漂浮物以及劣质肉(含肉制品、下脚料)中的油脂等,而本案中被查处的“口水油”主要是指对剩余食物底料中的油脂进行回收和重复使用的油脂,没有与污水、垃圾、洗涤剂等物混杂,与狭义上的“地沟油”有别。但使用“口水油”同样具有严重危害,具体如下:(1)一些常见的诸如甲肝病毒、乙肝病毒、结核杆菌等传染性病菌均可以通过唾液传播,携带上述病菌的人食用后的食物底料中同样有可能残存上述病菌,再经提炼加工后反复使用这样的食物底料,存在交叉污染、感染他人的可能;(2)火锅店收集的剩余食物底料中的油水通常需要放置一段时间后才能重新熬煮,由于油水中除油脂外,还混合有水、各种食物主料(调料)残余、唾液酶等其他物质,很容易发生水解和氧化并导致油脂酸败、细菌(病菌)滋生,如空气中普遍存在的含毒性的黄曲霉菌等的滋生;(3)油脂经过多次加热使用后,在高温条件下会发生反式异构化、过氧化、热裂解等多种反应,油脂中的营养成分被破坏,有害的反式脂肪酸会增加,同时还会产生多种慢性致癌物质。另外,像黄曲霉菌等耐热性细菌即便经过高温处理,也难以有效去除。上述三种原因使得油脂中有毒、有害物质不断积聚,最终危害人体健康。以“口水油”制售火锅底料的商家对外打着传统“四川老油”的旗号,以增加食物美味度为噱头,实质上是出于减少经营成本、谋取高额利润的考量而枉顾国家法纪和消费者的身体健康,商家在高额利润的驱使下无限制地重复回收和使用经他人食用后的剩余火锅底料中的油脂,油脂中积聚的有毒、有害物质的数量巨大,“口水油”的危害性也就不言自明了。

(二)“口水油”属于有毒、有害的非食品原料

“口水油”属于废弃食用油脂。前述第一种观点认为,“口水油”没有混杂污水和垃圾,来自经他人食用后的剩余食物底料,不属于废弃食用油脂,这种观点与事实不符。

首先,“口水油”不符合人们的正常卫生生活习惯。经营食品的商家应当向消费者提供符合卫生要求的、未经污染未经食用的食物(含原料、辅料),这符合社会大众正常的、一般的消费心理要求,在观念上群众无法接受食用沾染过他人“口水”的食物。他人食用后的剩余食物底料应当废弃,不能重复回收和使用,这符合社会大众的普遍性认知。

其次,“口水油”不符合有关食品安全的法律法规标准。《食品安全法》第三十四条规定,禁止生产经营用非食品原料生产的食品……或者用回收食品作为原料生产的食品。《餐饮业和集体用餐配送单位卫生规范》第十四条规定,不得将回收后的食品(包括辅料)经烹调加工后再次供应。根据上述规定,即便没有混杂污水和垃圾,他人食用后的剩余食物底料也应禁止用于加工食品或再次供应。何况火锅店从餐桌上收集的剩余食物底料未经严格检查和分拣,还带有食物残渣(壳、骨、刺等)和其他非食品残留物(如烟头、纸巾、牙签等),故对他人食用后的剩余食物底料应认定为餐厨废弃物,上述底料中的油脂属于废弃食用油脂。根据原国家卫生计生委发布的《食品中可能违法添加的非食用物质名单》(第三批)的规定,废弃食用油脂属于非食用物质名单。

最后，有关司法解释对废弃油脂的性质也有专门解释。根据《最高人民法院、最高人民检察院关于办理危害食品安全刑事案件适用法律若干问题的解释》第九条、第二十条的规定，国务院有关部门公布的《食品中可能违法添加的非食用物质名单》上的物质应当认定为“有毒、有害的非食品原料”，使用有毒、有害的非食品原料加工食品的，依照《刑法》第一百四十四条的规定以生产、销售有毒、有害食品罪定罪处罚。最高人民法院、最高人民检察院、公安部发布的《关于依法严惩“地沟油”犯罪的通知》中亦规定，废弃油脂属于非食品原料，用废弃油脂生产加工的食用油属于“地沟油”等。

由此可见，“口水油”作为废弃食用油脂，属于国家卫生主管机关明令禁止使用的非食用物质，属于刑法概念中的有毒、有害的非食品原料，使用“口水油”这一非食品原料加工食品并用于出售，构成生产、销售有毒、有害食品罪。

需要说明的是，“口水油”犯罪是继“地沟油”犯罪之后出现的新型危害食品安全的犯罪类型，是“地沟油”犯罪的变种。鉴于食品检验的有限性及依法从严打击食品安全犯罪的需要，目前在司法实践中不宜以证据材料中缺少对“口水油”是否含有有毒、有害物质的鉴定意见便认为证据不足，不将“口水油”认定为有毒、有害的非食品原料。鉴定意见虽然直观且客观，具有较高的信服度，但不能仅以此为标准，而应本着主客观相统一的原则，结合“口水油”具有实质危害性、回收和使用“口水油”的行政违法性以及法律和司法解释的相关规定，依法对“口水油”犯罪判处刑罚。

本案中，被告人邓文均和符纯宣夫妇在经营“老四川火锅店”期间，被公安机关查获回收的火锅汤料一桶，虽然卷中没有对涉案火锅汤料是否含有有毒、有害物质进行鉴定，但结合二被告人关于回收提取剩余火锅汤料中的“口水油”以及使用“口水油”烧煮食物用于出售的供述、“口水油”系有害人体健康的物质等情况，可以依照《刑法》及司法解释的规定，直接认定二被告人为追求非法利益，违反食品安全管理法规和餐饮业卫生规范，使用有毒、有害的非食品原料（“口水油”）加工（烧煮）食品并出售的事实，鉴于生产、销售有毒、有害食品罪属于行为犯，只要实施该行为，无论有无造成危害后果，均已构罪，故对二被告人均应追究刑事责任。

综上所述,原审法院考虑二被告人仅在自己火锅店内自制自用“口水油”的行为与专门回收、加工、对外销售废弃食用油脂的行为有别、店内经营的规模较小以及被告人邓文均在制售“口水油”中所起作用较大等情况,以生产、销售有毒、有害食品罪判处被告人邓文均有期徒刑九个月并处罚金人民币一万元,判处被告人符纯宣有期徒刑七个月并处罚金人民币一万元,是适当的。

**(撰稿:浙江省温州市瓯海区人民法院　张　川**
**审编:最高人民法院刑四庭　陆建红)**

[第1336号]

# 易某某非法经营案

## ——非法经营烟花爆竹制品行为的定性

### 一、基本案情

被告人易某某，男，1970年7月28日出生，某某国籍。2014年6月27日因涉嫌犯非法买卖爆炸物罪被逮捕。

广东省广州市人民检察院指控被告人易某某犯非法买卖爆炸物罪，向广州市中级人民法院提起公诉。

广州市人民检察院指控：2013年8月，马某分别与被告人易某某及艾某（另案起诉）商定：由易某某采购玩具枪用8发塑料圆盘击发帽；艾某负责储存并联系货运公司、报关中介报关出境到某某国。2013年8月23日，易某某应马某要求，以人民币118 800元向江西省万载县鑫蓝商贸有限公司购买玩具枪用8发塑料圆盘击发帽500件（每件2箱，共1 000箱）。2013年8月26日，鑫蓝商贸有限公司将该批物品从江西省上栗县运输到广东省广州市，并存放在艾某联系的广州市白云区西槎路增宝街33号增宝仓库907仓内。

之后，艾某联系广州市固为货运有限公司业务员黄某某（另案处理），由黄某某联系货运公司、报关中介后，将其中的击发帽200箱伪装成鞋子、石棉瓦报关、运输出境。

2013年9月9日，艾某联系黄某某将剩余的击发帽800箱报关、运输出境。黄某某联系货运公司、报关中介后，艾某指使被害人吕萌等到增宝仓库907仓装货。2013年9月10日12时许，搬运工人搬运上述爆炸物时发生爆炸，爆炸当量约为130公斤（TNT），导致8人当场死亡及多名群众受伤。经检验，在爆炸现场提取的未爆玩具枪用8发塑料圆盘击发帽里火药中检出氯酸钾和红磷成分；在爆炸现场提取的已爆8发塑料圆盘击发帽碎片中检出氯离子、氯酸根离子、钾离子和磷元素;在爆炸现场提取的集装箱货车车厢碎片检出氯离子、氯酸根离子、钾离子和磷元素。

被告人易某某辩解,其没有和马某、艾某对购买击发帽进行商定,其只是受马某的委托帮忙订货、支付货款,而且购买的击发帽只是小孩子的玩具,不是爆炸物品,鑫蓝商贸有限公司有合法的生产许可,这宗生意是合法的。

被告人易某某的辩护人提出,涉案物品击发帽正规的名称叫急纸(订单、收据写为击纸),属于玩具类的摩擦型D级烟花,不属于刑法意义上的爆炸物,不能以现场勘查检验出有爆炸物成分就认定急纸属于爆炸物;我国法律、法规不认为烟花爆竹属于《刑法》第一百二十五条所指的爆炸物;本案不能适用《最高人民法院、最高人民检察院、公安部、国家安全监管总局关于依法加强对涉嫌犯罪的非法生产经营烟花爆竹行为刑事责任追究的通知》,该通知中有关爆炸物部分只是针对黑火药、烟火药适用法律问题的指导性意见,而黑火药、烟火药只是烟花爆竹的部分原材料,不等同于烟花爆竹产品本身;不能以爆炸后果的严重性作为指控易某某构成非法买卖爆炸物罪的理由,该罪属于行为犯,不是结果犯,而且爆炸的结果是由于搬运过程中搬运工过失行为造成的,不是买卖行为造成的;被告人没有犯罪的主观故意;本案涉案物品到底是500件急纸,还是45件急纸和455件砂炮引发爆炸存在事实不清的情况,请求法院对被告人易某某作出无罪判决。

广州市中级人民法院经审理后认为,被告人易某某在浙江省义乌市成立的贸易商行经营范围是鞋、服装、五金工具及箱包批发,该商行经营范围不包括烟花爆竹。我国对烟花爆竹的生产、经营、运输、出口等实行许可证制度,易某某在未取得《烟花爆竹经营(零售)许可证》情况下购买击发帽500箱用于出口属于非法经营行为。击发帽属于易燃易爆物品,但不属于爆炸物。依照《中华人民共和国刑法》第六条第一款、第二百二十五条第一款、第五十二条、第五十三条、第三十五条之规定,判决如下:

被告人易某某犯非法经营罪,判处有期徒刑十年,并处罚金人民币十万元,附加驱逐出境。

一审宣判后,被告人易某某提出上诉。

广东省高级人民法院经审理后，认为原判认定事实清楚，证据确实、充分，定罪准确，量刑适当。审判程序合法。裁定驳回被告人易某某的上诉，维持原判。

## 二、主要问题

非法经营烟花爆竹制品的行为，应当如何定性？

## 三、裁判理由

根据2012年9月6日最高人民法院、最高人民检察院、公安部、国家安全监管总局发布的《关于依法加强对涉嫌犯罪的非法生产经营烟花爆竹行为刑事责任追究的通知》(安监总管三〔2012〕116号，以下简称《非法生产经营烟花爆竹通知》)中规定，非法生产、经营烟花爆竹及相关行为涉及非法制造、买卖、运输、邮寄、储存黑火药、烟火药，构成非法制造、买卖、运输、邮寄、储存爆炸物罪的，应当依照《刑法》第一百二十五条的规定定罪处罚；非法生产、经营烟花爆竹及相关行为涉及生产、销售伪劣产品或不符合安全标准产品，构成生产、销售伪劣产品罪或生产、销售不符合安全标准产品罪的，应当依照《刑法》第一百四十条、第一百四十六条的规定定罪处罚；非法生产、经营烟花爆竹及相关行为构成非法经营罪的，应当依照《刑法》第二百二十五条的规定定罪处罚。

根据上述规定，对本案被告人易某某未取得烟花爆竹经营许可证而非法买卖8发塑料圆盘击发帽的行为，在审理过程中产生了两种意见：

第一种意见认为，应当构成非法买卖爆炸物罪。理由是被告人易某某买卖的8发塑料圆盘击发帽内含烟火药，因此属于爆炸物，易某某的行为属于非法买卖爆炸物。

第二种意见认为，应当构成非法经营罪。理由是被告人易某某买卖的8发塑料圆盘击发帽虽然内含烟火药，是烟花爆竹制品，但不应认定为刑法意义上的爆炸物。易某某未取得相关行政许可买卖烟花爆竹制品，严重扰乱了市场秩序，其行为应构成非法经营罪。

我们同意第二种意见。理由如下：

（一）不能将烟花爆竹制品直接认定为刑法意义上的爆炸物

《刑法》并未明确规定爆炸物的范围，2014年修订的《民用爆炸物品安全管理条例》第二条第二款规定："民用爆炸物品，是指用于非军事目的、列入民用爆炸物品品名表的各类火药、炸药及其制品和雷管、导火索等点火、起爆器材。"《最高人民法院关于审理非法制造、买卖、运输枪支、弹药、爆炸物等刑事案件具体应用法律若干问题的解释》（2009年修正）第一条第六款规定，非法制造、买卖、运输、邮寄、储存炸药、发射药、黑火药一千克以上或者烟火药三千克以上、雷管三十枚以上或者导火索、导爆索三十米以上的，以非法制造、买卖、运输、邮寄、储存爆炸物罪定罪处罚。根据上述行政法规和司法解释的规定，刑法意义上的"爆炸物"应包括炸药、发射药、黑火药、烟火药和雷管、导火索、导爆索等物品。

那么，本案中被告人易某某买卖的8发塑料圆盘击发帽能否认定系刑法意义上的爆炸物呢？根据2013年3月1日实施的《烟花爆竹安全与质量》4.1产品类别规定，"8发塑料圆盘击发帽"属于玩具类摩擦型D级烟花。烟花爆竹产品按照药量及所能构成的危险性大小分为A、B、C、D四级，D级适于近距离燃放、危险性很小。根据现场勘验、检查笔录和技术鉴定意见，本案引发爆炸的8发塑料圆盘击发帽火药中检出氯酸钾和红磷成分，系烟火药。

因此，烟花爆竹制品中含有黑火药或者烟火药成分，并不能简单就认定为"爆炸物"，并因此将买卖烟花爆竹制品的行为认定为非法买卖爆炸物。首先，烟花爆竹制品一般或含有火药成分或含有引火线等点火引爆物品，如果只要含有这些物品就是爆炸物，那么行政法规和司法解释应当在相关规定明确将烟花爆竹制品列在其中，事实上行政法规和司法解释却并没有如此规定，可见含有火药、引火线等的物品与爆炸物不能直接画等号。其次，从黑火药、烟火药的物质属性来看，火药的危险性大小与其数量多少有直接联系，火药经过分装制成烟花爆竹成品后，威力降低、爆炸属性减弱、娱乐属性更强。因此，将烟花爆竹制品列为刑法意义上的爆炸物会扩大打击面，与普通民众的认识观念、传统习俗不符。

基于上述理由，2016年修订的《烟花爆竹安全管理条例》第二条规定:“……本条例所称烟花爆竹,是指烟花爆竹制品和用于生产烟花爆竹的民用黑火药、烟火药、引火线等物品。”可见,烟花爆竹包括成品意义上的烟花爆竹制品和用于生产烟花爆竹制品的民用黑火药、烟火药、引火线等原料。同时,原国防科工委、公安部2016年出台的《民用爆炸物品品名表》中明确规定,黑火药属于民用爆炸物,但“用于生产烟花爆竹的黑火药除外”。

根据上述规定,涉案的“8发塑料圆盘击发帽”应当认定为含烟火药的烟花爆竹制品,而非刑法意义上的爆炸物。

### (二)以出口烟花爆竹为目的买卖烟花爆竹制品,不构成非法买卖爆炸物罪

将购买烟花爆竹制品的行为认定为刑法意义上的非法买卖爆炸物,必须坚持主客观相一致的原则。如果行为人非法买卖烟花爆竹制品的目的是追求产品的娱乐属性、商品属性,而不是为了获取烟火药或黑火药的爆炸属性,客观上也只是将烟花爆竹制品作为烟花爆竹制品使用或出售,就不应将烟花爆竹制品理解为爆炸物品。反之,行为人非法买卖烟花爆竹制品,是为了获取烟花爆竹制品中的黑火药、烟火药,并达到《解释》第一条第六款规定的数量标准的,则构成非法买卖爆炸物罪。

本案被告人易某某始终供述,其在某某国的朋友请求其帮忙在浙江义乌小商品市场采购一种儿童玩具塑料手枪击打后发声的物品“¤”,此物在义乌市场很常见,其因此代朋友购买并运至广州交给艾某,由艾某负责出口事务。可见,易某某买卖8发塑料圆盘击发帽并非为提取其中所含的火药,也没有实施从该物中提取火药的行为,因此,不宜认定其行为构成非法买卖爆炸物罪。

### (三)正确理解《刑法》第二百二十五条第(一)项和第(四)项的规定

《烟花爆竹安全管理条例》第三条规定,我国对烟花爆竹的生产、经营、运输和举办焰火晚会以及其他大型焰火燃放活动,实行许可证制度。未经许可,任何单位或者个人不得生产、经营、运输烟花爆竹,不得举办焰火晚会以及其他大型焰火燃放活动。有一种观点据此认为,被告人易某某在未取得《烟花爆竹经营(批发)许可证》和《烟花爆竹经营(零售)许可证》的情况下从事烟花爆竹经营活动,符合《刑法》第二百二十五条第(一)项规定的“未

经许可经营法律、行政法规规定的专营、专卖物品或者其他限制买卖的物品”。其实,这是一种误解。

1.烟花爆竹制品不属于“专营专卖物品”

专营专卖作为一种制度,是指国家以法律的形式明确规定某种商品的生产、买卖由国家设立或指定的机构运用统一的管理体系实行独占经营,从而形成一种特殊的行政管理手段。我国依法存在的专营专卖制度主要包括食盐专营、烟草专卖。因此,专营专卖具有国家垄断经营的性质。例如,根据《食盐专营办法》第八条规定,国家实行食盐定点生产制度,非食盐定点生产企业不得生产食盐。该办法第十二条规定,国家实行食盐定点批发制度。非食盐定点批发企业不得经营食盐批发业务。因此,非食盐定点生产企业生产食盐,或者非食盐定点批发企业经营食盐批发业务,就是我国《刑法》第二百二十五条第(一)项所规定的“未经许可经营法律、法规规定的专营专卖物品”。这里的未经许可之许可并不是我国《行政许可法》所规定的许可,而是指未经法律授权。违反这个意义上的许可,就是违反国家法律的禁止性规定,具有违法性。除了违反专营专卖法以外的违反行政许可的经营行为不能归入《刑法》第二百二十五条第(一)项的规定,我国《行政许可法》规定的许可,无论是特许还是一般许可,都是对本来就有权实施的行为设定一定的条件,因此违反这种行政许可,还不能认定为是违反国家法律的禁止性规定。由此可见,违反行政许可与违反专营专卖的许可,两者的性质并不相同,在法律上不能等同视之。

2.烟花爆竹制品也不属于“限制买卖的物品”

限制买卖的物品,是指国家在一定时期实行限制性经营的物品。例如,民用爆炸物,《民用爆炸物管理条例》第三条规定:“国家对民用爆炸物品的生产、销售、购买、运输和爆破作业实行许可证制度。未经许可,任何单位或者个人不得生产、销售、购买、运输民用爆炸物品,不得从事爆破作业。严禁转让、出借、转借、抵押、赠送、私藏或者非法持有民用爆炸物品。”因此,民用爆炸物属于典型的限制买卖物品。两相比较可见,烟花爆竹和烟花爆竹制品不属于限制买卖物品,因为个人如果不是以经营为目的,而是为了满足燃放、娱乐需要,完全可以自由买卖烟花爆竹或者烟花爆竹制品。

因此,不能依据《刑法》第二百二十五条第(一)项认定未经许可经营烟花爆竹制品的行为构成非法经营罪。

3. 本案应当适用《刑法》第二百二十五条第(四)项的规定

《刑法》第二百二十五条第(四)项作为非法经营罪的兜底条款,在适用时一定要慎重。之所以能适用《刑法》第二百二十五条第(四)项的规定认定本案构成非法经营罪,原因如下:

根据《非法生产经营烟花爆竹通知》的规定,非法生产、经营烟花爆竹制品行为是可以构成非法经营罪的。前文我们已经论述过,烟花爆竹制品不属于专营专卖物品和限制买卖物品,因此经营烟花爆竹制品的行为只能根据《刑法》第二百二十五条第(四)项的规定构成非法经营罪。

非法经营烟花爆竹制品的行为要认定为"其他严重扰乱市场秩序的非法经营行为"构成非法经营罪,必须和第二百二十五条前三项在社会危害性方面具有相当性,同时符合以下三个特征,即违反国家规定、扰乱市场经济秩序和情节严重。从本案案情考察,被告人易某某未经许可经营烟花爆竹制品的行为具备以上三个特征。

首先,2011年4月8日最高人民法院发布的《关于准确理解和适用刑法中"国家规定"的有关问题的通知》(以下简称《"国家规定"通知》)中指出:"根据《刑法》第九十六条的规定,刑法中的'国家规定'是指,全国人民代表大会及其常务委员会制定的法律和决定,国务院制定的行政法规、规定的行政措施、发布的决定和命令。"被告人易某某擅自经营烟花爆竹制品的行为,违反了《烟花爆竹安全管理条例》第三条的规定,"国家对烟花爆竹的生产、经营、运输和举办焰火晚会以及其他大型焰火燃放活动,实行许可证制度。未经许可,任何单位或者个人不得生产、经营、运输烟花爆竹,不得举办焰火晚会以及其他大型焰火燃放活动"。该条例于2006年1月11日国务院第121次常务会议通过,自公布之日起施行,后又于2016年2月6日经中华人民共和国国务院令第666号《国务院关于修改部分行政法规的决定》修订,属于行政法规,根据上述《"国家规定"通知》规定,违反该条例属于"违反国家规定"。

其次,本案中的未经国家许可经营烟花爆竹制品的行为,违反了烟花爆竹安全管理制度,扰乱了市场秩序,产生了刑法意义上的危险后果。虽然涉案的8发塑料圆盘击发帽是危险性小的D级烟花,但被告人易某某购买烟花爆竹制品1 000箱,如此巨大数量的含有火药的烟花爆竹制品需要运输、仓储、分装,如果未取得许可证、不按照规范流程操作,随时可能发生危险。

最后,可以比照《刑法》第二百二十五条前三项的行为"情节严重"的程度或者第二百二十五条相关司法解释对"情节严重"的规定来确定情节是否严重。根据《刑法》及相关司法解释的规定,目前认定的非法经营行为有非法经营烟草、出版物和通过信息网络有偿发布或删除信息等,一般以非法经营数额、违法所得数额、实施非法经营行为的次数、实施非法经营行为的后果和影响等作为"情节严重"的考量标准。本案被告人易某某购买烟花爆竹制品1 000箱,非法经营数额达11.88万元,且所经营的烟花爆竹制品在后续仓储搬运的过程中造成了8人死亡、多人受伤和巨大财产损失的后果,应当认定为"情节严重"。

需要说明的是,被告人易某某向有合法生产资质的厂家订购烟花爆竹制品后,直接让厂家发货给艾某,并要求保证运输安全,在一定程度上注意了防范爆炸风险;事故发生时涉案烟花爆竹制品已运至广州交接给艾某,后续储存、出口相关事宜均由艾某负责,易某某对此未与艾某商议更无法管理、控制,故未再认定易某某的行为构成危险物品肇事罪等其他罪名。

**(撰稿:最高人民法院刑二庭　刘山煸　肖　波**

**审编:最高人民法院刑二庭　韩维中)**

[第 1337 号]

# 周长兵非法经营宣告无罪案

## ——未经许可经营保安服务业的行为是否构成非法经营罪以及如何把握“不以单位犯罪论处”的情形

### 一、基本案情

被告人周长兵,男,汉族,1982 年 4 月 12 日出生,华北中安(北京)安全技术服务有限公司法定代表人。2011 年 12 月 7 日被逮捕,2012 年 3 月 21 日被取保候审。

北京市丰台区人民检察院以被告人周长兵犯非法经营罪,向北京市丰台区人民法院提起公诉。

北京市丰台区人民法院经公开审理查明:

2010 年 10 月,被告人周长兵设立华北中安(北京)安全技术服务有限公司(以下简称中安公司)。2010 年 11 月至 2011 年 11 月,周长兵在明知中安公司未取得保安服务许可证的情况下,与北京科住物业管理有限公司(以下简称科住公司)签订三份保安服务合同,向科住公司的半导体所项目部、微电子研究所项目部、学术会堂项目部派驻保安员并提供保安服务,其间收取科住公司支付的保安服务费共计人民币(以下币种同)95 万元,盈利 1 万元左右。中安公司设立后,主要经营保安服务业务。

截至案发,中安公司拥有保安员 50 余人,因规模未达到加盟市保安服务总公司要求的 100 人条件,本着边经营边招募的想法,而未向公安机关申请保安服务许可证。

2012 年 12 月,北京市丰台区人民法院作出裁定,准许北京市丰台区人民检察院撤回对被告人周长兵的起诉。

## 二、主要问题

(一)未经许可从事保安服务业务经营的行为是否构成非法经营罪?

(二)如何把握"为进行违法犯罪活动而设立公司"或者"公司设立后以实施犯罪为主要活动"规定的适用?

## 三、裁判理由

本案审理过程中,主要存在以下两个问题的争议。

一是关于被告人周长兵的行为是否构成非法经营罪,主要形成以下两种意见:

一种意见认为,周长兵的行为构成非法经营罪。主要理由是:(1)周长兵未经许可,从事保安服务业务经营的行为违反了《保安服务管理条例》(国务院令第564号,以下简称《条例》)第九条的规定,属于违反国家规定从事非法经营的行为。(2)非法经营保安服务业务不仅扰乱了保安服务行业的正常秩序,而且极有可能侵犯人民群众的人身权利和财产权利,相对于普通非法经营行为,其侵犯的客体更为复杂,可能造成的社会危害更为严重。(3)非法经营行为认定情节严重的标准主要是数额和危害后果。①从经营数额分析,周长兵的经营数额为95万元,远超出2010年最高人民检察院、公安部联合印发的《关于公安机关管辖的刑事案件立案追诉标准的规定(二)》(以下简称《标准二》)第七十九条第(八)项规定的个人非法经营数额5万元的标准,与目前非法经营犯罪案件中"情节严重"的最高认定标准100万元非常接近,应当认定构成"情节严重"。②从行业特点分析,保安服务行业具有特殊性,保安人员需具备保安资质,未经审查、备案的保安公司在保安服务能力、保安人员素质、水平等方面欠缺一定的保障,存在潜在危险性,即对社会稳定和人民群众人身、财产安全形成的潜在危险,具有一定的社会危害性。

另一种意见认为,被告人周长兵的行为不构成非法经营罪。主要理由是:周长兵未经许可从事保安服务业务的行为,虽然违反了国家规定,属于非法经营行为,但鉴于保安服务行业的特殊性,对情节严重的认定不能参照普通非法经营5万元的认定标准,而应参照电信、POS机套现业务等经营行为以 100 万元作为“情节严重”的认定标准。本案未达到“情节严重”的程度,故不构成非法经营罪。

二是本案是应认定为单位行为还是个人行为,主要形成以下两种意见:

一种意见认为,本案非法经营行为应认定为个人的行为。主要理由是:根据《最高人民法院关于审理单位犯罪案件具体应用法律有关问题的解释》(以下简称《单位犯罪解释》)第二条,个人为进行违法犯罪活动而设立的公司、企业、事业单位实施犯罪的,或者公司、企业、事业单位设立后,以实施犯罪为主要活动的,不以单位犯罪论处。本案被告人周长兵设立中安公司后主要从事非法经营犯罪行为,依照上述规定,不以单位犯罪论处,应以个人犯罪追究周长兵的刑事责任。

另一种意见认为,本案非法经营行为应认定为单位行为。主要理由如下:本案中安公司从事保安服务业务经营行为不属于《单位犯罪解释》中的“不以单位犯罪论处”情形。不应对实质上依照《条例》经营管理的保安服务业务行为,仅以未经许可这一形式要件,不但认定为非法经营犯罪,而且将本应认定为单位经营犯罪行为认定为个人经营犯罪行为,从而降低定罪处罚标准。

我们赞同上述后一种观点。鉴于上述两个问题既具有关联性又具有独立性,故分别予以阐述。

(一)本案被告人等非法从事保安服务业务经营行为不构成非法经营罪

关于本案未经许可从事保安服务业务经营行为属于非法经营行为,控辩双方形成一致意见。根据《刑法》第九十六条的规定,《刑法》中的“国家规定”是指全国人民代表大会及其常务委员会制定的法律和决定,国务院制定的行政法规、规定的行政措施、发布的决定和命令。《条例》是国务院发布的第 564 号令,属于《刑法》中的“国家规定”。《条例》第九条规定:“申请设立保安服务公司,应当向所在地设区的市级人民政府公安机关提交申请书以及能够证明其符合本条例第八条规定条件的材料。”中安公司未向公安机关提出申请保安服务许可证而经营保安服务业务的行为违反了国家规定,中安公司的行为属于非法经营行为。然而,在认定非法经营行为的前提下,要认定构成非法经营罪,还应认定该非法经营行为严重扰乱市场秩序,并达到“情节严重”的程度。

1.是否属于严重扰乱市场秩序的非法经营行为应单独评价

《刑法》第二百二十五条规定,非法经营行为,扰乱市场秩序,情节严重的,构成非法经营罪。该条文同时列举了四项非法经营行为,其中第(四)项是兜底性条款,规定了“其他严重扰乱市场秩序的非法经营行为”。“情节严重”的认定是一种个案认定,多是参照规范性文件的量化标准,而行为是否属于严重扰乱市场秩序的认定是一种类案认定,两者应作为不同层面的问题进行分析。实践中,有的司法工作人员习惯于按照个案中具体数额多少认定“行为是否属于严重扰乱市场秩序的非法经营行为”,形成以“情节是否严重”的认定替代“行为是否属于严重扰乱市场秩序的非法经营行为”的认定。《刑法》第二百二十五条第(一)项至第(三)项规定的是已被实践检验的类型化行为,无须对经营行为是否严重扰乱市场秩序进行专门评价,但该条第(四)项规定的非法经营行为包罗万象,复杂多变,难以被一一类型化。因此,《最高人民法院关于准确理解和适用刑法中“国家规定”的有关问题的通知》(以下简称《通知》)要求,各级人民法院审理非法经营犯罪案件,要依法严格把握《刑法》第二百二十五条第(四)项的适用范围。《通知》所强调的“严格把握”主要是指对“经营行为是否属于严重扰乱市场秩序的非法经营行为”的严格把握(不排除对个别情节严重认定标准的审慎把握)。基于上述分析,无论是根据法理精神还是按照《通知》要求,都有必要对经营行为是否属于《刑法》第二百二十五条第(四)项规定的严重扰乱市场秩序的非法经营行为进行单独评价。

2.本案经营行为不属于严重扰乱市场秩序的非法经营行为

非法经营罪属于《刑法》第三章“破坏社会主义市场经济秩序罪”第八节“扰乱市场秩序罪”,严重扰乱市场秩序,主要是指对市场经济秩序的严重扰乱。因此,对《刑法》第二百二十五条第(四)项严重扰乱市场秩序的非法经营行为的评价,重点应当围绕市场经济秩序这一法益。而对于主要危害不在市场经济秩序的非法经营行为,既要分析经营行为是否缺少特许的形式要件,更要分析经营行为在实体上是否造成其他严重后果或存在其他严重危险。首先,经营保安服务业务虽然属于行政特许行业,但根据《条例》第八条的规定,只要达到规定的条件就可以向公安机关提出申请,公安机关不批准的应当说明理由。因此,保安服务业务不属于严格意义上的限制经营许可业务。其次,未经行政许可经营保安服务的主要社会危害在于对人民群众人身和财产安全可能造成一定的潜在危险,对保安服务业务经营行为是否属于《刑法》第二百二十五条第(四)项规定的非法经营行为的认定,重点应当考察经营行为有无实质上违法犯罪行为及严重后果。对没有实施及产生《条例》第四十三条、《公安机关实施保安服务管理条例办法》第四十五条规定的泄露国家秘密、侵犯个人隐私、参与追索债务、采用暴力处理纠纷等后果的经营行为,不应认定为其他严重扰乱市场秩序的非法经营行为。

本案中,中安公司除了没有获取保安服务许可证这一形式要件外,并未实施其他违反《条例》《公安机关实施保安服务管理条例办法》的行为。中安公司的各项章程符合《公司法》的规定,其按照合同约定派驻保安员并提供保安服务,按时发放保安员工资,在经营保安服务业务过程中未发生其他危害后果,也未出现其他不好的反映和记录。因此,综合全案案情和基于严格把握的政策精神分析,中安公司的行为不属于严重扰乱市场秩序的非法经营行为,不构成非法经营罪。

顺便提及的是,关于从事保安服务业务经营行为应参照电信业务、POS机套现业务确定情节严重标准的观点,缺乏法律依据。2010年最高人民法院下发了《关于在经济犯罪审判中参照适用〈最高人民检察院、公安部关于公安机关管辖的刑事案件立案追诉标准的规定(二)〉的通知》,在没有新的司法解释或者相关指导性文件出台的前提下,应参照适用立案追诉标准的规定。保安服务行业是以人力资源为依托的一种服务行业,与电信业务、POS机套现业务区别明显,后者涉案数额普遍巨大,以100万元作为立案追诉标准,有其合理性,但将保安服务行业从数额上提升到100万元,与行业特点以及实际情况不符。

### (二)本案经营保安服务业务行为不属于司法解释规定的"不以单位犯罪论处"情形

鉴于本案非法经营行为不属于严重扰乱市场秩序的经营行为,故本没有必要对下一阶段"情节严重"的认定展开分析。但由于单位犯非法经营罪和个人犯非法经营罪"情节严重"的认定标准不同,所以有必要准确论述《单位犯罪解释》第二条规定的"不以单位犯罪论处"的情形。根据《单位犯罪解释》第二条的规定,对单位实施的行为不以单位犯罪论处,必须是"为进行违法犯罪活动而设立公司"或者"公司设立后以实施犯罪为主要活动"两种情形。对上述规定,不能仅从形式逻辑角度进行教条式理解,应当从辩证逻辑角度进行限制把握。以本案为例,保安服务业务本身是一种治安服务,是预防和打击违法犯罪活动的辅助力量,只要保安服务业务本身规范经营,其对社会治安无疑具有一种正面辅助作用。事实上,中安公司在成立后提供了保安服务等正常业务,如果仅因中安公司未获取保安服务许可证这一形式要件而将这一行为认定为犯罪,进而因公司主要从事这一行为对公司的行为不以单位犯罪论处,而以个人犯罪追究责任,降低入罪门槛,实际对被告人产生了双重不利的后果,也背离了常识、常情、常理。基于上述考虑,我们认为,本案经营保安服务业务行为不属于司法解释规定的"不以单位犯罪论处"情形。

最后,值得注意的是,虽然本案最终宣告无罪,但并不意味着所有非法从事保安服务业务的经营行为都不构成非法经营罪。具体个案是否构成犯罪,仍要结合案情具体分析。

**(撰稿:二十国集团反腐败追逃追赃研究中心　刘晓虎**
**审编:最高人民法院刑二庭　韩维中)**

［第 1338 号］

# 王秀敏故意杀人案

## ——共同犯罪人先后归案后被分案起诉，法院能否并案审理

### 一、基本案情

原审被告人王秀敏（先归案），女，汉族，1978 年 9 月 15 日出生。2004 年 9 月 1 日被逮捕。

同案被告人王团结（后归案），基本情况略。

河南省周口市人民检察院以周检刑诉（2005）36 号起诉书指控被告人王秀敏犯故意杀人罪，向周口市中级人民法院提起公诉。周口市中级人民法院以故意杀人罪判处王秀敏死刑，缓期二年执行，剥夺政治权利终身。宣判后，王秀敏提出上诉，河南省高级人民法院裁定，撤销原判，发回重审。周口市中级人民法院作出与前次相同的判决。在法定期限内没有上诉、抗诉。河南省高级人民法院经复核，裁定撤销原判，发回重审。周口市中级人民法院再次以故意杀人罪判处王秀敏死刑，缓期二年执行，剥夺政治权利终身。宣判后，王秀敏又提出上诉，河南省高级人民法院裁定，驳回上诉，维持原判。附带民事诉讼原告人王某不服，提出申诉。河南省高级人民法院复查期间，同案人王团结归案，周口市人民检察院以周检刑诉（2012）56 号起诉书指控被告人王团结犯故意杀人罪，向周口市中级人民法院提起公诉。河南省高级人民法院对王秀敏故意杀人申诉一案作出由该院再审的决定，并裁定，撤销第一审判决、第二审裁定，发回周口市中级人民法院重新审判。周口市中级人民法院对王秀敏故意杀人再审案与被告人王团结故意杀人案（以下简称“两王案”）并案审理。

被告人王秀敏辩称,是王团结杀死王某某并分尸,自己没有参与杀害王某某,且有自动投案情节。其辩护人辩称,本案事实不清,证据不足;本案定性不妥,应定王秀敏包庇罪为宜;王秀敏有主动投案情节。

周口市中级人民法院经审理查明,自2001年以来,身为河南省沈丘县周营乡政府计生办工作人员的被告人王秀敏与同乡地税所的董某有不正常的男女关系,王秀敏找到同乡黄孟营村计生专干的被告人王团结,要求帮忙杀害董某的妻子被害人王某某。2004年8月18日上午,王秀敏先将王某某骗至沈丘县周营乡政府办公室三楼其住室内,后让王团结来周营乡政府。王团结到周营乡政府王秀敏住室后,王秀敏先掐着王某某的脖子又用被子捂王某某的嘴,王团结也帮忙掐王某某的脖子,二被告人共同将王某某掐死。王秀敏交给王团结5 000元雇金后王团结逃离现场。之后,王秀敏买刀将王某某尸体肢解成六部分。其中王某某尸体腰部以上至头部及腰部以下至两膝盖被王秀敏藏匿于沈丘县周营乡政府高某住室内,左右小腿及左右两脚被王秀敏藏匿至沈丘县周营乡政府后院的草丛中。经鉴定,死者系被人机械性窒息死亡,并被肢解。

周口市中级人民法院认为,被告人王秀敏、王团结共同故意非法剥夺他人生命,其行为均已构成故意杀人罪。公诉机关指控罪名成立。本案系共同犯罪,王秀敏、王团结均系主犯。王秀敏为了达到与被害人王某某丈夫结婚的目的,与王团结事先预谋并与王团结共同实施杀害王某某的行为,后王秀敏肢解被害人王某某尸体,藏匿、抛弃尸块,系犯意的提起者、杀害王某某、肢解王某某尸体、抛弃藏匿尸块的实施者,其犯罪动机卑鄙,手段残忍,性质恶劣,社会影响极其恶劣,罪行极其严重,应予严惩。依照《中华人民共和国刑法》第二百三十二条、第五十七条一款、第三十六条、第二十五条第一款的规定,以故意杀人罪判处被告人王秀敏死刑,剥夺政治权利终身。

(被告人王团结的判决情况略)

宣判后,王秀敏提出上诉。

河南省高级人民法院经审理,依法驳回王秀敏的上诉,并依法报请最高人民法院核准。

## 二、主要问题

（一）周口市人民检察院没有重新制作起诉书，开庭时分别宣读了针对被告人王秀敏、王团结指控内容不同的起诉书，周口市中级人民法院决定对“两王案”并案审理，这一程序是否适当？

（二）按审判监督程序改判被告人王秀敏死刑是否违反再审不加刑原则？

## 三、裁判理由

（一）本案并案审理程序适当

第一审人民法院将属于再审程序的王秀敏案和属于普通程序的王团结案按照第一审程序并案审理，检察机关是否应当并案起诉的问题，看似两诉合并为一诉的问题，实质上是涉及共同犯罪的被告人王秀敏、王团结先后被抓获，对先归案的王秀敏的判决业已生效，因而对后归案的王团结是一审，对王秀敏案是再审。对于该问题，《刑事诉讼法》没有规定，《最高人民法院、最高人民检察院、公安部、国家安全部、司法部、全国人大法制工作委员会关于实施刑事诉讼法若干问题的规定》（以下简称《六部委规定》）第三条第（二）项规定，共同犯罪的案件，人民法院、人民检察院、公安机关可以在其职责范围内并案处理。司法实践中，对于同属一个程序的案件，并案处理没有异议，但对分属于不同程序的案件，如本案，一个是再审第一审案件，一个是普通程序第一审案件，能否合并审理意见不甚一致，即便合并审理，案号是使用普通程序的案号，还是使用再审程序的案号也有分歧。

我们认为，不管是普通程序第一审案件，还是再审程序第一审案件，归根到底，都是第一审案件，存在并案审理的程序基础，且并案审理更有利于查明案件事实，可能存在的案号问题只是技术性问题，实践中，有的合并为一个案号，或初字号（普通程序），或再字号（再审程序）；有的列两个案号，既有初字号，又有再字号。

就本案而言，周口市人民检察院对“两王案”没有并案起诉，周口市中级人民法院决定并案审理时，该院在开庭中分别宣读了针对王秀敏、王团结指

控内容不同的起诉书,程序适当。理由如下:

1. 周口市人民检察院对"两王案"已不具备并案起诉的条件。关于检察机关并案处理的方法,《人民检察院刑事诉讼规则(试行)》第四百五十八条规定,在人民法院宣告判决前,人民检察院发现遗漏的同案犯罪嫌疑人或者罪行可以一并起诉和审理的,可以追加、补充起诉。我们认为,此处一并处理的方法就是在先到案的王秀敏案起诉书的基础上,追加、补充起诉王团结及王秀敏的罪行。然而本案存在的问题是,河南省高级人民法院对王秀敏案提起再审,并于2013年8月30日作出刑事附带民事裁定,撤销原生效裁判,发回周口市中级人民法院重新审判前,周口市人民检察院已于2012年5月21日将王团结案起诉到周口市中级人民法院。只有将王团结案的起诉书撤回,才可以实现"两王案"并案起诉。《人民检察院刑事诉讼规则(试行)》第四百五十九条第一款规定了撤回起诉的七种情形:不存在犯罪事实的;犯罪事实并非被告人所为的;情节显著轻微、危害不大,不认为是犯罪的;证据不足或证据发生变化,不符合起诉条件的;被告人因未达刑事责任年龄,不负刑事责任的;法律、司法解释发生变化导致不应当追究被告人刑事责任的,以及其他不应当追究被告人刑事责任的。而王团结案不符合上述条件,故起诉书不能撤回,"两王案"也就无法实现并案起诉。因而,本案复杂的不是撤回起诉的程序问题,而是撤回起诉没有法律或司法解释上的根据。但该案已经恢复到一审程序,开庭时同时宣读两份起诉书由法院依法认定犯罪事实不违反法律规定。

2. 人民法院可以直接将两案并案审理。在检察机关不能将"两王案"并案起诉的情况下,人民法院直接将两案并案审理,一起开庭,一起作出判决,并不违反法律规定。

综上,在周口市人民检察院不能并案起诉的情况下,周口市中级人民法院决定对"两王案"并案审理,周口市人民检察院在出庭支持公诉同时宣读"两王案"指控内容不同的起诉书,并无不当。

(二)本案判决结果不违背再审不加刑原则

原审被告人王秀敏因犯故意杀人罪,被判处死刑缓期二年执行,剥夺政治权利终身。判决发生法律效力后,因被害人家属申诉,案件进入复查程序，复查期间，因王团结归案，王秀敏案被河南省高级人民法院提审，后又撤销原判，发回重审，在与王团结案并案审理后，王秀敏依法被改判死刑立即执行，剥夺政治权利终身。王秀敏的刑罚由死刑缓期二年执行改判为死刑立即执行是经再审作出的，这就产生了再审判决是否违反了非抗诉再审不得加重原审被告人刑罚原则的问题。因此，有必要对再审不加刑原则及其相关规定作进一步研究。

我国《刑事诉讼法》对再审不加刑并没有明确的规定，只是最高人民法院结合各级人民法院的司法实践，根据我国《刑事诉讼法》规定的上诉不加刑的原则引申出的一条原则规定，通过司法解释回归适用于司法实践中，成为再审程序中应当遵循的一项基本原则。《最高人民法院关于适用〈中华人民共和国刑事诉讼法〉的解释》（以下简称《解释》）第三百八十六条规定，除人民检察院抗诉的以外，再审一般不得加重原审被告人的刑罚。

对此，一种观点认为，此处“一般”应与前句“除检察机关抗诉的以外”相联系，意即除检察机关抗诉的以外，再审一律不得加重原审被告人刑罚；另一种观点认为，“一般”属于哲学名词，是指一切事物，或者许多个别事物所属的一类事物；亦指事物的共性。反义词是突出、特殊、特别。望文生义，既然“一般”不得加重刑罚，那么，在“特殊”情况下则可以加重刑罚。

我们认同第二种观点，这也是解释制定者的本意，如果将再审不加刑的例外情况仅限于人民检察院的抗诉，恐不能适应目前审判实践的需要，在个案的审判中不能实现罪刑相一致的原则，不能实现公平正义。当然，法官也不能对“特殊”进行扩大化理解，应谨慎适用再审不加刑原则之“一般”规定，牢固树立公正司法、尊重和保障人权的理念，吸纳和树立程序安定、禁止双重危险等理念，强化再审不加刑的理念，保证再审不加刑原则在司法实践中的贯彻落实，确保公正司法，切实维护原审被告人的合法权利，不断提高司法的公信力，努力让人民群众在每一个司法案件中感受到公平正义。

本案中，再审是被害人近亲属申诉引发，基于前述理由，本不应加重原审被告人的刑罚。然而，由于本案出现了新的犯罪事实，故再审对王秀敏判处死刑，没有违反再审不加刑原则。理由如下：

1. 再审不加刑适用于再审事实与原判事实相同的情况。再审程序的目的是保障原审被告人的诉讼权利，使原审被告人就此前刑事诉讼产生的错误得到一个特别救济的权利。如果再审确认的事实和生效裁判确认的事实相同，从再审程序设置的目的出发，再审判决不得加重原审被告人的刑罚，这是再审不加刑的应有之义。

2. 当再审出现新的犯罪事实时，可以加重原审被告人刑罚。再审时王秀敏案罪行发生变化，一是犯罪人数由王秀敏一人变为王秀敏与王团结二人。原生效裁判认定王秀敏一人故意杀人致被害人王某某死亡。经再审确认，王秀敏与王团结合伙将王某某杀害。二是王秀敏在犯罪中的地位和作用大于王团结，是罪行最为严重的主犯。对于王秀敏案，在原审中，出于趋利避害的本能，王秀敏将杀害王某某的责任都推给王团结，致原生效裁判对本案是由王秀敏一人作案，还是与王团结共同作案不清，二人的地位和作用不清，故留有余地对王秀敏判处死刑，缓期二年执行。王团结到案后，经再审确认，犯意由王秀敏提起，王团结由王秀敏纠集，王某某也是由王秀敏骗至案发现场沈丘县周营乡政府办公室三楼其住室内，伙同王团结对王某某实施掐脖、绳勒致王某某死亡的是王秀敏。在王团结逃离现场后，买刀并持刀将王某某尸体肢解的还是王秀敏。王秀敏犯罪动机卑劣，手段极其残忍，罪行极其严重，在共同犯罪中属于罪行最为严重的主犯。据此，原生效裁判所裁量的刑罚已经不符合罪责刑相适应的原则，唯有加刑才能体现公平正义，实现案件处理的法律效果和社会效果的有机统一。

这与上诉不加刑原则规定的精神是一致的。我国《刑事诉讼法》第二百二十六条规定[①]，第二审人民法院审理被告人或者他的法定代理人、辩护人、近亲属上诉的案件，不得加重被告人的刑罚。第二审人民法院发回原审人民法院重新审判的案件，除有新的犯罪事实，人民检察院补充起诉的以外，原审人民法院也不得加重被告人的刑罚。本案再审程序因王团结到案而启动，检察机关虽没有按照并案处理的方式，以王秀敏起诉书为基础追加、补充起诉王团结及其犯罪事实，但其在人民法院决定将"两王案"并案审理时，同时宣读了两案的起诉书，尤其是王团结的起诉书将二人的罪行指控得清

---

① 此处为2018年修正前的《刑事诉讼法》，对应修正后的《刑事诉讼法》第二百三十七条。

晰明确。我们认为，该起诉书尽管不是典型意义补充起诉，但可以视为补充起诉的一种有效方式。

综上，由于王团结到案，检察机关对王团结、王秀敏二人故意杀人罪行进行了有效的指控，并得到再审确认，故再审判决将王秀敏的刑罚由死刑缓期执行改判为死刑立即执行，符合法律和司法解释规定，并未违反再审不加刑的原则。

**（撰稿：最高人民法院审判监督庭　齐　素**

**审编：最高人民法院刑二庭　韩维中）**

[第 1339 号]

# 被告人梁某强奸案

## ——如何运用证据认定熟人之间强奸罪与非罪的界限

### 一、基本案情

被告人梁某,男,1984 年 6 月 23 日出生。2016 年 4 月 28 日被逮捕。

安徽省滁州市南谯区人民检察院指控被告人梁某犯强奸罪,向南谯区人民法院提起公诉。

被告人梁某辩称其没有强奸郭某某。其辩护人提出,指控梁某犯强奸罪的事实不清,证据不足。

滁州市南谯区人民法院经审理查明:被告人梁某与被害人郭某某曾为恋人关系,2015 年 12 月两人关系恶化,郭某某提出与梁某分手,梁某以散发郭某某不雅照片相威胁,并对郭某某进行殴打,逼迫郭某某顺从。至 2016 年 2 月,梁某采用上述手段强行与郭某某发生四次性关系。具体的事实如下:

1. 2015 年 12 月中旬的一天,被告人梁某在江苏省南京市桥北锦江之星酒店,殴打郭某某,并强行与郭某某发生性关系。

2. 2015 年 12 月的一天,被告人梁某在滁州市斯亚酒店,强行与郭某某发生性关系。

3. 2015 年 12 月 31 日晚上,被告人梁某在江苏省南京市桥北锦江之星酒店,对郭某某胸部、手臂处进行撕咬,并强行与郭某某发生性关系。

4. 2016 年 2 月的一天,被告人梁某在滁州市格林豪泰酒店,强行与郭某某发生性关系。

滁州市南谯区人民法院认为,被告人梁某违背妇女意志,强行与她人发生性关系,其行为已构成强奸罪。依照《中华人民共和国刑法》第二百三十六条第一款之规定,判决如下:

被告人梁某犯强奸罪,判处有期徒刑三年。

一审宣判后,被告人梁某提出上诉,称其未强奸郭某某。

安徽省滁州市中级人民法院经审理认为,原判部分事实不清,证据不足,裁定撤销原判,发回重审。

南谯区人民法院重新审理过程中,南谯区人民检察院以证据不足为由,决定撤回对被告人梁某的起诉。

南谯区人民法院经审查,裁定准许公诉机关撤回对被告人梁某的起诉。

## 二、主要问题

如何运用在案证据判断强奸案件中罪与非罪的界限?

## 三、裁判理由

本案在审理中,对于被告人是否构成强奸罪存在两种观点:

第一种观点认为,被告人梁某以散发郭某某不雅照片相威胁、对郭某某进行殴打,逼迫郭某某顺从。至 2016 年 2 月,被告人梁某多次采用上述手段强行与郭某某发生性关系,其行为已构成强奸罪。

第二种观点认为,本案中被告人确有暴力、胁迫的行为,但其暴力、胁迫行为的目的并非强奸被害人,其暴力、胁迫行为也并非其和被害人发生性关系的手段。本案不宜认定构成强奸罪。

我们同意第二种观点。具体理由如下:

(一)本案被告人的暴力、胁迫行为与被告人、被害人发生性行为之间的因果关系不能证实

刑事案件的办理必须坚持证据裁判原则。刑事诉讼法第五十五条明确规定,认定被告人有罪,应当达到证据确实、充分的证明标准。证据确实、充分应当符合以下条件:(1)定罪量刑的事实都有证据证明;(2)据以定案的证据均经法定程序查证属实;(3)综合全案证据,对所认定事实已排除合理怀疑。上述三者相互衔接,据此最终得出被告人有罪或无罪的结论。而证据证明的对象则是与追究犯罪嫌疑人、被告人刑事责任有关的一切需要证明的事实。这其中包括对因果关系的证明。

就本案而言,综合全案证据,能够证实:成年女性郭某某在某房产公司从事销售工作,工作中与被告人梁某相识,2014年12月二人发展为男女朋友关系,郭某某知道梁某正在与妻子离婚。2015年11月二人前往海南共同生活近一个月并拍摄婚纱照。后因琐事二人发生矛盾并互相提出分手,但未彻底分开。2015年12月开始,梁某多次对外散布郭某某的不雅照片,和郭某某发生争执,殴打郭某某,并和郭某某多次发生性关系。

也就是说,本案现有证据能够证明被告人实施了暴力、胁迫行为,也能够证明被告人和被害人之间发生了性行为。暴力、胁迫行为与二人性关系之间是否存在刑法意义上的因果关系,直接影响到认定被告人与被害人之间的性行为是否违背妇女意志,进而直接关系到被告人是否构成犯罪。

1. 本案存在暴力因素,但暴力因素与发生性行为之间的因果关系不明确

第一,被告人梁某和郭某某的分手并不彻底,二人在提出分手后仍然多次发生性关系。从指控的四次"强奸"行为中,其中两起梁某有殴打、撕咬行为。这两次暴力行为都是发生在宾馆客房,时间段都是深夜,但郭某某陈述其到宾馆就是为了和梁某发生性关系,梁某没必要再使用暴力威胁。如对第一起事实,郭某某陈述称,南京桥北的那次是12月31日晚上,当时公司组织去南京跨年晚会,梁某将其接走直接去了桥北那个宾馆,到宾馆后说其化妆就是要勾搭男人,争吵时他就咬其下巴,其要走,他不让,然后他就去洗澡了。梁某洗澡后看了郭某某手机信息因吃醋打了郭某某并发生性关系。从被害人的陈述可以看出,郭某某对于和梁某发生性关系并不排斥(梁某洗澡时郭某某也没有离开),梁某实施暴力行为也并非为了和郭某某发生性关系。

第二,被告人梁某供述,其殴打郭某某是因为吵架吵不过郭某某,以及吃醋等因素。这一点从二人的正常交往可以得到佐证。梁某、郭某某在正常的男女交往中,梁某也曾对郭某某实施暴力,但二人也曾多次发生正常的性行为。另外,从在案证据判断,梁某的暴力尚未达到严重的程度。

综合上述情况,本案暴力因素与二人性行为之间的因果关系不明确。

2. 被告人实施了散布不雅照片的行为,但该威胁因素与发生性行为之

间的因果关系不能证实

第一,被告人梁某散发不雅照片是一个持续的行为。梁某在与郭某某发生矛盾时就已经多次发了郭某某的不雅照片,但这之后,二人仍多次发生正常的性行为。事实上,梁某第一次散发不雅照片后,郭某某就找了学法律的李某某问梁某的行为犯不犯法,还到派出所报过案,报案只是称梁某发不雅照片,而未提及梁某以散发不雅照片威胁其发生性行为。另外,案卷中微信聊天记录也显示,在梁某发不雅照片之后,郭某某还发了不少暧昧信息给梁某。

第二,如前所述,本案指控的"强奸"行为都是在宾馆,时间都是在深夜,郭某某作为一个成年女性,正如其陈述,其去宾馆就是知道会发生性关系,也并不排斥性关系的发生,很难认定其是被梁某散发不雅照片胁迫而被迫与梁某发生性行为。

第三,被告人梁某始终供述,其散发不雅照片威胁的目的,前期是不想和郭某某分手,分手后是为了泄愤,而并非借此和郭某某发生性关系。该供述也得到了二人微信聊天记录的印证。另外,郭某某也曾威胁梁某,说要把这些事告诉梁某的女儿,实际上二人均有威胁对方的意思表示。

综上,本案被告人梁某确实以散布不雅照片威胁郭某某,但该威胁因素与发生性行为之间的因果关系在证据上无法证实。

(二)结合案件具体情况,准确区分强奸的罪与非罪

刑事案件中的证据证明需要达到"排除合理怀疑"的程度,这是证据法中的一项重要准则,也是诉讼中判断控辩双方证明成效的标准。案件办理中,证据存在疑点属于正常,其中缺乏事实根据、不符合经验法则的疑问,不属于合理怀疑的范畴。而对于部分存在事实根据、符合社会常识常理的怀疑,则要进行细致审查、认真分析。如果确实存在无法排除的矛盾和无法解释的疑问,则应当根据"疑罪从无"原则作出被告人不构成犯罪的结论。

本案中,经过对在案证据全面客观的分析,我们认为,仍然存在以下问题,难以得到合理解释:

1. 从案发经过分析,不排除被害人出于顾虑才报案的可能性

强奸案件由于涉及隐私,很多时候是被害人因为顾虑不愿意报案,但实

践中也存在女方在被亲友、家人发现后为顾及颜面、事后反悔以及第三者插足而告发男方强奸的情形,对此必须结合案件具体情况进行分析、判断。

第一,从报案时间来看,郭某某不是在指控的"强奸"行为发生后报案,而是在梁某已经回到黑龙江并将郭某某微信拉黑,不联系郭某某后,郭某某才报案称被梁某强奸。

第二,从报案内容上看,郭某某及其母亲之前多次到公安机关报案,称梁某发不雅照片、梁某找她要钱、梁某殴打她,直到最后报案内容才改称被梁某强奸。

第三,从案发经过看,郭某某称其是因为母亲发现了一件撕破的衣服,之后逼问并打了其,其才说了被强奸之事。

综合以上情节可以看出,本案案发不及时、不自然,不能排除郭某某出于顾虑或者其他考虑才报案的可能性。

2. 应当结合双方感情进行全面分析,不能截取部分性行为认定强奸犯罪

对于男女双方先有性行为,女方决意中断后男方强行发生性行为的,实践中认定强奸罪没有争议。但是本案不属于上述情形。

郭某某在工作中与被告人梁某相识,2014年12月发展为男女朋友关系,一年后二人去海南度假近一个月,并拍摄了婚纱照。2015年11月底,二人开始吵架并提出分手,但并没有断绝男女关系。在指控的强奸行为发生的时间段内,二人的聊天记录上仍然有亲密的言语,并仍处于谈婚论嫁的时期,如2016年2月14日,郭某某发给梁某的微信是"结婚可以按你的计划来,但是必须还我一个完美的婚礼和家庭"。在此期间,二人仍有二十余次的开房记录。即使到了2016年2月15日郭某某被梁某殴打后,郭某某到派出所报警时仍称,她和梁某曾是男女朋友,因为感情不和闹过分手,后来又和好了。另外,分手也并不是郭某某单方面提出,从微信、短信内容可以看出,梁某也曾多次赶郭某某走,其拉黑郭某某时,反而是郭某某不同意;而且梁某4月被抓获归案,郭某某6月又写了谅解书。由上述事实可见,公诉机关指控的发生强奸行为的时间段内,男女双方并未彻底分手。事实上,双方处于一个时分时合的情形,同时双方在此期间都采取了一系列不理智的行

为。男方在此期间的殴打、发不雅照片等行为当然是违背道德的甚至是违法的，但是直接根据被害人后期的陈述简单认定暴力、胁迫因素与发生性行为当然具有因果关系，进而认为被告人构成强奸罪则有失偏颇。

实践中，对于熟人之间发生的强奸行为，尤其是男女双方曾经是恋人关系、通奸关系的强奸行为，应当结合男女双方的感情历程进行全面分析。就本案而言，不宜将男女双方多次发生性行为中的四起事实拿出来单独认定强奸犯罪。

综上，本案一审法院裁定准许公诉机关以证据不足为由撤回起诉，是适当的。

**（撰稿：安徽省滁州市中级人民法院　万　杰　宋珺梅　许　汪**
**审编：最高人民法院刑二庭　韩维中）**

[第 1340 号]

# 张某文抢劫、抢夺案

## ——死刑复核程序中发现一审、二审对被告人身份、是否构成累犯等事实认定错误的，应如何处理

### 一、基本案情

被告人张某文，男，1981 年 3 月 28 日出生。2007 年 1 月 23 日因犯抢夺罪被判处有期徒刑七年，并处罚金人民币一万元，2012 年 7 月 13 日刑满释放。2012 年 8 月 28 日因本案被逮捕。

某省人民检察院某分院以被告人张某文犯抢劫罪、抢夺罪，向某省某中级人民法院提起公诉。

被告人张某文及其辩护人提出：(1)张某文并未邀约李长群进行抢夺；(2)抢被害人刘某秀背包的行为构成抢夺罪，张某文起次要作用，系从犯。请求对张某文从轻处罚。

某中级人民法院经公开审理查明：

(一)抢劫事实

2012 年 7 月 21 日 6 时 50 分许，被告人张某文驾驶摩托车搭载李长群(同案被告人，已判刑)，在某省某市钟惺大道东侧新东方建材市场附近伺机抢夺，发现被害人刘某秀背着包骑电动车在道路上行驶。张某文驾驶摩托车迅速从刘某秀的左后方驶过，李长群伸手夺取刘某秀的包，抢得手机 1 部(价值 234 元)、现金 420 元。刘某秀当即被拉倒在地，头部严重受伤，经抢救无效于同月 27 日死亡。

(二)抢夺事实

2012 年 7 月 13 日，被告人张某文刑满释放。同月 17 日 9 时许，张某文

驾驶摩托车在某省某市湾坝加油站附近伺机抢夺，发现被害人黄某霞背着包骑电动车在道路上行驶，遂加速从黄某霞的身边驶过，夺走黄左肩上的包，内有手机1部（价值165元）、现金1 500元。同月22日21时许，张某文驾驶摩托车搭载同案被告人李长群尾随被害人郑某平，当行至某市陆羽大桥北附近时，李长群趁郑某平不备，下车夺走郑某平左肩上的包，内有手机1部、现金770元。

某中级人民法院认为，被告人张某文伙同他人以非法占有为目的，驾驶机动车夺取他人财物，致人死亡；抢夺他人财物，数额较大，其行为已分别构成抢劫罪、抢夺罪。公诉机关指控张某文犯抢劫罪、抢夺罪的事实清楚，证据确实、充分，指控罪名成立。张某文此前因故意犯罪被判处有期徒刑以上刑罚，在刑满释放后五年内再犯应当判处有期徒刑以上刑罚之罪，系累犯，应当依法从重处罚。对张某文所犯数罪，应依法并罚。根据张某文犯罪的性质、情节及认罪态度，依照《中华人民共和国刑法》第二百六十三条第（五）项，第二百六十七条第一款，第五十条第二款，第五十七条第一款，第二十五条第一款，第二十六条第一款、第四款，第六十五条第一款，第六十七条第三款，第六十九条，《最高人民法院关于审理抢劫、抢夺刑事案件适用法律若干问题的解释》第十一条第（三）项之规定，判决：被告人张某文犯抢劫罪，判处死刑，缓期二年执行，剥夺政治权利终身，并处没收个人全部财产；犯抢夺罪，判处有期徒刑一年，并处罚金人民币五千元，决定执行死刑，缓期二年执行，剥夺政治权利终身，并处没收个人全部财产，对张某文限制减刑。

宣判后，被告人张某文上诉及其辩护人提出，张某文作案目的是抢夺财物，造成被害人死亡系过失所致；在共同犯罪中李长群起主导作用，张某文属从犯，一审判决量刑过重。

某省人民检察院某分院抗诉提出，被告人张某文犯抢劫罪的事实清楚，证据确实、充分，情节特别恶劣，后果极其严重，应当判处死刑；张某文系累犯，人身危险性和主观恶性极大，依法不应从轻处罚；张某文案发后未能赔偿被害人亲属的经济损失，亦未取得被害人亲属的谅解，依法不能从轻处罚。某省人民检察院支持抗诉提出，一审对张某文判处死刑缓期二年执行的量刑畸轻，建议依法改判张某文死刑。

某省高级人民法院经二审审理认为，原审判决对被告人张某文量刑畸轻，检察机关抗诉意见成立。依照《中华人民共和国刑法》第二百六十三条第（五）项，第二百六十七条第一款，第五十七条第一款，第二十五条第一款，第六十五条第一款，第六十七条第三款，第六十九条和《中华人民共和国刑事诉讼法》第二百二十五条[①]第一款第（一）项、第（二）项之规定，驳回被告人张某文的上诉，对张某文以抢劫罪判处死刑，剥夺政治权利终身，并处没收个人全部财产；以抢夺罪判处有期徒刑一年，并处罚金人民币五千元，决定执行死刑，剥夺政治权利终身，并处没收个人全部财产，并依法报请最高人民法院核准。

最高人民法院经复核发现，被告人张某文所供家庭情况与户籍证明不符，所供成长经历前后矛盾，有冒用他人身份的可能，其构成累犯的情节亦存疑，遂以部分事实不清、证据不足为由，依照《中华人民共和国刑事诉讼法》第二百三十五条、第二百三十九条[②]和《最高人民法院关于适用〈中华人民共和国刑事诉讼法〉的解释》第三百五十条第（三）项、第三百五十三条第一款的规定，裁定不核准被告人张某文死刑，撤销一、二审对张某文的刑事判决部分，发回一审法院重新审判。

## 二、主要问题

在死刑复核程序中发现一审、二审对被告人的姓名等身份信息及是否构成累犯等事实可能认定有误的，应如何处理？

## 三、裁判理由

最高人民法院在复核本案过程中，发现一审、二审认定的案件事实中有部分事实不能确认，主要包括：(1)被告人张某文的身份事实不清，在案证据及在复核阶段补充的材料证实，被告人真实姓名可能为王伟军，王伟军假冒

① 此处引用的是2018年修正前的《刑事诉讼法》，对应修正后的《刑事诉讼法》第二百三十六条。

② 此处引用的是2018年修正前的《刑事诉讼法》，对应修正后的《刑事诉讼法》第二百四十六条、第二百五十条。

了战友张某文的姓名等身份信息。一审、二审认定被告人的姓名等身份信息可能有误。(2)被告人的前科事实无法确认。被告人与前科刑事判决书中的张某文是否为同一人,有待查证,其前科事实无法确认,是否构成累犯存疑。

对该案在死刑复核阶段应如何处理,有三种意见:第一种意见认为,根据法律规定,办理死刑案件认定被告人姓名、是否构成累犯等事实必须达到证据确实、充分的程度。被告人“张某文”假冒他人姓名,身份不清,且可能假冒他人姓名被判过刑,认定其构成累犯的事实亦存疑,应当不核准“张某文”死刑,撤销一审、二审判决,发回一审法院重新审判。第二种意见认为,根据《最高人民法院关于适用〈中华人民共和国刑事诉讼法〉的解释》(以下简称《适用刑诉法解释》)第三百五十条第(二)项关于“原判认定的某一具体事实或者引用的法律条款等存在瑕疵,但判处被告人死刑并无不当的,可以在纠正后作出核准的判决、裁定”的规定,在死刑复核阶段发现被告人的姓名、前科等事实认定错误的,只要判处被告人本人死刑没有错误,可以将被告人的姓名更正后核准死刑。第三种意见认为,根据《刑事诉讼法》第一百五十八条第二款[①]关于“犯罪嫌疑人不讲真实姓名、住址,身份不明的,应当对其身份进行调查,侦查羁押期限自查清其身份之日起计算,但是不得停止对其犯罪行为的侦查取证。对于犯罪事实清楚,证据确实、充分,确实无法查明其身份的,也可以按其自报的姓名起诉、审判”的规定,被告人实施抢劫、抢夺犯罪的事实清楚,证据确实、充分,为节约司法资源,依法可按其自报的姓名进行审判。

我们同意第一种意见,即在死刑复核程序中发现一审、二审认定的被告人姓名、是否构成累犯等事实不清的,应发回一审法院重新审判。具体理由如下:

(一)死刑案件中证实被告人姓名等事实的证据必须确实、充分

被告人的姓名等信息是犯罪主体的基本信息,是重要的、基础性的案件事实,涉及被告人的年龄、户籍、前科等情况,直接影响对被告人的定罪量

① 此处引用的是2018年修正前的《刑事诉讼法》,对应修正后的《刑事诉讼法》第一百六十条第二款。

刑,相关证据必须达到确实、充分的程度。《刑事诉讼法》中规定,开庭审理时必须查明被告人的姓名等身份信息。最高人民法院经复核发现,本案一审、二审认定被告人张某文的姓名、身份存在以下疑问:(1)被告人供述的详细住址、婚姻状况与张某文户籍证明载明的不一致;(2)被告人归案后的照片与张某文户籍证明上的照片有差异;(3)被告人数次供述的成长经历有矛盾;(4)公安机关未组织张某文的亲友、邻居等人对归案后被告人的照片进行辨认;(5)公安机关未对被告人进行亲缘关系鉴定。经补查,被告人供认其真名叫王伟军,曾被战友张某文骗去搞传销,离开时拿了张某文的身份证打工,因前次犯罪受审时也冒用了张某文的身份。公安机关还提交了王伟军的户籍登记信息、王伟军的邻居邓某某(原村支书)、现任村主任向某某混杂辨认照片笔录、张某文的证言等材料,根据上述材料可初步认定被告人即王伟军。根据2010年发布的《最高人民法院、最高人民检察院、公安部、国家安全部、司法部关于办理死刑案件审查判断证据若干问题的规定》(以下简称《办理死刑案件证据规定》)第五条第三款第(三)项的规定,办理死刑案件,对于"影响被告人定罪的身份情况"的证明必须达到证据确实、充分。本案中一审、二审认定被告人张某文的姓名、住址等身份情况的事实不清,证据不足,导致指控和判决张某文犯罪错误。

(二)证实被告人构成累犯的证据必须确实、充分

《适用刑诉法解释》第一百一十一条规定:"证明被告人构成累犯、毒品再犯的证据材料,应当包括前罪的裁判文书、释放证明等材料;材料不全的,应当要求有关机关提供。"本案中,某省某县人民法院认定,2006年9月1日至14日,被告人张某文与同案被告人李长群在某省某市、某县驾驶摩托车抢夺作案11起,并于2007年1月23日作出刑事判决,对张某文以抢夺罪判处有期徒刑七年,并处罚金人民币一万元。2012年7月13日张某文刑满释放,同月17日至22日又实施本案。据此,一审、二审法院均认定张某文系累犯,应依法从重处罚。本案虽然有张某文的前罪裁判文书、释放证明等材料,但根据上述分析,本案被告人经初步认定并非"张某文",而是王伟军。虽然被告人承认其在2006年被判刑时假冒张某文的身份,但在其真实身份查明后,其与前述刑事判决书中的张某文是否为同一人,尚需通过比对卷宗

中所捺指纹等方式进一步查证。因此,本案被告人是否构成累犯存在疑问,直接影响对其适用死刑。根据《办理死刑案件证据规定》第五条第三款第(七)项的规定,办理死刑案件,对于"对被告人从重处罚的事实"的证明必须达到证据确实、充分。被告人是否构成累犯的事实不清,证据不足,不符合死刑案件的证据标准。

(三)被告人的姓名、是否构成累犯等事实不清的,应发回重审

本案被告人张某文的姓名、是否构成累犯等重要案件事实不清,证据不足,在最高人民法院复核阶段无法纠正,依法应发回重审。首先,在公诉机关未变更或同意变更起诉被告人张某文的姓名等身份信息,被告人真实身份的证明材料未经庭审出示、质证的情况下,最高人民法院在复核阶段直接纠正被告人身份,程序上于法无据。其次,二审法院改判被告人死刑的一个重要因素是其构成累犯,具有法定从重处罚情节,根据上述分析该累犯情节需经重新调查核实再予认定。有意见认为,被告人的姓名等身份事实错误属于原判认定的某一具体事实的瑕疵,如案件定罪量刑并无不当的,可以在纠正后作出核准的判决、裁定。我们认为,这种意见混淆了案件事实的瑕疵与错误之间的界限。所谓瑕疵,主要是指裁判文书中认定的案件事实中出现错别字、时间误差、地名不准确等文字上的误差,或者多起事实中个别次要事实认定错误,而不是重要的事实认定错误。被告人身份认定的错误,不是表述个别身份信息时的笔误,而是张冠李戴,全部个人信息均认定错误,属于犯罪主体事实认定错误,也直接影响其是否构成累犯的认定,故不属于可以通过复核阶段直接纠正就能弥补的瑕疵。

此外,以节约司法资源为由主张可按被告人自报的姓名进行审判的意见虽有一定法律依据,但在本案中也不是稳妥的处理方式。司法机关应当依法对被告人姓名、住址等身份事实进行调查核实,只有穷尽一切手段后仍确实无法查明其身份的,才能按被告人自报的姓名起诉、审判。本案被告人的身份经过最高人民法院复核阶段的补充调查,已初步认定其真实身份,原判认定其身份错误的可能性极大,相关法定从重量刑情节能否成立存疑,有条件也应当通过发回重审来查明相关事实。

综上所述,一审、二审判决认定被告人张某文的姓名、户籍、前科等事实

不清，证据不足。考虑前述问题由公诉机关指控错误造成，二审法院无法纠正，故宜将本案发回一审法院重审。根据《适用刑诉法解释》第三百五十条第(三)项和第三百五十三条第一款的规定，最高人民法院依法不核准被告人张某文死刑，并撤销一审、二审判决，将本案发回一审法院重新审判。

（撰稿：最高人民法院刑五庭　范冬明
审编：最高人民法院刑五庭　马　岩）

[第 1341 号]

# 蒲长才盗窃案

## ——如何确定非数额型盗窃罪的罚金刑数额

### 一、基本案情

被告人蒲长才,男,1996 年 10 月 20 日出生。2014 年 12 月 13 日因盗窃被行政拘留七日;2015 年 5 月 20 日因犯盗窃罪被判处有期徒刑六个月,并处罚金人民币二千元;2015 年 8 月 3 日因盗窃被行政拘留十五日;2016 年 1 月 15 日因犯盗窃罪被判处有期徒刑九个月,并处罚金人民币二千元;2017 年 1 月 12 日因犯盗窃罪被判处有期徒刑九个月,并处罚金人民币三千元,同年 7 月 26 日刑满释放。2018 年 1 月 19 日因本案被逮捕。

浙江省台州市路桥区人民检察院指控被告人蒲长才犯盗窃罪,向台州市路桥区人民法院提起公诉。

被告人蒲长才对公诉机关指控的犯罪事实和罪名均无异议。

台州市路桥区人民法院经审理查明:2017 年 8 月初的一天凌晨,被告人蒲长才在台州市路桥区桐屿街道新保村一处临时房门前,以拉车门盗窃的方式,窃得陈健停放在此处的灰色五菱面包车内的五六元人民币;2017 年 8 月初的一天凌晨,蒲长才在台州市路桥区桐屿街道立新村富通家园小区对面路边,以拉车门盗窃的方式,窃得李福芸停放在此处的绿色皮卡车内的五六元硬币;2017 年 8 月中旬的一天凌晨,蒲长才在路桥区桐屿街道立新村富通家园小区路边,以拉车门盗窃的方式,窃得莫爱军停放在此处的灰色面包车内的 12 元硬币;2017 年 11 月 8 日凌晨,蒲长才在路桥区螺洋街道藕池小区路边,以拉车门盗窃的方式,窃得陈俊儒停放在此处的奔驰商务车内的 70 元人民币。2017 年 12 月 14 日,公安机关将蒲长才抓获。

台州市路桥区人民法院认为,被告人蒲长才以非法占有为目的,多次秘密窃取他人财物,其行为已构成盗窃罪。蒲长才在前罪有期徒刑执行完毕后五年内又故意犯应当判处有期徒刑以上刑罚之罪,系累犯,依法予以从重处罚。蒲长才到案后如实供述自己的罪行,依法予以从轻处罚。故依照《中华人民共和国刑法》第二百六十四条、第六十五条第一款、第六十七条第三款之规定,以盗窃罪判处被告人蒲长才有期徒刑十个月,并处罚金人民币三千元。

一审宣判后,公诉机关提出抗诉,被告人未提出上诉。

抗诉机关及出庭检察员认为,根据《最高人民法院、最高人民检察院关于办理盗窃刑事案件适用法律若干问题的解释》(以下简称《解释》)规定,盗窃罪的罚金应当在一千元以上,盗窃数额二倍以下判处,原判并处蒲长才罚金人民币三千元高于盗窃数额的二倍,违反了司法解释的规定,属适用法律错误,依法应予以纠正。

台州市中级人民法院经审理认为,被告人蒲长才以非法占有为目的,多次秘密窃取他人财物,其行为已构成盗窃罪。蒲长才系累犯,依法予以从重处罚;到案后如实供述自己的罪行,依法予以从轻处罚。关于抗诉理由及出庭检察员意见,经查,根据《解释》第十四条之规定,对没有盗窃数额或者盗窃数额无法计算的,应当在一千元以上十万元以下判处罚金。蒲长才有多次盗窃的前科劣迹,且系累犯,原判所判罚金数额符合罪责刑相适应原则,故抗诉理由不能成立,不予采纳。原判定罪和适用法律正确,量刑适当,审判程序合法。依照《中华人民共和国刑事诉讼法》第二百三十六条第一款第(一)项的规定,驳回抗诉,维持原判。

## 二、主要问题

如何确定非数额型盗窃罪的罚金刑数额?

## 三、裁判理由

1979年《刑法》对盗窃罪仅规定了"盗窃公私财物,数额较大"一种情形,从罪状的表述来看,盗窃罪属于纯正的数额犯,盗窃数额即为入罪门槛。随着社会的不断发展,盗窃犯罪所呈现出的情形也在发生变化,司法实务部门在办理盗窃犯罪案件中也遇到了一些新情况、新问题。为加强对公私财产的保护和正确适用法律,我国立法机关审时度势,及时对盗窃罪的犯罪构成进行了修改和调整:1997 年修订《刑法》时,增加了“多次盗窃”的情形,从此,盗窃罪由纯正的数额犯变成“数额 + 情节”犯;2011 年《刑法修正案(八)》再次对盗窃罪的罪状进行扩充,增加了“入户盗窃”、“携带凶器盗窃”和“扒窃”三种行为。修改后的盗窃罪可以分成两类情形:一类是原有的数额犯,即盗窃数额达到较大标准的;另一类是如上所述的四种盗窃行为,被统称为非数额型盗窃,认定犯罪并不需要达到一定数额,而是需要符合特定的行为模式,盗窃数额仅作为量刑情节来考量。

盗窃罪是典型的侵财类犯罪,我国《刑法》对盗窃罪的处罚,不仅设置了自由刑,同时配置了财产刑。对于罚金刑的适用,《解释》第十四条规定:“因盗窃犯罪,依法判处罚金刑的,应当在一千元以上盗窃数额的二倍以下判处罚金;没有盗窃数额或者盗窃数额无法计算的,应当在一千元以上十万元以下判处罚金。”上述规定不仅明确了数额型盗窃的罚金刑适用标准,同时对于没有盗窃数额或者盗窃数额无法计算的,即非数额型盗窃罚金刑的适用也作出规定。然而,对于有盗窃数额的非数额型盗窃罪的罚金刑如何判处?如本案之情形,对被告人蒲长才应当如何判处罚金刑,存在两种意见:

第一种意见认为,本案的盗窃数额可以计算,应当依照《解释》第十四条前半部分之规定,“因盗窃犯罪,依法判处罚金刑的,应当在一千元以上盗窃数额的二倍以下判处罚金”。针对本案,盗窃数额的二倍未超过一千元,应当判处罚金一千元。

第二种意见认为,由于本案被告人系因多次盗窃而构成犯罪,属于非数额型盗窃,对其判处罚金应当依照《解释》第十四条后半部分之规定,“没有盗窃数额或者盗窃数额无法计算的,应当在一千元以上十万元以下判处罚金”。

之所以会存在不同意见,其原因在于对《解释》第十四条的理解存在偏差。《解释》第十四条区别了有盗窃数额的和没有盗窃数额或者盗窃数额无法计算的两种情形。在盗窃罪作为数额犯时,将罚金数额的确定建立在盗窃数额上是完全合理的。但随着 1997 年《刑法》的修改和《刑法修正案

(八)》的施行,盗窃罪已不再是纯正的数额犯,故《解释》针对非数额型盗窃行为确定了新的罚金刑判处标准。但是在司法实践中,盗窃罪除了单一的数额入罪和单一的情节入罪的情形外,还包括既符合非数额情节入罪,又存在盗窃数额的情形。就如本案,被告人四次盗窃,构成盗窃罪,盗窃数额90多元。本案如果适用《解释》第十四条前半部分之规定,对被告人应判处"1 000元以上180元以下的罚金",这显然是不符合数学逻辑的;如果适用后半部分之规定,本案却有明确的盗窃数额。因此,如何准确理解与适用《解释》第十四条之规定就显得尤为重要。我们认为,第二种意见更符合罪责刑相适应原则,也更符合立法原意。之所以这样理解,主要基于以下三点理由:

(一)对《解释》第十四条的理解应当符合解释原则

有观点认为,在非数额型盗窃的场合下,如果有明确的盗窃数额,且盗窃数额的2倍未超过1 000元的,就应当判处1 000元罚金。

我们认为这种观点是值得商榷的。首先,对法条的理解决不能仅根据其字面意思去解读,应当结合立法目的、该条文在规范性文件中所处的地位等因素来解读。《解释》出台的意义在于让司法实务部门准确理解和适用《刑法修正案(八)》关于盗窃罪的修改。《刑法修正案(八)》增设了多种非数额型盗窃行为,罪状表示较为原则,随即《解释》第三条对"多次盗窃""入户盗窃""携带凶器盗窃""扒窃"进行了较为具体的解释;《解释》第十四条规定了盗窃罪罚金刑的判处规则,故从目的解释、体系解释的角度来看,该规则的前后两部分理应分别对应数额型和非数额型盗窃,即以盗窃数额达到较大为入罪条件的,对行为人应当判处1 000元以上盗窃数额2倍以下的罚金;以上述四种盗窃行为入罪的,不论是否有盗窃数额,对行为人应当判处1 000元以上10万元以下的罚金。其次,从司法解释的权威性角度来说,也不应出现同为非数额型盗窃行为,却因是否有明确的盗窃数额而适用不同的罚金刑判罚标准。最后,实践中非数额型盗窃行为经常会出现有明确的盗窃数额,甚至盗窃数额极少的情形,本案中多次盗窃、入户盗窃仅窃得百元的情形也十分常见,倘若依前述第一种观点则均应在"一千元以上百元以下判处罚金",这种不合逻辑的罚金幅度明显不符合立法者的本意,也有损司法尊严。

(二)对非数额型盗窃罪判处罚金应当遵循罪责刑相适应原则

《刑法》第五十二条规定:“判处罚金,应当根据犯罪情节决定罚金数额。”《最高人民法院关于适用财产刑若干问题的规定》第二条规定:“人民法院应当根据犯罪情节,如违法所得数额、造成损失的大小等,并综合考虑犯罪分子缴纳罚金的能力,依法判处罚金。”因此,在判处罚金刑的时候,不仅要考虑其犯罪数额、违法所得、损失大小、缴纳能力等因素,还要根据被告人的主观恶性、犯罪手段、社会危害性、人身危险性等方面综合考量。就“多次盗窃”“入户盗窃”“携带凶器盗窃”“扒窃”这四种行为而言,行为人的主观恶性、人身危险性、犯罪行为的社会危害性要比通常意义上的盗窃“数额较大”行为严重得多。行为人多次实施盗窃行为体现出其对法律的漠视,其他三种盗窃行为极易引发严重危及人身安全的刑事案件。举例而言,单次盗窃他人1 000元和短期内10次共盗窃他人1 000元这两种场合,尽管盗窃数额相同,但绝无法得出二者的社会危害性相当的结论,一定是后者的社会危害性更大。那么根据刑罚裁量的原则,即便盗窃数额一致,但量刑上也应当有所差别,包括罚金刑的判罚。

回顾本案,被告人蒲长才具有3次盗窃罪和2次盗窃行政处罚的前科,而且本次实施犯罪的时间距其前罪刑满释放时间不足1个月,可以说蒲长才被释放后即开始新的盗窃生活,足以证明刑罚对其的教育改造目标失效,其主观恶性较深,人身危险性较大,其行为造成的危害后果较为严重,对其不仅应当在适用自由刑上从重处理,在罚金刑方面亦应当从重,才能体现罪责刑相适应原则。故尽管被告人蒲长才4次盗窃共计金额尚不足百元,对其在1 000元以上10万元以下的幅度判处罚金更能剥夺其再次犯罪的资本。

(三)对非数额型盗窃罪判处罚金应当符合罚金刑设立的立法目的

盗窃等财产犯罪的犯罪主观上出于贪利的目的,对其仅判处自由刑恐怕不足以遏制其再犯,罚金刑是遏制行为人再犯的有力武器,这是因为罚金所造成的刑罚痛苦不仅在于被迫地缴纳了多少金钱,还包括因缴纳罚金、导致行为人无法满足其物质享受的需要所造成的间接痛苦。因此,罚金刑与自由刑并用是惩治财产犯罪的有效方法,这样一来,既剥夺了罪犯的犯罪所得,又剥夺其继续实施犯罪的资本,迫使其不仅无利可图,还得不偿失。对于盗窃罪而言,不论是哪种类型的盗窃行为,其均出于贪利的目的,那么,在通过判处罚金刑来实现对行为人财产权益的剥夺的同时,必须兼顾行为人的犯罪行为、情节等因素。本案被告人蒲长才可以说以盗窃为业,足见其贪利目的之重,加重对其财产刑的判罚正是对其进行教育改造的方式之一。

综上所述,我们认为,对于单纯的数额型盗窃行为应当在1 000元以上盗窃数额的2倍以下判处罚金;而对于非数额型盗窃行为,即使有明确的盗窃数额,但如果盗窃数额较小(未达到数额犯入罪标准的),也应按照"没有盗窃数额或者盗窃数额无法计算"之规定,在1 000元以上10万元以下判处罚金。因而,一审、二审法院以盗窃罪判处被告人蒲长才有期徒刑十个月、并处罚金人民币三千元是正确的。

(撰稿:浙江省台州市中级人民法院　王永兴
辽宁省沈阳市中级人民法院　艾乾宇
审编:最高人民法院刑二庭　韩维中)

[第 1342 号]

# 黄钰诈骗案

## ——如何区分诈骗罪与民事欺诈

### 一、基本案情

被告人黄钰,女,汉族,1985 年 3 月 22 日出生。2012 年 2 月 21 日被取保候审。

吉林省长春市朝阳区人民检察院以被告人黄钰犯诈骗罪向长春市朝阳区人民法院提起公诉。

被告人黄钰否认犯罪,辩称其欲使用被害人杨超给的钱去购买车辆时,发现数额不足以买车,就准备还钱给被害人杨超,但杨超说不用,故还款未成。其辩护人提出,黄钰主观上没有占有故意,客观上实施了还钱行为,故黄钰无罪。

长春市朝阳区人民法院经审理查明:2010 年 7 月,被害人杨超通过被告人黄钰的父亲与黄钰结识。同年 10 月至 2011 年 8 月,黄钰以能为杨超在南航长春机场办理接送员工及滞留旅客车辆运营为名,先后 3 次从杨超处骗取 73.5 万元。后杨超向黄钰借款 7 万元。2012 年 2 月 3 日,黄钰让杨超到其家取走其余 66.5 万元,杨超因该款只有本金为由拒绝收取。同月 15 日,杨超向公安机关报案。同月 21 日,黄钰在家中被抓获。

长春市朝阳区人民法院认为,被告人黄钰以非法占有为目的,使用欺骗方法骗取他人财物,数额特别巨大,其行为构成诈骗罪,应依法惩处。但被告人黄钰能积极返还被害人全部钱款,依法可从轻处罚。依照《中华人民共和国刑法》第二百六十六条、第五十二条、第五十三条、第四十七条之规定,判决如下:

被告人黄钰犯诈骗罪,判处有期徒刑十年,并处罚金人民币六十六万五千元。

宣判后，被告人黄钰不服，提出上诉。黄钰称，案发前，其多次主动向杨超提出返款，且其有能力返款，未能返款责任在杨超；其没有通过虚构事实或隐瞒事实真相达到非法占有杨超财物的目的，其行为不构成诈骗罪；一审法院采信的证据存在瑕疵。其辩护人提出，黄钰的行为不构成诈骗罪。

长春市中级人民法院经审理认为，上诉人黄钰以非法占有为目的，使用欺骗方法骗取他人财物，数额特别巨大，其行为构成诈骗罪，应依法惩处。论罪应判处十年有期徒刑以上刑罚，鉴于黄钰案发前有积极返款的意愿，因客观原因未能返还，案发后将诈骗款全部返还被害人，积极消除、减轻犯罪的实际危害，可对其在法定刑以下处以刑罚，且没有再犯罪的危险，对其可判处缓刑。原审判决定罪准确，审判程序合法，但量刑不当，应予改判。依照《中华人民共和国刑事诉讼法》第二百二十五条第（二）项[①]和《中华人民共和国刑法》第二百六十六条、第七十二条、第七十三条第二款、第三款、第五十二条、第五十三条之规定，判决如下：

一、撤销长春市朝阳区人民法院（2013）朝刑初字第35号刑事判决；

二、上诉人黄钰犯诈骗罪，判处有期徒刑三年，缓刑五年，并处罚金人民币二十万元；

三、依法报请最高人民法院核准。

吉林省高级人民法院经复核认为，被告人黄钰以非法占有为目的，使用欺骗方法骗取他人财物，数额特别巨大，其行为构成诈骗罪。鉴于案发前黄钰有积极返款的意愿，案发后将诈骗款全部返还被害人，积极减轻犯罪的实际危害，可对其在法定刑以下处以刑罚，且没有再犯罪的危险，对其可判处缓刑。据此，同意长春市中级人民法院判决，依法报请最高人民法院核准。

最高人民法院经复核认为，第一审判决、第二审判决认定被告人黄钰犯诈骗罪的部分事实不清，证据不足。据此，裁定如下：

一、不核准吉林省长春市中级人民法院（2013）长刑终字第170号刑事判决。

---

① 此处引用的是2018年修正前的《刑事诉讼法》，对应修正后的《刑事诉讼法》第二百三十六条第（二）项。

二、撤销吉林省长春市中级人民法院(2013)长刑终字第170号刑事判决和长春市朝阳区人民法院(2013)朝刑初字第35号刑事判决。

三、发回长春市朝阳区人民法院重新审判。

长春市朝阳区人民法院经重新审理查明:2010年7月,被害人杨超在吉林省长春市朝阳区安达街英海小区做墙体保温,认识了被告人黄钰的父亲,后通过黄钰的父亲认识了黄钰。2010年10月至2011年8月,黄钰以能为杨超在南航长春机场办理接送员工及滞留旅客车辆运营为名,先后3次从杨超手中骗取73.5万元。后杨超向黄钰借款7万元,其余66.5万元黄钰于2012年2月3日让杨超去她家取钱,杨超来到黄钰家,当听到黄钰只给本金66.5万元,杨超拒绝收取。2012年2月15日杨超向长春市公安局朝阳区分局报案,2012年2月21日黄钰在其家中被抓获。

长春市朝阳区人民法院认为,被告人黄钰虽然占用了被害人杨超购车款66.5万元,但杨超从没有向黄钰主张要回此款,并且黄钰要求将购车款66.5万元还给杨超,由于杨超拒绝接受,黄钰才未将购车款返给杨超,说明黄钰并不是以非法占有为目的;相关证据证明案发前,在杨超尚未发觉被骗,也未向黄钰催款的情况下,黄钰主动找杨超提出还款要求,且黄钰在同期有还款能力。因此,黄钰的行为不构成诈骗罪。公诉机关指控被告人黄钰犯诈骗罪不予支持。被告人黄钰及其辩护人的辩解、辩护意见,予以采信。依照《中华人民共和国刑事诉讼法》第一百九十五条第(三)项之规定①,判决如下:

被告人黄钰无罪。

宣判后,在法定期限内没有上诉、抗诉。判决已发生法律效力。

## 二、主要问题

如何把握诈骗罪与民事欺诈的界限?

---

① 此处引用的是2018年修正前的《刑事诉讼法》,对应修正后的《刑事诉讼法》第二百条第(三)项。

## 三、裁判理由

本案在审理过程中，对于被告人黄钰是否构成诈骗罪，存在两种不同观点：第一种观点认为，现有证据证实黄钰有诈骗行为，虽有还款意愿，但是一种畏罪表现，且事实上的还款行为发生在公安立案之后，其行为已构成诈骗罪。第二种观点认为，在案证据证实黄钰虚构了能够买到便宜考斯特车和用购买的考斯特车向银行贷款300万元借给杨超这两个事实，从而实际占用了杨超的66.5万元人民币，但在案发前黄钰多次找杨超、杨超母亲，提出还款，遭到拒绝，且黄钰的银行账户有余款70余万元，有还款能力，故黄钰主观上没有非法占有的目的，不构成诈骗罪。

我们同意第二种观点。理由如下：

诈骗罪，是指以非法占有为目的，采用虚构事实或者隐瞒真相的方法，骗取数额较大的公私财物的行为。由此可见，诈骗罪的构成要件要求行为人不但在客观方面采取虚构事实或者隐瞒真相的方法骗取数额较大的公私财物，在主观方面还必须表现为直接故意，并且具有非法占有公私财物的目的。而民事欺诈，行为人取得对方当事人的财物，也采用了欺骗的方法，例如，编造虚假的理由、占用财物后找理由拖欠不还，等等。但是，民事欺诈，由于其不具有非法占有的目的，因而从其本质上来讲，仍然属于民事纠纷的性质，而不属于诈骗犯罪。民事欺诈与刑事诈骗，在客观上，行为人都实施了占有他人财物的行为。但是，客观上的占有，与行为人主观上是否具有非法占有的目的，并不具有必然的对应关系。不能从客观上存在占有的事实直接推定行为人主观上具有非法占有的目的。判断一个行为是民事欺诈还是诈骗犯罪，关键看其是否具有非法占有的目的。认定诈骗罪，行为人主观上就必须具有非法占有的目的。反之，即使行为人在取得财物时有欺诈行为，只要没有非法占有的目的，不赖账，确实打算偿还的，就仍属于民事纠纷，不应认定为诈骗罪。

如何判断行为人是否具有非法占有的目的？最典型的诈骗案件是针对陌生人的诈骗。在这类案件中，被害人不知道犯罪分子的姓名、住址，犯罪分子一旦骗得被害人财物就逃之夭夭，切断与被害人的联系，非法占有目的非常明显。对这类案件的非法占有目的判断,在实践中不会产生争议。但是,在熟人之间,判断行为人骗取财物是否属于诈骗,就要正确判定行为人是否具有非法占有的目的。我们认为,主要可以从两个方面进行判断:一是看行为人是否有逃避偿还款物的行为。行为人取得财物后即携款(物)逃匿,躲避被害人催债;或者将财物转移、隐匿,拒不返还;或者将财物用于赌博、挥霍等,致使无法返还的,都属于逃避偿还的行为。二是看被骗人能否能够通过民事途径进行救济。一般来说,构成诈骗罪的行为,应当是不能通过民事途径进行救济的行为。欺骗行为尚不严重,不影响被骗人通过民事途径进行救济的,不宜轻易认定为诈骗犯罪。将能够通过民事途径救济的骗取财物行为排除在诈骗犯罪之外,也符合刑法的谦抑性原则。

本案中,现有证据足以证实被告人黄钰虚构事实从被害人杨超处骗取73.5万元,构成了民事欺诈。首先,黄钰虚构了能够买到便宜考斯特车(用于南航长春机场办理接送员工、滞留旅客的车辆运营挣钱)和用购买的考斯特车向银行贷款300万元借给被害人杨超两个事实。杨超提供的录音资料证明,2012年1月27日,杨超与黄钰通话中提及:(1)“咱”的车春节期间外包了,一天300元。此节印证了杨超陈述黄钰告诉其车已买到,春节期间外包的情节;(2)黄钰自称被坑了,并称要追着朋友办理土地分割及其他事项,然后就把钱拿回来。这与杨超陈述,黄钰说她用杨超的2辆考斯特和黄钰的8辆考斯特办理300万元贷款给杨超用,并称贷款下来了,与朋友先压几套房,房卖出去后再给杨超300万元,但后来又说房不卖了,朋友再用房子抵押把300万元拿回来的情节相印证。黄钰对该录音的真实性予以确认。而客观事实是黄钰从未购买考斯特车运营,也无办理贷款一事。其次,杨超共给付黄钰73.5万元。杨超和黄钰均证明杨超在2010年10月26日和11月3日向黄钰账户汇款64万元,让黄钰帮助购买2辆便宜考斯特车,并由黄钰负责用于南航长春机场办理接送员工和滞留旅客车辆运营事宜;2011年7月杨超又给付黄钰现金9.5万元用于上述车辆落籍。此节还有银行账户明细、证人证言等佐证。

但是,本案证据不足以证实被告人黄钰具有非法占有该款项不予归还之目的,反而证明黄钰有归还的意愿:(1)案发前,黄钰主动反复要求还款。

被害人杨超提供的录音资料证明,2012年1月27日,其与黄钰通话中,黄钰就提及将在同年2月6日还钱给杨超一事。杨超和黄钰分别提供的录音资料都证明2012年2月3日,黄钰将杨超叫至其家中反复要求还款66.5万元,在杨超拒绝后,追下楼提出一共还75万元,但杨超坚决拒绝并离开。黄钰提供的录音资料还证明,2012年2月6日,黄钰再次反复要求还款,杨超以死相威胁,称没法跟母亲交代;2月7日,黄钰与父亲及律师找杨超母亲谈与杨超之间发生的事。黄钰父亲及律师均证明,当时黄钰要还款给杨超母亲,双方约定次日到银行办理,与黄钰供述一致,杨超母亲虽未承认但亦未否认。银行账户明细证实,同期黄钰账户有70余万元,有还款能力。(2)黄钰提出还款前,杨超尚未发现被骗,也从未催要还款。杨超的陈述和黄钰的供述在此情节上是一致的。杨超陈述其在2012年2月3日应黄钰要求去取钱时,以为是取贷款的300万元,发现黄钰是要还本金66.5万元后,以为黄钰在赚钱后要甩掉其从而拒绝。黄钰仅在第一次供述中供认欺骗杨超,但未供认要非法占有杨超的钱,仅供称"我找杨超借钱,他不会借给我,他跟我不熟,我只有骗他说和他做生意,才能让他把钱给我用。我骗他是为了用他钱自己做点什么"。"我把杨超的钱花了还不上,时间长了怕杨超知道我骗他,2012年2月3日就给杨超打电话说还他钱……"(3)黄钰未能在案发前实际还款与被害方拒收和不配合有关。杨超和黄钰提供的录音资料都证实黄钰反复要求还款,杨超拒绝只收本金,并以死相威胁。2012年2月7日,黄钰向杨超母亲提出还款,并约好次日一起到银行办理,但次日杨超母亲未赴约,并报案。(4)案发后,黄钰于2012年4月15日向杨超账户汇款66.5万元。

综上所述,被告人黄钰虽然编造谎言、隐瞒真相,骗借了被害人杨超的钱款,但主观上并没有非法占有的目的,反而有大量证据证明在杨超尚未发现被骗之前,黄钰就提出了还款要求,且其有偿还能力。故本案本质上属于民间借贷纠纷,构成民事欺诈,而非诈骗罪。原审法院重审后宣告黄钰无罪是正确的。

**(撰稿:最高人民法院刑四庭　张　勤**
**审编:最高人民法院刑四庭　陆建红)**

[第 1343 号]

# 王江浩挪用资金案

## ——小区业主委员会主任挪用业主委员会银行账户资金的行为应当如何定性

### 一、基本案情

被告人王江浩,男,1978 年 11 月 5 日出生,深圳市南山区大冲社区朗景园小区原第二届业主委员会主任。2016 年 7 月 15 日被逮捕,9 月 27 日被取保候审,2018 年 3 月 5 日被监视居住。

广东省深圳市南山区人民检察院指控被告人王江浩犯挪用资金罪,向深圳市南山区人民法院提起公诉。

深圳市南山区人民法院经公开审理查明:2014 年 6 月 10 日,深圳市南山区大冲社区朗景园小区第二届业主委员会(以下简称业主委员会,组织机构代码 32654484 - 1)成立。同日,被告人王江浩被选为业主委员会主任,任期至 2017 年 6 月 9 日止。2015 年 3 月 6 日,王江浩以业主委员会名义在中国银行高新区支行开设对公账户,用以收取小区业主自行出资购买停车场相关设备和运营维护费用、小区物业修缮费用以及商铺门面的租金。2015 年 12 月 1 日至 8 日,王江浩在未经业主大会讨论和表决的情况下私自从业主委员会的中国银行对公账户中分 9 次共将人民币(以下币种同)44 万元转至自己的招商银行账户,并于 2015 年 12 月 8 日将其中 40 万元转账至一位名叫贺超的招商银行账户,用于购买深圳市创达云睿智能科技有限公司 2% 的股权投资,又后将剩余的 4 万元用于借款转账借贷给业主委员会成员李梅。2016 年 5 月 20 日,因小区业主要求对小区的账目进行财务审计,王江浩从自己名下另一个招商银行账户向业主委员会的中国银行对公账户分九 9 次转入资金共44万元。

被告人王江浩在开庭审理过程中对指控的事实无异议,但辩称其行为不构成犯罪。理由是:(1)其虽未经业主大会授权挪用资金,但业主委员会主任不符合挪用资金罪的犯罪构成主体要件;(2)其动用小区业主委员会对公账户资金是为对公理财,不具备挪用资金罪的主观故意;(3)以挪用资金罪追究刑事责任,违反罪刑法定原则。

南山区人民法院经审理认为,被告人王江浩作为业主委员会主任,利用职务上的便利,挪用业主委员会资金44万元归个人使用,其中40万元用于营利活动,4万元借贷给他人,数额较大,超过三个月未还,其行为构成挪用资金罪。业主委员会已获深圳市市场监督管理局颁发的组织机构代码证,应当视为《刑法》第二百七十二条规定的"其他单位",业主委员会工作人员可以成为挪用资金罪的犯罪主体。业主委员会在银行开立账户,账户内资金属于全体业主的集体财产,应当认定为《刑法》第二百七十二条规定的"本单位资金"。王江浩归案后能够如实供述自己的罪行,具有坦白情节,且案发前已将涉案资金全部退还,依法可以从轻处罚。据此,南山区人民法院依照《中华人民共和国刑法》第二百七十二条第一款、第六十七条第三款之规定,判决被告人王江浩犯挪用资金罪,判处有期徒刑九个月。

一审宣判后,被告人王江浩不服原判,向深圳市中级人民法院提出上诉。理由如下:(1)现行法律、司法解释没有把小区业主委员会主任列为挪用资金罪中的"其他单位人员",业主委员会主任不具备挪用资金罪犯罪构成的主体要件;(2)职务侵占罪相关司法解释中"其他单位人员"的规定,不适用挪用资金罪;(3)商业贿赂犯罪相关司法解释中"其他单位"的规定,不适用挪用资金罪;(4)小区众多业主表示谅解,并给予补充授权。

深圳市中级人民法院经审理认为,上诉人王江浩未经业主大会讨论和表决通过,私自挪用业主委员会的中国银行对公账户中44万元的事实属于客观事实。即使小区部分业主事后补充授权、表示谅解,也不能改变既成客观事实,不应将此种授权视为事前讨论表决和授权。因此,业主事后谅解或者补充授权不属于实施挪用资金犯罪的阻却事由。一审法院认定王江浩符合挪用资金罪主体要件的论理充分,理由成立,应予采纳。一审判决认定的事实清楚，证据确实、充分，定罪正确，量刑适当，审判程序合法，裁定驳回上诉，维持原判。

## 二、主要问题

（一）小区业主委员会是否属于挪用资金罪中的“其他单位”？

（二）业主委员会账户内资金是否属于挪用资金罪中“本单位资金”？

## 三、裁判理由

随着近年来城市化的发展，小区日渐成为人们生活的常态基本单元。为了维护小区业主们的合法权益，管理小区的集体资产和利益，业主委员会作为一种自发自治组织应运而生。业主委员会作为社会发展的新生事物，在管理制度上尚不健全，职责不清、运作不规范问题比较普遍，业主委员会成员利用职务之便侵犯业主利益的案件时有发生。因业主委员会的法律地位不明导致司法实践中对相关案件的定性处理存在争议。

本案中，控辩双方对被告人王江浩利用担任业主委员会主任职务上的便利，挪用该业主委员会账户内资金40万元进行营利活动，同时挪用4万元借贷给他人、超过三个月未还的事实及证据均无异议，控辩焦点在于对被告人上述行为罪与非罪的定性。审理过程中存在不同看法，主要形成两种意见：

一种意见认为，被告人王江浩的行为不构成犯罪。理由是：刑法及司法解释对业主委员会是否属于《刑法》第二百七十二条挪用资金罪中的“其他单位”、业主委员会名下银行账户内的资金是否属于“本单位资金”未作出明确规定。认定王江浩的行为构成犯罪有违罪刑法定原则。根据刑法的谦抑性原则，对《刑法》第二百七十二条中的“其他单位”应作狭义解释，认定被告人的行为无罪。

另一种意见认为，被告人王江浩的行为构成挪用资金罪。理由是：小区业主委员会系向市场监督管理部门登记注册并取得组织机构代码证的主体，属于挪用资金罪中“其他单位”的范畴，业主委员会成员可以成为挪用资金罪的犯罪主体。业主委员会具有属于自己的财产，业主委员会名下银行账户内的资金属于全体业主共有，应当认定为业主委员会“本单位资金”。

业主委员会工作人员利用职务上的便利,挪用业主委员会资金归个人使用,用于营利活动或者借贷给他人,数额较大,超过三个月未还的行为,应当以挪用资金罪定罪处罚。

我们同意后一种意见,即被告人王江浩的行为构成挪用资金罪,具体理由如下:

(一)业主委员会可以被认定为"其他单位"

1. 参照《刑法》规定和相关司法解释,业主委员会可以被认定为"其他单位"

《刑法》第三十条对单位负刑事责任的范围规定如下:"公司、企业、事业单位、机关、团体实施的危害社会的行为,法律规定为单位犯罪的,应当负刑事责任。"该规定列举了五类单位,但实践中对"公司、企业、事业单位"的范围容易引发争议。为此,《最高人民法院关于审理单位犯罪案件具体应用法律有关问题的解释》(法释〔1999〕14号,以下简称《单位解释》)第一条规定:"刑法第三十条规定的'公司、企业、事业单位',既包括国有、集体所有的公司、企业、事业单位,也包括依法设立的合资经营、合作经营企业和具有法人资格的独资、私营公司、企业、事业单位。"根据《刑法》总则和《单位解释》的相关规定,对于独资、私营公司、企业、事业单位而言,需要具备法人资格,才能成为《刑法》中单位犯罪的"单位"。这是因为单位犯罪中的"单位"需要对外承担刑事责任,是作为犯罪行为的拟制人来定义,与自然人犯罪相区别和对应。

然而,《刑法》分则中除了单位犯罪外,还有不少条文亦涉及对"单位"的理解,是否均应当按照《刑法》第三十条的规定进行界定呢?如《刑法》第一百六十三条规定了非国家工作人员受贿罪、第一百六十四条规定了对非国家工作人员行贿罪,主体均是"公司、企业或者其他单位的人员",此处的单位是否限定为具备法人资格的组织呢?为此,2008年最高人民法院、最高人民检察院联合出台的《关于办理商业贿赂刑事案件适用法律若干问题的意见》规定,《刑法》第一百六十三条、第一百六十四条规定的"其他单位"既包括事业单位、社会团体,村民委员会、居民委员会、村民小组等常设性的组织,也包括组织体育赛事、文艺演出或者其他正当活动而设成立的组委会、筹委会、工程承包队等非常设性的组织。显然，上述组织并不要求具备法人资格。可见，刑法中作为单位犯罪的“单位”与散见于分则自然人犯罪条文中出现的“单位”外延并不相同。

除了在主体部分涉及“单位”的概念，还有部分犯罪是将“单位”作为对象，此处作为被害“单位”与单位犯罪中的“单位”是否一致呢？我们认为，并不完全一致。这是因为，从价值取向上来看，单位犯罪中的“单位”主要是用以区别自然人犯罪，对作为犯罪主体的单位的认定，需要承担刑事责任，故而应当从严把握，以打击犯罪，体现公平正义。而“单位”作为被害人出现时，主要是从其遭到犯罪侵害时，保护其合法权益尤其是财产权的角度出发予以考量。与需要承担刑事责任的单位犯罪中的“单位”相比，被害单位只要是能够主张权利的实体即可，因而成立要件、形式要件也相对宽松。随着经济社会的发展，各种形式的实体组织增多，刑法也应当保持适当的社会张力，才能适应社会的发展。1999 年最高人民法院在《关于村民小组组长利用职务便利非法占有公共财物行为如何定性问题的批复》中指出，对村民小组组长利用职务便利，将村民集体财产非法占为己有的，数额较大的，以职务侵占罪定罪处罚。2000 年最高人民检察院在《关于挪用尚未注册成立公司资金的行为适用法律问题的批复》中指出，筹建公司的工作人员在公司登记注册前，利用职务上的便利，挪用准备设立的公司在银行开立的临时账户上的资金，归个人使用或者借贷给他人，数额较大或者超过三个月未还，应当根据《刑法》第二百七十二条追究刑事责任。而最高人民法院研究室在《关于村民小组是否属于刑法第二百七十二条规定的“其他单位”问题的研究意见的理解与适用》中进一步明确指出，挪用资金罪中规定的“其他单位”包括村民小组，村民小组组长可以成为挪用资金罪的犯罪主体。

挪用资金案件与职务侵占案件，均属于对侵犯公司、企业财产的犯罪。根据上述分析，参照相关司法解释，挪用资金罪中的“其他单位”并不仅限于《刑法》第三十条单位犯罪中“单位”的范围。

2. 参照最高人民法院在相关批复等文件中确立业主委员会在民事诉讼中的主体资格地位，对业主委员会可以认定为《刑法》中的“其他单位”

关于业主委员会的法律地位，《物权法》和国务院发布的《物业管理条例》(2016年2月6日修改)均有涉及,但未直接明确规定。《物权法》第七十八条第二款规定,业主大会或者业主委员会作出的决定侵害业主合法权益的,受侵害的业主可以请求人民法院予以撤销。根据该条规定,业主委员会可以作为民事诉讼的被告,参与到民事诉讼活动中。《物业管理条例》第十五条规定,"业主委员会是业主大会的执行机构,履行下列职责:(一)召集业主大会会议,报告物业管理的实施情况;(二)代表业主与业主大会选聘的物业服务企业签订物业服务合同;(三)及时了解业主、物业使用人的意见和建议,监督和协助物业服务企业履行物业服务合同;(四)监督管理规约的实施;(五)业主大会赋予的其他职责"。《物业管理条例》第十六条第一款规定,业主委员会应当自选举产生之日起30日内,向物业所在的区、县人民政府房地产行政管理部分和街道办事处、乡镇人民政府备案。在对业主委员会民事诉讼地位的认定上,2003年最高人民法院在《关于金湖新村业主委员会是否具备民事诉讼主体资格请示一案的复函》中指出,金湖新村业主委员会符合"其他组织"条件,可以以自己的名义提起诉讼。2005年最高人民法院在《关于春雨花园业主委员会是否具有民事诉讼主体资格的复函》中指出,业主委员会是业主大会的执行机构,根据业主大会的授权对外代表业主进行民事活动,所产生的法律后果由全体业主承担,业主委员会与他人发生民事争议的,可以作为被告参加诉讼。

根据上述法律及司法解释,业主委员会由业主大会选举产生并向相关行政主管部门进行备案,这种备案行为经批准认可,也就赋予了业主委员会具备民事主体资格的合法性,在民事诉讼活动中可以视为非法人组织,具备相应的非法人组织的条件,具有民事诉讼主体资格,可以作为原告或被告,参与民事诉讼活动。在涉及侵害业主合法权益时,可以以其名义参与诉讼。同样,在刑事诉讼领域,当业主委员会具备相应的财产,也就成为具有独立活动和自我发展能力的社会经济实体,特别是作为被害主体情形,在其合法权益遭到侵害时,应当受到刑法保护。

本案中,小区业主委员会已获深圳市市场监督管理局颁发的"中华人民共和国组织机构代码证"(机构类型:其他机构)。业主委员会已经登记注册,在民事上具有诉讼主体资格。虽然《刑法》及现有司法解释未作明确规定，但我们认为，小区业主委员会在刑事上符合同类职务犯罪司法解释所规定的“其他单位”的特征，属于挪用资金罪中的“其他单位”的范畴。

（二）业主委员会账户内资金属于挪用资金罪中“本单位资金”

《深圳经济特区物业管理条例》第二十二条第一款规定，业主大会、业主委员会活动经费、业主委员会委员和执行秘书的薪酬，从物业服务费中按照市政府规定的比例提取，专款专用。第四十三条规定，业主委员会解散的，业主委员会委员、候补委员应当在区主管部门的指导、监督下，做好有关财物清算和资料清理工作。从上述规定看，业主委员会工作人员的薪酬有其专门的资金来源，即从物业服务费中提取，专款专用，业主委员会也有自己本身的财物。

本案中，业主委员会成立后在行政主管机关进行了备案登记，取得统一的组织机构代码证，在中国银行已开立了基本存款账户，该小区业主委员会拥有自己独立的财产。以业主委员会名义开立的银行账户内的资金，应当视为业主委员会“本单位资金”。被告人王江浩挪用业主委员会银行账户内的资金，应当认定为挪用资金罪中的“本单位资金”。

综上所述，一审、二审法院认定被告人王江浩作为业主委员会主任，利用职务上的便利，挪用业主委员会账户内资金40万元进行营利活动，同时挪用4万元借贷给他人、超过三个月未还的行为具有明显的社会危害性，符合挪用资金罪所保护的客体要件，以挪用资金罪追究其刑事责任，是正确的。

**（撰稿：广东省深圳市中级人民法院　张　冰　赵　靓**

**审编：最高人民法院刑二庭　韩维中）**

［第 1344 号］

# 周禄宝敲诈勒索案

## ——利用信息网络敲诈勒索犯罪与利用网络维权的界限

### 一、基本案情

被告人周禄宝，男，1985 年 4 月 10 日出生。2013 年 8 月 9 日被逮捕。

江苏省昆山市人民检察院指控被告人周禄宝犯敲诈勒索罪，向昆山市人民法院提起公诉。

被告人周禄宝及其辩护人提出：周禄宝在网上发帖的行为属于民事维权行为，不构成敲诈勒索罪。

昆山市人民法院经审理查明：2011 年 6 月下旬，被告人周禄宝至广西壮族自治区阳朔县鉴山寺景区后，以该寺存在假和尚欺骗游客消费等情况，在多个网站论坛发帖，并向多个政府部门投诉举报施压。后周禄宝以在该寺受到欺诈消费以及可以在网上帮助正面宣传、消除影响为名，向该景区负责人索要钱财。该景区迫于舆论压力向周禄宝支付人民币 4 万元。得款后，周禄宝即在网上发布正面宣传鉴山寺的相关文章。

2011 年 8 月中旬，被告人周禄宝至浙江省嘉兴市乌镇修真观景区后，以该观存在假道士欺骗游客消费等情况为由，向多个政府部门投诉举报施压。后周禄宝威胁要在多个网站论坛发帖曝光，并假借在网上帮助正面宣传的名义向该景区负责人索要 6.8 万元，该景区因迫于舆论压力向周禄宝支付 6.8 万元。

2011 年 8 月 12 日，被告人周禄宝至江苏省昆山市周庄全福寺景区后，以该寺存在假和尚欺骗游客消费等情况为由，向多个政府部门投诉举报。后周禄宝威胁要在多个网站论坛发帖曝光，并假借在网上帮助正面宣传的名义，向该景区负责人索要 8 万元，后因该景区负责人陈某某向公安机关报案而未得逞。

昆山市人民法院认为,被告人周禄宝以非法占有为目的,通过在互联网编制并发布或威胁发布被害人(单位)负面信息对被害人(单位)造成网络舆论压力的方式,敲诈勒索他人财物,数额巨大,其行为已经构成敲诈勒索罪。周禄宝在实施部分犯罪过程中,因意志以外的原因而未得逞,系犯罪未遂,依法比照既遂犯从轻处罚。据此,依照《中华人民共和国刑法》第二百七十四条、第二十三条、第六十四条之规定,判决如下:

被告人周禄宝犯敲诈勒索罪,判处有期徒刑五年,并处罚金三万元。

一审宣判后,被告人周禄宝向苏州市中级人民法院提起上诉。周禄宝上诉称:其实施的所有行为都是网络维权行为,并非刑事犯罪。其辩护人提出:周禄宝收取有关单位或个人钱款事出有因,投诉无果之后才通过网络发帖揭露有关问题,本质上是一种民事维权行为,不应被认定为犯罪。就原判决认定的犯罪数额而言,对周禄宝判处五年有期徒刑量刑过重。综上,建议二审法院查明事实,依法改判。

苏州市中级人民法院经审理认为,被告人周禄宝以非法占有为目的,以在互联网上发布被害单位负面信息或将要发布被害单位负面信息相要挟,勒索被害单位或与该单位具有利害关系的人员财物,数额巨大,其行为已构成敲诈勒索罪。周禄宝部分敲诈勒索犯罪系未遂,依法比照既遂犯从轻处罚。关于周禄宝及其辩护人提出其行为系民事维权而非犯罪的辩护意见,审查认为,在旅游过程中遭受不公待遇或者发现违规经营等问题时,向有关部门投诉或者利用网络维权是行为人均可以采取的措施,但周禄宝却以此为生财之道,在短时间内针对类似主体以类似手法多次收取或索取他人出于压力而支付且明显超过其消费金额的钱款,其行为已明显超出了民事维权的范围,社会危害性较大,具有应受刑罚处罚性,应当追究其刑事责任。故对该辩解、辩护意见,不予采纳。原判决认定事实和适用法律正确,量刑适当。据此,依照《中华人民共和国刑事诉讼法》第二百二十五条第一款第(一)项[①]之规定,裁定如下:

① 此处引用的是2018年修正前的《刑事诉讼法》,对应修正后的《刑事诉讼法》第二百三十六条第一款第(一)项。

驳回上诉,维持原判。

## 二、主要问题

(一)如何认定利用信息网络实施的敲诈勒索犯罪?

(二)如何区分利用信息网络敲诈勒索犯罪与利用网络民事维权的界限?

## 三、裁判理由

随着我国信息技术的发展,以在微博、微信、QQ、论坛等网络信息平台上发布、删除等方式处理负面信息为由,实施威胁或者要挟,索取他人财物的犯罪现象日益突出。2013年9月6日,最高人民法院、最高人民检察院出台《关于办理利用信息网络实施诽谤等刑事案件适用法律若干问题的解释》(以下简称《解释》),《解释》第六条明确此类行为以敲诈勒索罪定罪处罚。本案在审理过程中,被告人周禄宝及其辩护人均提出,周禄宝的行为属于正当的民事维权行为,不构成敲诈勒索罪。我们认为,本案是一起典型的利用信息网络实施敲诈勒索犯罪的案件,具体理由如下:

(一)被告人周禄宝的行为符合《刑法》和《解释》关于敲诈勒索罪的相关规定

敲诈勒索罪,是指行为人以非法占有为目的,对他人实行威胁、要挟,索取数额较大的公私财物,或者多次敲诈勒索的行为。其基本结构是:对他人实行威胁—使对方产生恐惧心理—对方基于恐惧心理处分财物—行为人或者第三者取得财产。与使用传统手段实施的敲诈勒索犯罪相比,利用信息网络实施的敲诈勒索犯罪虽然在犯罪手段上有一定特殊性,但实质上仍是行为人以非法占有为目的,借助信息网络平台对他人实施威胁、要挟,被害人基于恐惧或者因为承受某种压力而被迫交付财物,符合敲诈勒索罪的构成要件。

《解释》第六条规定:“以在信息网络上发布、删除等方式处理网络信息为由,威胁、要挟他人,索取公私财物,数额较大,或者多次实施上述行为的,依照刑法第二百七十四条的规定,以敲诈勒索罪定罪处罚。”实践中,利用信息网络实施的敲诈勒索犯罪主要有两种表现形式，即“发帖型”敲诈勒索和“删帖型”敲诈勒索。“发帖型”敲诈勒索，是指行为人通过各种途径收集有关被害人的负面信息，然后主动联系被害人，以将在信息网络上发布相关负面信息为由，威胁、要挟被害人，进而索取财物的行为。“删帖型”敲诈勒索，是指行为人通过各种途径收集有关被害人的负面信息后，先在信息网络上发布，然后主动联系被害人，以删除、下沉上述负面信息为条件威胁、要挟被害人，进而索取财物的行为。二者的主要区别在于：(1)要挟产生的时间不同。前者是行为人以将要在网上发布负面信息为要挟，负面信息尚未发布；后者是行为人在网上发布负面信息后进行要挟。(2)索取方式有所不同。前者是行为人以将实现对被害人的不利后果为要挟索取财物，索取必须是明示的；后者是行为人意图通过发布的负面信息，让被害人看到不利后果，可通过明示或者暗示的方式索取财物。另外，与“发帖型”敲诈勒索相比，“删帖型”敲诈勒索通常要借助一定的网络平台。

前文所称的“负面信息”，是指对他人名誉、声誉或者权益产生不利影响的文稿、图片、音频、视频等信息。《解释》第六条使用了“网络信息”一词，既包括真实信息，也包括虚假信息。无论是否真实，只要足以使人产生恐惧心理即可。行为人威胁将要在信息网络上发布涉及他人的负面信息即使是真实的，但只要出于非法占有的目的，以发布、删除该负面信息为由勒索财物的，仍然构成敲诈勒索罪。所谓“索取公私财物”，意味着认定敲诈勒索罪，要求行为人必须有主动向被害人实施威胁、要挟并索要财物的行为。尤其是对于“删帖型”敲诈勒索，如果行为人没有主动与被害人联系删帖事宜，未实施威胁、要挟，而是在被害人主动上门联系请求删帖的情况下，以“广告费”“赞助费”“服务费”等名义收取被害人费用的，则不构成敲诈勒索罪。如果被害人主动上门联系请求删帖，但并不同意支付费用，而行为人以不支付费用，或者不支付指定数额的费用就不删帖甚至将对负面信息进一步炒作为由，威胁、要挟被害人，进而索取费用的，可以认定为敲诈勒索罪。[①]

本案中，被告人周禄宝既实施了“删帖型”敲诈勒索，也实施了“发帖型”

① 最高人民法院刑三庭：《〈关于办理利用信息网络实施诽谤等刑事案件适用法律若干问题的解释〉的理解与适用》，载《人民司法》2013 年第 21 期。

敲诈勒索。具体表现在:在第一起犯罪中,周禄宝从广西阳朔县鉴山寺旅游回来后,利用其网络知名写手身份,在华声论坛、铁血社区、红豆社区、杭州网论坛、天涯论坛、凤凰网、猫扑网等10余家论坛网站发表题为《杀机重重:桂林鉴山寺和尚设骗局吸血让谁蒙羞》《谁拿肮脏的黑手将桂林鉴山寺变成了"屠宰场"》《去了一趟桂林鉴山寺,惨遭假和尚坑蒙拐骗2 800元》等帖子30余篇,称阳朔县鉴山寺有假和尚欺骗游客消费等情况,并向国家信访局、国家宗教协会、广西旅游局等多个政府部门、有关单位投诉举报,通过网络舆论以及相关职能部门对鉴山寺的明察暗访,向鉴山寺施压。后周禄宝又主动与鉴山寺负责人联系,以"消除负面影响、帮助正面宣传"为由向对方索要钱款,最终迫使对方向其支付4万元。此行为符合先在网上发布负面信息,再以删帖、下沉、消除或者减少信息影响相要挟的"删帖型"敲诈勒索犯罪。在第二起犯罪中,周禄宝从浙江乌镇修真观旅游归来后,以修真观存在假道士欺骗游客烧高香等情况,向国家旅游局、国家宗教协会等多个政府部门、有关单位信访投诉,后主动联系该道观负责人,以将要在网站论坛上发帖进行负面炒作、曝光相要挟,并假借可以发帖帮助正面宣传的名义,向对方索要钱款,该道观基于担心名誉及经营活动受损被迫向其支付6.8万元。在第三起犯罪中,周禄宝跟随旅游团以游客身份前往江苏周庄景区全福寺进行秘密拍摄,并于次日以全福寺招揽假和尚骗取香客钱财为名,向多个政府部门及有关单位举报投诉,之后多次联系该寺庙负责人,以将要在网上发帖曝光相要挟,并假借可以发帖帮助正面宣传之名,向对方索要8万元。可见,在第二、第三起犯罪中,周禄宝的行为均符合以将要发布负面信息相要挟,索要他人财物的"发帖型"敲诈勒索犯罪。

(二)被告人周禄宝的行为不属于利用网络维权

现实生活中,消费者在购买商品或接受有偿服务过程中,因消费权利受到侵害,以在信息网络上发布侵权事实为由向侵害方主张权利,甚至提出超出法律规定标准的高额赔偿的现象时有发生,与网络敲诈勒索的客观表现类似,本文中称之为"利用网络维权"。正确区分利用信息网络实施敲诈勒索罪与利用网络维权的界限,既是准确认定犯罪,依法打击网络敲诈勒索犯罪的客观需要,也是保障当事人合法权利,避免将民事维权犯罪化的内在要求。

我们认为,行为人是否具有“非法占有的目的”,是区分利用信息网络实施敲诈勒索罪与利用网络维权的关键。在具体认定时,需要综合考虑以下因素:

1. 是否有正当的权利,即行为人索取财物是否具有法律上的依据。原则上,只有存在法律上的依据,才有行使正当权利的前提。如果被害人的财产法益确实受到侵害,行为人没有非法占有的目的,索取行为因不具备违法性而不能成立敲诈勒索罪。比如,盗窃罪的被害人以胁迫手段迫使犯罪分子返还其被盗财物的,不成立敲诈勒索罪。换言之,如果通过民事诉讼途径能够得到合法保护而行为人未通过诉讼途径直接向对方索要的,就不能认定为敲诈勒索,这是权利的正当性所决定的。

2. 是否在正当权利的范围内行使。只有在正当的权利范围之内,行为人索取财物的行为才能被认为是行使正当的权利,否则就可能成立敲诈勒索罪。也就是说,不能认为只要事出有因,就一定不构成敲诈勒索罪。即使涉及的权利是内容确定的债权,但如果远超出债权的数额范围之外,则不属于正当权利的范围。比如,甲借给乙 20 万元,乙到期后不还款,甲数次催讨后未果,便威胁要将乙与他人偷情的事实通过网络公之于众,向乙索要 50 万元,应视为已超出正当的权利范围。反之,如果涉及的权利是内容不确定的债权,或者行使损害赔偿请求权的场合,行为人所提出的财产性要求与债权或损害赔偿请求权直接相关,便应视为行使正当权利。比如,行为人在饭店饭菜中吃出苍蝇,以向媒体或者在网络上曝光相要挟,要求饭店予以精神损害赔偿,即使所要求的数额较大,也属于正当的权利范围之内,不成立敲诈勒索罪。其主要原因是行为人的合法权益受到了侵犯,且确实存在精神损失,而精神损失亦属于法律保护的对象。

3. 行使权利的手段是否具有必要性和相当性。行使权利的行为本质上是一种私力救济,虽然具有正当性,但应当予以必要的限制。手段行为是否具有相当性,需要根据案件的具体情况来判断。一般来说,债权本身的重大性、手段行为侵害相对方权益的程度、手段行为本身是否合法,行为人是否存在实施其他行为的可能性等,均是需要考虑的因素。如果行为人为索取数额微小的债权,在可以采取其他较低程度的威胁进行自力救济时,对被害人采取较为严重的暴力或以严重的暴力相威胁,则应当认为其所采取的手段行为缺乏相当性。比如,行为人在饭店饭菜中吃出苍蝇,却以加害饭店员工的生命、身体等相要挟(非当场实现),并且要求天价赔偿的,由于其手段不具有相当性,仍应以敲诈勒索罪论处。如果没有超出权利的范围,具有使用实力(如胁迫)的必要性,而且手段行为本身不构成刑法规定的其他犯罪,就应认为没有造成对方财产上的损害,不宜认定为犯罪。[①]

具体到本案,在第一起犯罪中,被告人周禄宝于2011年6月下旬跟旅行团至阳朔县鉴山寺旅游时,未在鉴山寺内进行过任何捐款,随后即在网络上大肆发布有关阳朔县鉴山寺有假和尚欺骗游客消费等负面信息,同时向多个政府部门投诉,要求退还其1 400元捐款及其网友的2 800元捐款。后周禄宝主动联系该景区负责人索要4万元赔偿款,并继续发帖向对方施压,以不赔偿将继续网上发帖曝光、炒作、举报投诉相要挟,同时利用其系知名网络写手的身份,打着赔偿后可以帮助删帖、沉帖及正面宣传,消除影响的幌子,迫使景区支付钱款。该景区基于网络舆论及经营压力被迫于8月3日将4万元汇入周禄宝指定的银行卡内。收款后,周禄宝在未做任何调查、未确认相关寺庙所谓"违规经营"行为是否确有改正的情况下,即在网上发表多篇帖子对阳朔县鉴山寺进行正面宣传,收款前后反差巨大。可见,在该起犯罪中,周禄宝最初的发帖行为尚有网络维权的性质,但其之后主动联系对方,以删帖为由索取大额财物,已远超出网络维权的界限,实际上是利用其系多个网络论坛版主的有利条件及在网络论坛上的影响力,假借维权之名,行敲诈勒索之实,其非法占有他人财物的目的明显。在第一起犯罪得逞后,周禄宝时隔半月于8月中旬先后跟团至乌镇景区、周庄景区旅游,在乌镇景区修真观内烧香消费180元,在周庄景区全福寺内未消费及捐款,并秘拍道观、寺庙内相关视频。回去后,周禄宝即以道观、寺庙违规经营为名向多个政府部门投诉举报,向景区不断施压,并主动联系景区负责人,以将继续投诉举报,在网络发帖负面信息相要挟,同时假借收款后可以帮助发帖正面宣

① 张明楷:《刑法学》(下册),法律出版社2016年版,第1018页。

传的名义，向乌镇景区、周庄景区分别索要6.8万、8万元。此外，周禄宝的多名网友、同学及女友的证言，均证明周禄宝多次表露过意欲利用网上发帖曝光、揭露旅游景点黑幕，给对方施压来敲诈赚钱的想法。以上事实，足见周禄宝的第二、第三起敲诈勒索犯罪系蓄意而为，有相当明显的非法占有财物的目的。

综上，在旅游过程中遭受不公待遇或者发现违规经营等问题时，向有关部门投诉或者利用网络维权是行为人可以采取的正当措施，但被告人周禄宝利用网上发帖曝光或将要曝光负面信息的手段，假借消费维权之名，实则以此为生财之道，在短时间内针对类似主体以类似手法多次收取或索取他人出于压力而支付其并未消费的钱款或者明显超过其消费金额的钱款，其行为已明显超出了利用网络民事维权的范围，非法占有的目的明显，一审、二审法院以敲诈勒索罪对被告人周禄宝定罪量刑，是正确的。

（撰稿：江苏省昆山市人民法院　王　东

审编：最高人民法院刑四庭　陆建红）

[第 1345 号]

# 朱伦军寻衅滋事案

## ——多次拦截儿童强行夺取较低经济价值物品的行为如何定性

### 一、基本案情

被告人朱伦军,男,1984 年 8 月 24 日出生。2016 年 12 月 9 日被逮捕。

四川省绵阳市涪城区人民检察院指控被告人朱伦军犯抢劫罪,向绵阳市涪城区人民法院提起公诉。

被告人朱伦军对起诉书指控的罪名无异议。其辩护人提出,朱伦军患有精神恋物癖,并不是恶意占有儿童的袜子,其行为暴力程度较轻,没有侵占儿童的其他财物,其行为不构成抢劫罪,并请求免予刑事处罚。

涪城区人民法院经审理查明:被告人朱伦军因患有恋物症,为寻求精神刺激,从 2016 年 2 月起,多次在绵阳城区拦截未成年男童,强行脱取并抢走男童所穿袜子。具体如下:

1. 2016 年 2 月的一天,被告人朱伦军来到位于绵阳市某少年宫教学楼,对教室内的马某某(男,11 岁)采取抱腿控制的手段,强行将马某某所穿袜子脱下抢走。

2. 2016 年 6 月 26 日,被告人朱伦军在绵阳市某少年宫教学楼,从教室跟踪马某某至厕所,强行脱掉其所穿袜子。马某某激烈反抗,朱伦军将马某某右手手臂咬伤。

3. 2016 年 8 月中旬,被告人朱伦军在绵阳市某少年宫一楼尾随买饮料的曹某某(男,10 岁)至教学楼三楼楼梯处,采取抱腿手段将曹某某摔倒,强行将其所穿袜子脱下抢走。

4. 2016 年 10 月 27 日 8 时 20 分许，被告人朱伦军尾随羊某某（男，11 岁）至绵阳市涪城区长虹大道某银行外人行道处，将羊某某左腿抱住，致使羊某某摔倒在地，后强行将羊某某所穿袜子脱下抢走。朱伦军在逃跑过程中被群众抓获。

同日 15 时许，公安民警在被告人朱伦军住处卧室衣柜内搜出黑色双肩背包 1 个，内有不同颜色旧儿童袜 91 双。

经法医精神病鉴定，朱伦军被诊断患恋物症，在本案中具有完全刑事责任能力。

涪城区人民法院认为，被告人朱伦军为寻求精神刺激，多次拦截未成年人，情节恶劣，其行为已构成寻衅滋事罪。其到案后如实供述自己的罪行，可以从轻处罚。公诉机关指控被告人朱伦军犯抢劫罪的罪名不当，予以纠正。朱伦军犯罪行为虽暴力程度较轻，但均系针对没有监护人跟随的 10 岁左右未成年人作案，其行为严重损害未成年被害人身心健康，造成恶劣社会影响，辩护人关于对其免予刑事处罚的意见，不予采纳。依照《中华人民共和国刑法》第二百九十三条之规定，认定被告人朱伦军犯寻衅滋事罪，判处有期徒刑二年。

宣判后，被告人朱伦军没有上诉，检察机关亦未提出抗诉，判决已发生法律效力。

## 二、主要问题

多次拦截他人强行夺取较低经济价值物品的行为构成抢劫罪，还是寻衅滋事罪？

## 三、裁判理由

本案审理过程中，对被告人朱伦军的行为如何定性，检察机关与法院之间存在不同意见。

一种意见认为，被告人朱伦军以非法占有为目的，当场采取暴力手段强行劫取他人财物，其行为已构成抢劫罪。

另一种意见认为，被告人朱伦军的行为构成寻衅滋事罪。主要理由是：

被告人为寻求精神刺激，多次在少年宫、街道等场所拦截他人，强行抢走被害人的袜子，是一种多次拦截他人、强拿硬要他人财物的寻衅滋事行为，被告人主观上是为了满足其畸形的生理、心理需要，而并非为了将他人财物非法占为己有。

我们同意第二种意见，本案中对被告人朱伦军的行为评价为寻衅滋事罪为宜。实践中，应从以下方面准确把握抢劫罪与寻衅滋事罪的界限：

（一）从犯罪构成角度把握抢劫罪与寻衅滋事罪的界限

抢劫罪是以非法占有为目的，采取暴力、胁迫或者其他手段当场劫取他人财物的行为。根据《刑法》第二百九十三条的规定，寻衅滋事罪包括随意殴打他人，追逐、拦截、辱骂、恐吓他人，强拿硬要或者任意损毁、占用公私财物等多种行为类型。其中，强拿硬要公私财物，或者同时具有殴打他人、追逐、拦截、恐吓他人并强拿硬要他人财物情形的，与抢劫罪中使用暴力手段当场劫取他人财物，在行为表现方式上存在一定相似之处，从而在认定此罪与彼罪问题上，容易产生争议。我们认为，应从两罪的本质区别上进行把握。

1. 两罪的主观目的不同

抢劫犯罪侵害的是复杂客体，既包括公民的人身权利，也包括财产权利，从其规定在侵犯财产权利罪一章来看，通常认为，抢劫罪是通过暴力侵害人身权利达到非法占有他人财物的目的。非法占有财物的目的，既是刺激行为人实施犯罪的起因，也支配和贯穿行为的始终，是认定犯罪的核心要素，也是区分此罪与彼罪的关键指标。

寻衅滋事罪分立自1979年《刑法》第一百六十条的流氓罪，该罪的本质特征是公然藐视法纪，以卑劣、下流的手段滋扰他人、破坏公共秩序。根据2013年最高人民法院、最高人民检察院发布的《关于办理寻衅滋事刑事案件适用法律若干问题的解释》（以下简称《解释》）第一条的规定，行为人为寻求刺激、发泄情绪、逞强耍横等，无事生非，或者借故生非，实施《刑法》第二百九十三条规定的行为的，应当认定为“寻衅滋事”，该解释进一步明确了寻衅滋事罪的本质特征。对于寻衅滋事几种行为样态中的强拿硬要他人财物，虽然也侵害了公民的财产权利，但占有他人财物并非行为人的犯罪目的或动机,不是其行为指向的最终目标,而是通过随意夺取他人财物,逞强好胜,耍威风,滋扰他人,满足其不正常的心理感官刺激。

2. 两罪客观危害不同

从客观危害来看,抢劫罪和寻衅滋事罪均不排斥实施暴力。就抢劫罪的暴力程度而言,刑法条文本身并未进行明文限定,通常认为行为人对他人实施的暴力只要达到使被害人不敢或不能反抗,无论事实上能否遏制或排除被害人反抗,均可构成抢劫罪,不要求必须对人身造成严重伤害。寻衅滋事的暴力,包含了暴力、胁迫等方式,不要求达到令被害人不敢反抗、不能反抗的地步。但抢劫罪是一种严重犯罪,对人身权利或者财产权利受到侵害程度的要求相对高一些。而寻衅滋事罪的危害性主要在滋扰他人、破坏社会秩序,因此,寻衅滋事罪对行为人实施的暴力程度或者夺取的财物的价值本身,要求并不高,而需要着重考察的是“滋事”行为的情节、社会影响是否恶劣。根据《解释》的规定,强拿硬要型的寻衅滋事罪,通常要求具有强拿硬要公私财物价值1 000元以上;多次强拿硬要公私财物;强拿硬要精神病人、残疾人、老年人、孕妇、未成年人的财物;严重影响他人的工作、生活、生产、经营等情形。对于多次追逐、拦截他人,追逐、拦截未成年人等造成恶劣社会影响的,即使并未对被害人实施有形的暴力,也可以构成寻衅滋事罪。

综上,判断一行为是构成抢劫罪还是寻衅滋事罪,首先应当考察行为人的主观目的是非法占有他人财物,还是满足畸形的生理和心理需要;其次应当判断该行为客观上主要侵害的是公民人身、财产权利,还是滋扰他人、破坏社会秩序。本案中,被告人朱伦军多次在少年宫、街道等场所尾随、拦截儿童,控制被害人后,强行脱下其所穿袜子抢走,除了本案起诉指控和法院审理认定的四起事实外,公安民警还从其家中查获了不同颜色的旧儿童袜91双。单从行为方式来看,朱伦军实施了暴力压制被害人反抗和当场夺取他人财物的行为,似乎符合抢劫罪的构成要件。但是,从财物经济价值的角度看,儿童旧袜价值低廉,被告人的行为侵犯财产权利的一面并不突出;从被告人主观目的来看,其强抢儿童旧袜,并不是为了获取财物经济价值,而是出于一种追求精神刺激,满足自己不健康的心理和生理需要,客观上是滋扰了他人,破坏了社会公共秩序。此外,朱伦军的行为不仅符合多次强拿硬要他人财物、强拿硬要未成年人财物造成恶劣社会影响等司法解释明确列举的入罪情形,同时也符合多次拦截未成年人这一入罪条件。因此,无论从行为方式、行为的客观危害,还是被告人的主观目的分析,朱伦军实施的犯罪行为都更符合寻衅滋事罪的特征,而不是抢劫罪。

(二)从罪刑相适应的角度实质把握抢劫罪与寻衅滋事罪的界限

我国《刑法》第五条规定了罪刑相适应原则,即"刑罚的轻重,应当与犯罪分子所犯罪行和承担的刑事责任相适应"。罪刑相适应原则,其内涵是刑罚的轻重与犯罪人的主观恶性程度、客观的犯罪行为及其危害后果相适应。一般认为,该原则主要是指导刑罚裁量的量刑原则。但是,我们认为,罪刑相适应原则,在一定条件下对于定罪、区分此罪与彼罪,也有重要指导作用。

《刑法》对抢劫罪和寻衅滋事罪分别配置了不同的法定刑幅度,前者最低刑是三年有期徒刑,具有入户抢劫、多次抢劫或者抢劫财物数额巨大、在公共交通工具上抢劫等法定加重情节的,应当判处十年以上有期徒刑、无期徒刑直至死刑。寻衅滋事罪的基本法定刑幅度是五年以下有期徒刑、拘役或者管制;具有多次纠集他人寻衅滋事,严重破坏社会秩序的,可以判处五年以上十年以下有期徒刑。由于抢劫罪、寻衅滋事罪的起刑点、加重情节、最高法定刑差异较大,对于使用轻微暴力当场取财的行为人,认定罪名不同,则刑罚差异悬殊。对于犯罪性质介于模糊地带的行为,在选择罪名适用时,既要立足刑法条文和司法解释,也需要考虑社会一般大众的朴素正义情感,即常识、常理、常情,正确衡量犯罪行为的实质危害性大小,精准选择罪名适用,以确保罚当其罪。既要避免轻纵犯罪,又要防止机械理解适用刑法条文和司法解释,导致刑罚失之于僵化、过苛。例如,对在公交车上扒窃数十元现金被发现后,抗拒抓捕,挣脱逃跑过程中脚踹他人,未造成人身轻微伤害,情节较轻的,是否径行援用"在公共交通工具上抢劫"的加重条款,据此对被告人判处十年以上有期徒刑,就需要慎重考虑各种因素、情节,准确认定罪名或者确定刑罚轻重。

本案中,对被告人朱伦军的行为,公诉机关指控构成抢劫罪,但如此一来,朱伦军4次拦截儿童强抢旧袜,就属于多次抢劫,应当判处十年以上有期徒刑,形式上似乎合乎法律条文和逻辑。但是,综合考虑朱伦军罹患恋物症,系为寻求精神刺激,满足自己不健康的心理和生理需要而实施犯罪,意图不在劫财;其多次拦截、夺取儿童旧袜的暴力程度轻微,并未超出寻衅滋事罪可容纳的范畴,且所抢财物经济价值低廉,行为整体的危害性与认定为抢劫罪就意味着最低十年有期徒刑的刑罚后果相比,明显不相适应。而将被告人的行为定性为寻衅滋事罪,法律上没有障碍,且实质量刑更为合理的情况下,法院未支持公诉机关指控的抢劫罪罪名,而依法予以纠正,将朱伦军的行为认定为寻衅滋事罪,判处其有期徒刑二年,实现了原则性与灵活性、法律效果与社会效果相统一。我们认为,法院的裁判思路和结论是正确的。

(撰稿:四川省仁寿县人民法院　彭冬梅
四川省绵阳市涪城区人民法院　王丽冰
审编:最高人民法院刑一庭　沈　亮)

[第1346号]

# 蔡恒寻衅滋事案

## ——凌晨酒后驾车追撵他人机动车，导致车损人伤的行为如何定性

### 一、基本案情

被告人蔡恒，男，1983年1月3日出生。2014年12月31日被逮捕。

陕西省咸阳市秦都区人民检察院以被告人蔡恒犯以危险方法危害公共安全罪，向咸阳市秦都区人民法院提起公诉。

被告人蔡恒对指控的事实无异议，当庭表示自愿认罪，但对指控的罪名有异议，认为其行为是危险驾驶，请求对其从轻处罚。

咸阳市秦都区人民法院经审理查明：2014年8月14日凌晨4时许，被告人蔡恒与景某、袁某某酒后在陕西省秦都区思源南路关中映象酒店门口停车时，袁某某对在旁边停车的司机王某无理寻衅。王某见其酒后寻衅，遂开车离开。蔡恒为替袁某某"出气"，逞强耍横，寻求刺激，酒后驾驶中华牌轿车，从关中映象酒店门口尾随追逐王某驾驶的东风牌小型客车，相继沿思源南路向南经滨河路、中华路至咸通南路，途中撞击王某所驾客车尾部并多次欲截停未果，行至咸通南路距离建设路十字口南约100米时再次超越王某所驾客车时，与该客车发生剐蹭，致客车侧翻，王某的颈脊髓损伤、口唇挫裂伤、鼻中隔及左侧鼻骨骨折，乘车人焦某某的胸6、7、10椎体骨折。经鉴定，东风牌小型客车车损21 519元，王某的损伤程度为轻伤二级，焦某某的损伤程度为轻伤一级。

在审理过程中，被告人蔡恒与被害人王某、焦某某达成民事赔偿协议：蔡恒赔偿王某经济损失2万元，赔偿焦某某经济损失4万元，王某、焦某某对

蔡恒表示谅解。

咸阳市秦都区人民法院认为，被告人蔡恒酒后为寻求刺激，无事生非，驾驶机动车在道路上追逐，拦截他人驾驶的车辆，致他人轻伤及财产受损，情节恶劣，其行为构成寻衅滋事罪。《中华人民共和国刑法》第一百一十四条规定："放火、决水、爆炸以及投放毒害性、放射性、传染病病原体等物质或者以其他危险方法危害公共安全，尚未造成严重后果的，处三年以上十年以下有期徒刑。"根据该条规定，以危险方法危害公共安全罪，是指故意以放火、决水、爆炸、投放危险物质及以外的并与之相当的危险方法，足以危害公共安全的行为。本案中，蔡恒在凌晨4时40分许，为寻求刺激、无事生非，酒后驾驶车辆，在道路上追逐、拦截被害人驾驶的车辆，在此时间段及其所经过的路段内行人及车辆稀少，并无证据显示双方超速行驶，蔡恒的行为尚不足以对被害人以外的不特定多数人的生命、健康或者重大公私财产的安全造成威胁，其采用的方法尚未达到与放火、决水、爆炸、投放危险物质相当的危险程度。故其行为不符合以危险方法危害公共安全罪的犯罪构成，不构成以危险方法危害公共安全罪。公诉机关指控的罪名不妥，应予变更。蔡恒归案后能如实供述自己的罪行，且已赔付受害人经济损失6万元，并取得谅解，可从轻处罚。据此，依照《中华人民共和国刑法》第二百九十三条第一款第（二）项、第六十七条第三款之规定，判决如下：

被告人蔡恒犯寻衅滋事罪，判处有期徒刑一年。

宣判后，咸阳市秦都区人民检察院提起抗诉。二审审理过程中，咸阳市人民检察院认为抗诉不当，向咸阳市中级人民法院撤回抗诉。

咸阳市中级人民法院经审查认为，原审判决认定事实清楚，证据确实、充分，定罪准确，量刑适当。审判程序合法。咸阳市人民检察院撤回抗诉的要求，符合法律规定，应予准许。依照《最高人民法院关于适用〈中华人民共和国刑事诉讼法〉的解释》第三百零七条、第三百零八条之规定，裁定如下：

准许咸阳市人民检察院撤回抗诉。

## 二、主要问题

凌晨酒后驾车追撵他人机动车导致车损人伤的行为如何定性？

## 三、裁判理由

本案中，被告人蔡恒虽酒后开车，但没有证据证明其系醉酒驾车，故不能以醉酒驾车认定其行为构成危险驾驶罪。蔡恒为替朋友出气，无事生非，驾驶机动车在道路上故意追逐、拦截他人驾驶的车辆，造成他人身体受伤、车辆受损，情节恶劣，妨害了公共安全，属于追逐竞驶的行为，因此，可以认定其行为构成危险驾驶罪。根据《刑法》第一百三十三条之一第四款的规定，犯危险驾驶罪，同时构成其他犯罪的，依照处罚较重的规定定罪处罚。蔡恒危险驾驶的行为，致两人轻伤，且造成车辆损坏，车损达21 519元，致人轻伤和车辆损坏的后果都是其故意行为造成的，应当追究其刑事责任。但危险驾驶罪的罪责无法涵括致人轻伤以及数额较大财产损失的后果。因此，蔡恒危险驾驶的行为构成危险驾驶罪与其他犯罪的竞合。但对于蔡恒所构成的其他犯罪的罪名，审理中有两种不同观点：

第一种观点认为，被告人蔡恒的行为构成危险驾驶罪与以危险方法危害公共安全罪的竞合，应当以以危险方法危害公共安全罪定罪处罚。

第二种观点认为，被告人蔡恒的行为构成危险驾驶罪与寻衅滋事罪、故意伤害罪、故意毁坏财物罪的竞合，应当以寻衅滋事罪定罪处罚。

我们同意第二种观点，认为对被告人蔡恒的行为应当以寻衅滋事罪定罪处罚。理由如下：

### （一）被告人蔡恒的行为不构成以危险方法危害公共安全罪

《刑法》第一百一十四条规定，放火、决水、爆炸以及投放毒害性、放射性、传染病病原体等物质或者以其他危险方法危害公共安全，尚未造成严重后果的，处三年以上十年以下有期徒刑。我们认为，被告人蔡恒追逐竞驶的行为尚构不成以危险方法危害公共安全罪。理由如下：

1. 被告人追逐竞驶的行为尚未达到与放火、决水、爆炸、投放危险物质等行为相当的危险程度

追逐竞驶行为构成以危险方法危害公共安全罪的，要求该行为具有与放火、决水、爆炸、投放危险物质相当的危险程度。即要求该行为对不特定多数人的人身财产安全所带来的潜在危险与放火等行为相当，或者体现在

所造成的现实危害后果与放火等行为相当。而且，作为以危险方法危害公共安全罪构成要件的行为本身具有相当的不可控性，即一旦实施上述行为，侵害的对象、范围、严重程度具有不可控性。而蔡恒实施追逐竞驶的行为，仅发生一般交通事故，尚未达到构成交通肇事罪的严重事故，其侵害对象、范围有限，仅针对特定的人和车，即被害人王某驾驶的车辆及车上的王某和焦某某，说明该行为尚未达到严重危害公共安全的程度，行为人对其驾驶的车辆仍有一定的控制性。因此，蔡恒的行为尚不具有与放火、决水、爆炸、投放危险物质相当的危险程度，不符合以危险方法危害公共安全罪的客观特征。

2. 被告人不具有以危险方法危害公共安全的主观故意

危险驾驶罪的行为人对发生交通事故的主观意志与交通肇事罪一样，即其违法驾驶行为本身是故意的，但对产生的危害后果却是过失的。而以危险方法危害公共安全罪则要求行为人不但明知其实施的危险行为存在潜在的危险，而且希望或者放任这种潜在的危险向现实损害转化。本案中，被告人蔡恒出于为朋友"出气"的心理，临时起意追逐被害人车辆，其主观上并不希望或者放任对他人生命、健康或者财产造成重大损害，具体行为上只是撞击王某车辆尾部、欲截停王某车辆，其造成的危害后果也是在其超越王某车辆时，与王某车辆发生剐蹭导致王某车辆侧翻所致。

3. 时空环境上不具备以危险方法危害公共安全的条件

被告人蔡恒追逐竞驶的时间在凌晨 4 时 40 分许，此时间段内及其驾车所经过的路段内行为人及车辆均稀少，也无证据显示蔡恒超速行驶，因此，蔡恒的行为尚不足以对被害车辆和车辆内人员以外的不特定多数人的生命、健康或者重大公私财产的安全造成威胁。

4. 本案以以危险方法危害公共安全罪定罪不符合定罪逻辑

交通肇事罪是轻于以危险方法危害公共安全罪的犯罪。被告人蔡恒追逐竞驶，造成一般交通事故，其行为尚未达到构成交通肇事罪的程度。因此，如果认定其行为构成以危险方法危害公共安全罪，从举轻以明重的角度分析，在定罪逻辑上难以自圆其说。

(二)被告人蔡恒的行为构成危险驾驶罪与寻衅滋事罪、故意伤害罪、故意毁坏财物罪的竞合,应当以寻衅滋事罪定罪处罚

本案中,被告人蔡恒为替朋友袁某某"出气",追逐竞驶,造成他人轻伤、车辆受损,既侵犯了他人的财产权,又侵犯了他人的健康权,因此,其行为同时构成故意伤害罪、故意毁坏财物罪。同时,被告人蔡恒为替朋友袁某某"出气",无事生非,驾驶机动车在道路上故意追逐、拦截他人驾驶的车辆,也符合寻衅滋事的犯罪构成。根据《刑法》第二百九十三条第一款第(二)项规定,追逐、拦截、辱骂、恐吓他人,情节恶劣的,才构成寻衅滋事罪。蔡恒的行为造成了他人轻伤、车辆受损,经济损失较大,且连续追逐,途经咸阳市秦都区的思源南路、滨河路、中华路、咸通南路等四条街道,应当认定为"情节恶劣"。主观上,蔡恒对社会秩序的侵害也是故意的。因此,其行为同时构成寻衅滋事罪。如此,蔡恒追逐竞驶的行为除了构成危险驾驶罪外,还构成故意伤害罪、故意毁坏财物罪、寻衅滋事罪。蔡恒的一个行为侵犯了数个法益,属于想象竞合犯,依照《刑法》第一百三十三条之一第四款的规定,应当依照处罚较重的规定定罪处罚。根据《刑法》第一百三十三条之一第一款规定,危险驾驶罪的法定刑为拘役,并处罚金;根据《刑法》第二百三十四条第一款规定,故意伤害罪致人轻伤的,法定刑为三年以下有期徒刑、拘役或者管制;根据《刑法》第二百七十五条规定,故意毁坏财物罪,数额较大的,法定刑为三年以下有期徒刑、拘役或者罚金;根据《刑法》第二百九十三条第一款的规定,寻衅滋事罪的法定刑为五年以下有期徒刑、拘役或者管制。相比之下,寻衅滋事罪的法定刑最重。因此,应当对蔡恒追逐竞驶的行为以寻衅滋事罪定罪处罚。

综上,原审法院根据被告人蔡恒犯罪的事实、犯罪的性质、情节和对于社会的危害程度,并结合蔡恒认罪态度好,积极赔偿,取得被害人的谅解等情况,以寻衅滋事罪从轻判处蔡恒有期徒刑一年是适当的。

(撰稿:陕西省咸阳市秦都区人民法院　商俊峰
审编:最高人民法院刑四庭　陆建红)

[第 1347 号]

# 夏永华等人开设赌场案

## ——利用微信群抢红包等方式进行赌博的,能否以开设赌场罪定罪处罚

### 一、基本案情

被告人夏永华,男,1982 年 7 月 23 日出生。2017 年 3 月 23 日被逮捕,同年 8 月 22 日变更为监视居住,2018 年 2 月 22 日变更为取保候审。

被告人陈增贵,男,1996 年 8 月 15 日出生。2017 年 3 月 7 日被取保候审。

被告人解粉兰,女,1989 年 9 月 15 日出生。2017 年 2 月 22 日被取保候审。

被告人赵军华,男,1981 年 12 月 14 日出生。2017 年 3 月 9 日被取保候审。

被告人崔文博,男,1987 年 11 月 27 日出生。2017 年 4 月 19 日被取保候审。

被告人张孙敏,男,1982 年 12 月 29 日出生。2014 年因犯非法拘禁罪被判处拘役六个月。2017 年 3 月 14 日因本案被取保候审。

被告人卞立威,男,1984 年 10 月 22 日出生。2017 年 3 月 7 日被取保候审。

被告人江新琪,男,1980 年 9 月 24 日出生。2017 年 3 月 3 日被取保候审。

被告人宋梦瑶,女,1996 年 8 月 15 日出生。2017 年 3 月 6 日被取保候审。

被告人钱敏超,女,1987年7月29日出生。2017年3月28日被取保候审。

被告人方苗,女,1988年5月29日出生。2017年3月28日被取保候审。

被告人夏敏,女,1990年9月8日出生。2017年3月29日被取保候审。

浙江省江山市人民检察院以被告人夏永华、陈增贵、解粉兰、赵军华、崔文博、张孙敏、卞立威、江新琪、宋梦瑶、钱敏超、方苗、夏敏犯开设赌场罪,向江山市人民法院提起公诉。

各被告人对指控的基本犯罪事实无异议,称在公安机关的供述属实,已认识到错误,请求从轻处罚。被告人夏永华、陈增贵、崔文博、赵军华还辩称起诉书认定的涉案赌资和非法获利存在重复计算,认为抢开机红包、自己顶庄参赌的资金,为吸引他人入群到场外赌博收入,应扣减。各被告人的辩护人均提出,本案是建立微信群进行赌博,而不是建立赌博网站,不应适用网络赌博犯罪案件的相关司法解释的规定;对于涉案赌资计算不应按每天累计,而应按照普通赌博计算方式,以实际投入的金额计算。

江山市人民法院经公开开庭审理查明:

2016年8月1日,被告人夏永华及其妻子被告人解粉兰租得江山市雪泉街30A幢3单元605室,用于经营微信赌博群,之后二人于2016年8月先后邀请被告人陈增贵、崔文博参与经营微信赌博群。在经营微信赌博群期间,因需要人员从事"发包""兑奖""财务"等工作,夏永华等人又招收了被告人赵军华、卞立威、江新琪、张孙敏、宋梦瑶、钱敏超、方苗、夏敏参与。微信赌博群由"发包手"在微信群内发红包,赌博人员以抢到微信红包金额来计算点数,以"牛牛"方式比点数大小进行赌博。夏永华等人通过使用赌博软件,给参赌人员"上分""下分"。"上分"前参赌人员需将赌资转入夏永华等人提供的支付宝账号内,赌博结束后,参赌人员可将剩余赌资"下分"转到自己的支付宝账号内。夏永华等人从庄家赌资及从赢家中每局按5%抽头获利。

被告人夏永华系微信赌博群群主,负责赌博群的总管理,被告人解粉兰负责管理"发包手"等。二人先后共占有赌博群100%、70%、50%、30%股份。2016 年 8 月 1 日至 2017 年 2 月 15 日,夏永华、解粉兰二人涉案赌资共 21 846 928.06 元,个人非法获利 20 万元左右。案发后,夏永华、解粉兰共退出 30 万元。

被告人陈增贵自 2016 年 8 月 6 日加入管理微信赌博群,先后占有 30%、25%、30%、25%、20% 的股份,主要负责操作"通杀小精灵"手机 APP,给赌博人员"上分""下分",统计赌博押注、输赢、抽头等情况以及结算工作人员、合伙人的工资、分红等。至 2017 年 2 月 15 日,陈增贵涉案赌资共 21 498 447.06 元,非法获利 20 万元左右,案发后退出 20 万元。

被告人崔文博自 2016 年 8 月 22 日加入管理微信赌博群,先后占有 20%、25% 的股份,主要负责"财务"工作,即查收赌博人员是否将赌资打进指定账号和接受赌博人员联系"下分",并通知陈增贵给赌博人员"上分""下分",后崔文博于 2016 年 11 月 2 日退出管理微信红包赌博群。其间,崔文博涉案赌资 6 810 155.27 元,非法获利 6 万元以上,案发后退出 6 万元。

被告人赵军华自 2016 年 12 月 11 日加入管理微信赌博群,占有 25% 的股份,主要负责邀请人员进微信群赌博及在微信群里"顶庄"赌博。至 2017 年 2 月 15 日,赵军华涉案赌资 7 128 936.30 元,非法获利 10 万余元,案发后退出 10 万元。

被告人张孙敏自 2017 年 2 月 3 日加入管理微信赌博群,占有 20% 的股份,主要负责邀请人员进微信群赌博。至 2017 年 2 月 15 日,张孙敏涉案赌资 1 212 778 元,非法获利 2.8 万余元,案发后退出 3 万元。

被告人卞立威自 2016 年 11 月 26 日加入管理微信赌博群,主要负责微信群"财务"工作。卞立威每日领取 1 000 元工资,2017 年 2 月 3 日变更为每日领取 500 元工资并占有 2.5% 股份。至 2017 年 2 月 15 日,卞立威涉案赌资 910 余万元,非法获利 7.5 万余元,案发后退出 3 万元。

被告人江新琪自 2016 年 11 月 4 日加入管理微信赌博群,主要负责"兑奖"工作,统计参与赌博人员奖励情况。江新琪每日领取 500 元工资,自 2017 年 2 月 3 日开始变更为每日领取 500 元工资并占有 2.5% 股份。至 2017 年 2 月 15 日,涉案赌资 36 万余元,非法获利 2.3 万余元,案发后退出 2 万元。

被告人宋梦瑶自2016年9月13日加入管理微信赌博群，担任“发包手”工作，即在微信群中发送用于赌博的微信红包，加入初期每发一个赌博微信红包获利20元，自2017年2月7日起每日领取1 100元工资。至2017年2月15日，非法获利4.6万余元，案发后全部退出。

被告人钱敏超自2016年7月27日加入管理微信赌博群，担任“发包手”工作，每发一个赌博微信红包获利20元，2017年2月2日退出管理微信赌博群，共非法获利2.3万余元。

被告人方苗自2016年8月加入管理微信赌博群，担任“发包手”工作，每发一个赌博微信红包获利20元，2017年1月初退出管理微信赌博群，非法获利2万余元。

被告人夏敏自2016年8月30日加入管理微信赌博群，担任“发包手”工作，每发一个赌博微信红包获利20元，2017年1月22日退出管理微信赌博群，非法获利2万余元，案发后退出2万元。

在审理过程中，有关被告人向江山市人民法院退出非法所得：卞立威45 622元、江新琪3 117元、钱敏超23 398元、方苗20 000元、夏敏380元。

江山市人民法院认为，被告人夏永华、陈增贵、解粉兰、赵军华、崔文博、张孙敏、卞立威、江新琪、宋梦瑶、钱敏超、方苗、夏敏组建微信群进行赌博，其行为均已构成开设赌场罪。其中，夏永华、陈增贵、解粉兰、赵军华、崔文博、张孙敏、卞立威情节严重。建立微信群组织赌博与建立网站组织赌博性质相同，均属于建立网络赌博平台，故本案定罪量刑可适用网络赌博犯罪案件有关司法解释的规定。对于用于接收赌资的支付宝银行账号内资金，被告人不能说明合法来源的，可认定为赌资。卞立威、江新琪、宋梦瑶、钱敏超、方苗、夏敏在共同犯罪中起次要、辅助作用，系从犯，依法予以从轻或减轻处罚。公安机关在掌握了夏永华等利用微信群赌博的犯罪事实后，同时对夏永华进行直接传唤、对赌博场所进行检查及直接传唤陈增贵、赵军华、张孙敏、卞立威、江新琪、宋梦瑶等人到案，故上述被告人不构成自首。夏敏在犯罪后自动投案，如实供述自己的罪行，系自首，依法予以从轻处罚。其他被告人均能如实供述自己的罪行，均系坦白，依法予以从轻处罚。综合本案各被告人的犯罪事实、性质、情节及其认罪、悔罪态度，依照《中华人民共和国刑法》第三百零三条第二款,第二十五条第一款,第二十六条第一款,第二十七条,第五十二条,第六十四条,第六十七条第一、三款,第七十二条第一款之规定,判决如下:

1. 被告人夏永华犯开设赌场罪,判处有期徒刑三年,缓刑五年,并处罚金人民币十万元。

2. 被告人陈增贵犯开设赌场罪,判处有期徒刑三年,缓刑四年,并处罚金人民币七万元。

3. 被告人解粉兰犯开设赌场罪,判处有期徒刑三年,缓刑三年,并处罚金人民币五万元。

4. 被告人赵军华犯开设赌场罪,判处有期徒刑三年,缓刑四年,并处罚金人民币三万元。

5. 被告人崔文博犯开设赌场罪,判处有期徒刑三年,缓刑四年,并处罚金人民币三万元。

6. 被告人张孙敏犯开设赌场罪,判处有期徒刑三年,缓刑三年,并处罚金人民币一万元。

7. 被告人卞立威犯开设赌场罪,判处有期徒刑二年,缓刑二年,并处罚金人民币一万元。

8. 被告人江新琪犯开设赌场罪,判处有期徒刑一年,缓刑一年,并处罚金人民币五千元。

9. 被告人宋梦瑶犯开设赌场罪,判处有期徒刑一年,缓刑一年,并处罚金人民币七千元。

10. 被告人钱敏超犯开设赌场罪,判处有期徒刑一年,缓刑一年,并处罚金人民币五千元。

11. 被告人方苗犯开设赌场罪,判处有期徒刑一年,缓刑一年,并处罚金人民币五千元。

12. 被告人夏敏犯开设赌场罪,判处有期徒刑六个月,缓刑一年,并处罚金人民币三千元。

宣判后,在法定期限内无上诉、抗诉,判决已发生法律效力。

## 二、主要问题

（一）开设微信赌博群，利用抢红包等方式进行赌博的，能否以开设赌场罪定罪处罚？

（二）利用微信赌博群开设赌场的行为如何认定相关事实和适用法律？

## 三、裁判理由

（一）开设微信赌博群，利用抢红包等方式进行赌博的，可以开设赌场罪定罪处罚

在1997年《刑法》中，开设赌场是赌博罪的客观行为之一。由于开设赌场行为吸引他人前去赌博，参加人数多，赌资数额大，赌场的收入更加丰厚，社会危害性比一般的赌博犯罪更大，必须予以严厉打击。因此，《刑法修正案（六）》将“开设赌场”的行为从赌博犯罪行为中分立出来，作为一种单独的犯罪加以规定，并将法定最高刑从三年有期徒刑提高到十年有期徒刑。在网络高速发展的今天，赌博已经可以通过网络等虚拟场所进行。如实践中较常见的赌博网站主要设在境外，在境内设立分级代理。从网站内容和运营方式看，赌博网站与传统赌场很相似，赌博网站的每一级代理，均全权代表赌博网站与赌客发生业务关系。投注、资金交割只需轻点鼠标瞬间即可完成，使赌博更加快捷、方便。因此，《最高人民法院、最高人民检察院关于办理赌博刑事案件具体应用法律若干问题的解释》（法释〔2005〕3号）第二条规定，以营利为目的，在计算机网络上建立赌博网站，或者为赌博网站担任代理，接受投注的，属于《刑法》规定的“开设赌场”。为了更精准地打击网络赌博犯罪行为，最高人民法院、最高人民检察院、公安部于2010年8月31日发布了《关于办理网络赌博犯罪案件适用法律若干问题的意见》（以下简称《网络赌博意见》），对网上开设赌场犯罪的定罪量刑标准、共同犯罪的认定和处罚等问题作了专门规定。

随着科技更加丰富地运用于生活，智能手机迅速发展，微信已经成为许多人生活甚至工作中不可缺少的工具。同时，一些赌博犯罪分子也将目标瞄准微信，利用微信群进行赌博犯罪活动。一段时间以来，学理上对利用微

信群组织赌博，构成犯罪的行为如何定罪处罚存在不少争议，各地法院在实践中做法也不统一，有的以开设赌场罪定罪处罚，有的以赌博罪定罪处罚。2018 年 12 月 25 日，最高人民法院第二十批指导案例，公布了两个组织微信群赌博的指导案例，即《指导案例 105 号——洪小强、洪礼沃、洪清泉、李志荣开设赌场案》和《指导案例 106 号——谢检军、高垒、高尔樵、杨泽彬开设赌场案》。其中，指导案例 105 号裁判要点指出，以营利为目的，通过邀请人员加入微信群的方式招揽赌客，根据竞猜游戏网站的开奖结果等方式进行赌博，设定赌博规定，利用微信群进行控制管理，在一段时间内持续组织网络赌博活动的，属于《刑法》第三百零三条第二款规定的“开设赌场”。指导案例 106 号裁判要点指出，以营利为目的，通过邀请人员加入微信群，利用微信群进行控制管理，以抢红包方式进行赌博，在一段时间内持续组织赌博活动的行为，属于《刑法》第三百零三条第二款规定的“开设赌场”。最高人民法院公布的指导案例对于利用微信群组织人员参与赌博、对微信群进行控制管理、设定赌博规则的案件定性，为实践中处理类似案件提供了指导性意见。

我们认为，最高人民法院的两个指导案例，既符合刑法法理，也切中开设赌场罪的内在规律，且具有很强的实践操作性。在微信红包赌博中，通常由发起者建立赌博微信群，并制定赌博游戏规则，通过分工合作对群成员参与赌博实施严格控制。一旦发现群成员不遵守事先制定的赌博行为规则，则由群主或者其助手立即给予违反规则者移出微信群的惩罚。可以看出，此类发起者对于微信红包赌博群这一虚拟场所的控制是极其严格的。从破获的案件来看，在此种管理之下，赌博群能够长期稳定地存续下去，也侧面印证了这类发起人对于赌博场所的控制是非常有效的。这些发起微信红包赌博且对赌博群施以严格控制的行为，符合开设赌场罪的犯罪构成。

就本案而言，被告人夏永华等人组建专门的微信群用于赌博，参与入股、分工明确、组织投注、抽头营利，其本质与建立网站组织赌博相同，均属于建立网络赌博平台，可以认定为开设赌场罪。一是从参与人员的数量及规模上看，夏永华等人组建的微信群参赌人员众多，难以统计，本案 12 名被告人均系微信群管理人员，可见参赌人员之多，规模之大，以致公安机关难以查清参赌人数，这与传统赌博犯罪中参赌人员稳定的特征不符，而且，进入微信群赌博的人员之间大多相互并不认识。二是从公开性程度看,开设赌场不具有一般赌博犯罪的隐蔽性特征,而是相对公开。本案中,参赌人员既可通过各被告人的介绍进群,也可通过参赌人员的介绍进群,甚至不用介绍也可直接进群,具有公开性特征。三是从经营目的上看,其经营特征比较明显。聚众赌博、以赌博为业等传统型赌博犯罪行为,一般直接通过赌博获取非法利益,不具有经营目的;而开设赌场罪则是利用开设赌场来进行经营,通过经营间接获取赌博利润。本案各被告人的获利均不是通过赌博本身获取利润,而是通过抽取"上庄费""管理费"及从庄家赢钱中抽头获利,也就是说,各被告人本身并不参与赌博,而是通过对赌博的管理获取利润。四是从专门化程度上看,开设赌场这一经营形式,在赌博工具、赌博场所等方面需要具备经营上的专业化程度。本案中,被告人夏永华、解粉兰夫妻不仅租用房子,而且雇佣了大量管理人员即本案其他被告人,分工明确,专业化程度较高。

(二)关于利用微信赌博群开设赌场的事实认定和法律适用的有关问题

1.关于开设赌场罪"情节严重"的认定

对于网络赌博和赌博机赌博,由于其赌博的快捷、方便性和社会危害性,司法实践中时有发生。为此,最高人民法院、最高人民检察院、公安部在2010年8月10日发布《网络赌博意见》后,又于2014年3月26日发布了《关于办理利用赌博机开设赌场案件适用法律若干问题的意见》。之所以对网络赌博作了司法解释后,又针对赌博机赌博作司法解释,却没有一体化地对所有开设赌场罪及"情节严重"标准作司法解释,是因为传统方式的开设赌场与网络赌博、赌博机赌博的形式有很大差别,在查证、搜集证据上也有明显不同,认定标准中需要考虑的因素也相对更多。那么,组织微信群赌博的"情节严重"如何适用法律呢?我们认为,由于组建微信群赌博,无论是人员规模、公开程度、获利途径和方式、专业化程度,都与网络赌博中的开设赌场具有高度的一致性,因此,可以参照适用《网络赌博意见》来认定开设赌场罪的"情节严重"。而《网络赌博意见》第一条第二款规定,具有下列情形之一的,应当认定为开设赌场罪"情节严重":"(一)抽头渔利累计达到3万元以上的;(二)赌资数额累计达到30万元以上的;(三)参赌人数达到120人以上的;(四)建立赌博网站后通过提供给他人组织赌博,违法所得数额在3万元以上的;(五)参加赌博网站利润分成,违法所得数额在3万元以上的;(六)为赌博网站招募下级代理,由下级代理接受投注的;(七)招揽未成年人参与网络赌博的;(八)其他情节严重的情形。”由于是参照,而不是依照,因此,“情节严重”的数额标准,并不完全依照上述规定。根据浙江省法院的地方标准,开设赌场罪,抽头渔利数累计数额5万元以上的为“情节严重”。结合《网络赌博意见》和浙江省的地方标准,被告人夏永华、陈增贵、解粉兰、赵军华、崔文博、张孙敏、卞立威的行为,各自的赌资数额累计均达到30万元以上,且抽头渔利累计达到5万元以上,或者违法所得数额在5万元以上。故以上被告人均属于开设赌场罪中“情节严重”的情形。

2. 关于赌资数额的认定

赌资数额的认定,主要涉及两个问题:

一是赌资的计算方法。地面赌场或者一般聚众赌博赌资的计算,都是以查获的实际赌资为依据,至于该赌资在同一时间和地点赌博活动中被用了几次,不属于计算时要考虑的问题,即同一时间和地点赌博的,查获多少赌资就认定多少赌资。只有在不同时间或者不同地点的赌博活动中查获的赌资才累计计算。而网络赌博、微信群赌博则无法依据上述方法认定。网络赌博、微信群赌博中,赌场开设者都是按次(局)抽头的。如本案中,被告人租用“机器人”,用软件自动计算获利和抽头。因此,涉案赌资按交易次数累计计算,如有资金1万元投入赌博,累计交易10次,赌博数额为10万元。因此,《网络赌博意见》第三条第二款规定,赌资数额可以按照在网络上投注或者赢取的点数乘以每一点实际代表的金额认定。该条第三款规定,对于将资金直接或间接兑换虚拟货币、道具等虚拟物品,赌资数额按照购买该虚拟物品所需资金数额或者实际支付资金数额认定。另外,网络赌博、微信群赌博笔数多,数额大,如按实际支付数额计算赌资,不依靠软件科学计算难以查清,依靠人工计算则基本上不可能核实准确、清楚。

二是开设赌场为吸引他人参赌而自己投入的资金是否认定为赌资的问题。我们认为,凡为赌博目的而投入的资金,均应认定为赌资。如果能查明哪些是开设赌场人自己投入的，哪些不是，可在情节上适当考虑。但是，哪些资金是开设赌场人自己投入的资金，在实践中往往很难查清、很难区分。《网络赌博意见》第三条第四款规定，对于开设赌场犯罪中用于接收、流转赌资的银行账户内的资金，不能说明合法来源的，可以认定为赌资。具体本案中，各被告人用于接收、流转赌资的银行账户内的资金，因各被告人均不能说明资金的合法来源，故全部认定为赌资。

3.关于本案量刑的考量因素

《刑法》第六十一条规定，对于犯罪分子决定刑罚的时候，应当根据犯罪的事实、犯罪的性质、情节和对于社会的危害程度，依照本法的有关规定判处。本案是一个被告人众多、参与人更多的涉众型犯罪，同时又是网络社会中的新型犯罪，相关的司法解释规定不明确。在这种情况下，对各被告人判处刑罚，既要考虑犯罪的一般情节，也要考虑新型犯罪的特殊情形，还要考虑法律适用上的特殊情况；既要准确适用法律，又要积极探索刑法法理在新型犯罪中的具体运用；既要注重审判的法律效果，也要注重审判的社会效果；既严格适用法律，又留有总结经验的空间。

（1）犯罪情节主要依据赌资还是被告人获利情况？我们认为，赌资固然是衡量犯罪情节和社会危害性的一个重要内容，在聚众赌博、常业赌博案件中，赌资还是决定赌博行为是否构成犯罪的主要依据。但在网络赌博和微信群赌博案件中，涉案赌资实行累计计算往往数额巨大，而被告人实际获利却与赌资大小没有必然关系。开设赌场者的获利主要依据赌博的局数或者依据输赢的数量抽头。促使开设赌场者不断实施犯罪行为的内在动力不是赌资的大小，而是抽头的数额。因此，在实际处理中，相比于赌资，抽头渔利数额和非法所得数额是更为重要的量刑情节。本案中，被告人夏永华、陈增贵虽然涉案赌资均达2 000余万元，但个人非法获利却仅20万元，被告人赵军华涉案赌资达700余万元，但个人非法获利仅10万元，被告人卞立威涉案赌资900余万元，但个人非法获利仅3万元。其他被告人也都存在涉案赌资与非法获利差距巨大的情况。在这种情况下，如果仅以涉案赌资衡量犯罪行为的危害性，极可能造成不适当的重判。相对而言，非法获利情况更能客观地反映被告人的主观恶性和犯罪的社会危害性。

（2）参照还是完全依照《网络赌博意见》量刑？我们认为，虽然组建微信群开设赌场与网络赌博有相似的地方，在法律适用上可以参照适用《网络赌博意见》。但是，相比网络赌博而言，组建微信群赌博，能够入群参与赌博的，一般都是基于组建微信群者或者管理者或者其他赌博参与者的介绍而入群，相互之间的熟悉程度比网络赌博高。而且，由于微信账户不等同于网络银行账户，每次投入资金受到微信规则的限制，特别是发红包，更是受到微信红包每人不得超过 200 元的限制。因此，微信群红包赌博的社会危害性比网络赌博的社会危害性会相对小一些。故在量刑时不能完全机械地依照《网络赌博意见》条文的相关规定，而应该体现微信红包赌博的自身特点。

（3）其他量刑考虑因素。一是主从犯的认定。本案系多人共同犯罪案件，必须根据各被告人在共同犯罪中的地位、所起的作用区分主从犯。被告人夏永华是组建微信赌博群的群主，且所占股份最多，个人非法获利最多，是地位最高、作用最大的主犯。被告人陈增贵、解粉兰、赵军华、张孙敏在微信赌博群里的工作比较重要，且所占股份均在 20% 以上，故亦应认定为主犯。而被告人卞立威、江新琪、宋梦瑶、钱敏超、方苗、夏敏，在微信赌博群中基本不占股份，获取非法利益也基本依靠领取薪酬，因而可以认定为从犯。二是“情节严重”的认定。被告人夏永华、陈增贵、解粉兰、赵军华、崔文博、张孙敏、卞立威的非法所得均超过 3 万元，参照《网络赌博意见》关于违法所得数额在 3 万元以上属“情节严重”的规定，均认定为“情节严重”。三是具有自首或坦白情节。除被告人夏敏在犯罪后自动投案，如实供述罪行构成自首外，其他被告人均具有坦白情节，故各被告人均可据此从轻处罚。四是各被告人均退出全部违法所得，属认罪、悔罪态度较好，可酌情从轻处罚。

综上，原审法院根据本案具体情况和各被告人行为性质，认定各被告人的行为构成开设赌场罪，同时充分考虑本案适用法律的具体情况以及各被告人的量刑情节，所作出的刑事处罚是适当的。

（撰稿：最高人民法院刑四庭　陆建红
浙江省江山市人民法院　江　华
审编：最高人民法院刑四庭　周　峰）

[第 1348 号]

# 赛黎华、王翼龙贩卖毒品，赛黎华非法持有毒品案

## ——如何认定毒品犯罪中的同种罪行及非法持有毒品罪中的“持有”

### 一、基本案情

被告人赛黎华，男，1959 年 6 月 25 日出生。1999 年 10 月因犯贩卖毒品罪被判处拘役六个月，并处罚金人民币五百元。2017 年 9 月 30 日因本案被逮捕。

被告人王翼龙，男，1964 年 4 月 10 日出生。2012 年 11 月因犯贩卖毒品罪被判处拘役四个月，并处罚金人民币一千元。2017 年 9 月 30 日因本案被逮捕。

上海市宝山区人民检察院以被告人王翼龙犯贩卖毒品罪、被告人赛黎华犯贩卖毒品罪和非法持有毒品罪，向上海市宝山区人民法院提起公诉。

二被告人对指控的犯罪事实无异议。被告人王翼龙的辩护人提出，王翼龙具有坦白情节，希望对其从轻处罚。被告人赛黎华的辩护人提出，赛黎华在被羁押后主动交代自己持有美沙酮，并带领公安人员查获，应认定其非法持有毒品罪构成自首，其未代购或向其他人出售毒品，社会危害性小，希望从轻处罚。

上海市宝山区人民法院经公开审理查明：2017 年 9 月 6 日 15 时 30 分许，被告人王翼龙至本区永乐路、塘后路西侧 200 米路边处，用一瓶 413.69 克含有美沙酮成分的液体及人民币 200 元与被告人赛黎华交易两袋共计 1.93 克的甲基苯丙胺（冰毒），被民警当场查获，从被告人王翼龙处查获上述

甲基苯丙胺,后从被告人赛黎华处查获毒资人民币200元及上述含有美沙酮成分的液体。

上海市宝山区人民法院认为,被告人王翼龙贩卖毒品美沙酮413.69克,被告人赛黎华贩卖甲基苯丙胺1.93克,其行为均已构成贩卖毒品罪;被告人赛黎华又非法持有美沙酮413.69克,其行为已构成非法持有毒品罪,对两名被告人均应予惩处。赛黎华犯两罪,应予以数罪并罚。赛黎华在被羁押后如实供述其持有毒品美沙酮的犯罪事实,与公安机关已掌握的其贩卖甲基苯丙胺的犯罪事实在法律和事实上具有密切关联,不应认定其在非法持有毒品犯罪中具有自首情节。王翼龙、赛黎华系毒品再犯,依法应当从重处罚。王翼龙、赛黎华到案后如实供述自己的罪行,可依法从轻处罚。依照《中华人民共和国刑法》第三百四十七条第一款、第三款、第四款,第三百四十八条,第三百五十六条,第六十七条第三款,第六十九条,第六十四条之规定,判决如下:

一、被告人王翼龙犯贩卖毒品罪,判处有期徒刑八年,并处罚金人民币八千元;

二、被告人赛黎华犯贩卖毒品罪,判处有期徒刑十个月,并处罚金人民币二千元;犯非法持有毒品罪,判处有期徒刑一年四个月,并处罚金人民币二千元;决定执行有期徒刑二年,并处罚金人民币四千元。

一审宣判后,被告人赛黎华以其主动交代持有美沙酮,原判量刑过重为由提出上诉;其辩护人认为赛黎华在非法持有毒品犯罪中有自首情节。

上海市第二中级人民法院经审理查明的事实和证据与原判决相同。

上海市第二中级人民法院认为,上诉人赛黎华的行为构成贩卖毒品罪与非法持有毒品罪,应予并罚。原审被告人王翼龙向赛黎华出售美沙酮的行为构成贩卖毒品罪。根据在案证据,公安机关掌握二人贩卖毒品的犯罪事实后进行抓捕,虽然赛黎华在到案后的第二天主动供述非法持有美沙酮的行为,公安机关也是在其供述之后扣押了美沙酮,其如实供述的罪行的罪名与公安机关已掌握的贩卖毒品的罪名不同,但两者在法律上、事实上密切关联,赛黎华所持有的美沙酮是其向王翼龙贩卖甲基苯丙胺的对价的一部分,应认定为同种罪行,故赛黎华不构成自首,对上诉人的上诉理由及辩护人的辩护意见不予采纳。原判决根据两名被告人的犯罪事实、性质、均系毒品再犯、均具有如实供述情节等综合考量，对两名被告人所作的量刑并无不当，且诉讼程序合法。依照《中华人民共和国刑事诉讼法》第二百二十五条第一款第（一）项之规定[①]，裁定如下：

驳回上诉，维持原判。

## 二、主要问题

（一）如何判断非法持有毒品罪中的"持有"状态？

（二）在自首的认定中如何确定同种罪行？

## 三、裁判理由

### （一）准确认定非法持有毒品罪中的"持有"，根据事实、证据区分"贩卖"与"持有"，合理定性

本案在审理过程中，对被告人赛黎华除构成贩卖毒品罪之外是否构成非法持有毒品罪有三种不同观点：

第一种观点认为，被告人赛黎华向被告人王翼龙贩卖甲基苯丙胺后，获得200元现金及一瓶美沙酮液体，其将装有美沙酮液体的瓶子放在电力助动车（又称自动自行车）的储物箱内后即被民警抓获，其后赛黎华被羁押，电动自行车被暂时扣押，赛黎华没有再接触到上述美沙酮液体，故其对美沙酮液体不具有控制的状态，不构成非法持有毒品罪。

第二种观点认为，被告人赛黎华构成贩卖毒品罪一罪。2015年《全国法院毒品犯罪审判工作座谈会纪要》（以下简称《武汉会议纪要》）规定，贩毒分子被抓获后，对于从其住所、车辆等处查获的毒品，一般均应认定为其贩卖的毒品。故从赛黎华身边查获的毒品可一并计入贩卖毒品的数量。

第三种观点认可第一种观点中对被告人赛黎华处置美沙酮液体的客观表述，但认为赛黎华将装有美沙酮液体的瓶子放在自己的电力助动车的储物箱时即已经具备了持有毒品的状态，此后不论赛黎华与这些毒品是否处

---

① 此处引用的是修正前的《刑事诉讼法》，对应修正后的《刑事诉讼法》第二百三十六条第一款第（一）项。

于空间上分离的状态,都不影响其构成非法持有毒品罪。

我们同意第三种观点,具体理由如下:

1. 被告人赛黎华对涉案的美沙酮液体具有支配权,属于“持有”的形式。“持有”是指对毒品实际占有、携有、藏有或者其他方式持有毒品的行为。“持有”是一种事实上的支配,即行为人与毒品之间存在一种事实上的支配与被支配的关系。“持有”不要求物理上的握有,不要求行为人时时刻刻将毒品握在手中、放在身上和装在口袋里,只要行为人认识到它的存在,能够对之进行管理或者支配,就是“持有”。

本案中,被告人王翼龙将装有美沙酮液体的瓶子交给被告人赛黎华后,赛黎华将毒品放在电力助动车的储物箱内,而没有随身携带,但这并不影响赛黎华对该毒品的支配状态,赛黎华当时能够实际占有、控制该毒品。因此,不管赛黎华把毒品放在什么地方保存,均不影响认定其“持有”的状态。第一种观点认为,赛黎华被羁押,电动自行车也被扣押,赛黎华没有再接触到毒品,对毒品不具有控制状态是不能成立的。我国《刑法》中持有型犯罪还包括非法持有枪支罪、非法持有国家机密文件罪等,这些罪均是通过行为人对物品的控制、占有程度来判断是否属于“持有”的状态,而不单纯以时间性和紧密性判断。

2. 有证据表明被告人赛黎华并非将美沙酮液体用于贩卖,而是用于自用。对于第二种观点,《武汉会议纪要》虽规定贩毒人员被抓获后,从其相关处查获的毒品一般均认定为其贩卖的毒品,推定了查获的毒品认定为贩卖的数量,但同时也强调了确有证据证明查获的毒品并非贩毒人员用于贩卖的,应依法定罪。本案中,被告人王翼龙和赛黎华的口供一致,证实赛黎华求购美沙酮缓解毒瘾,属自用,卷中没有任何证据证明赛黎华贩卖美沙酮。故美沙酮的数量不应计入赛黎华贩卖毒品的数量,赛黎华另构成非法持有毒品罪。

(二)在自首的认定中同种罪行不等同于同种罪名

本案中,公安机关事先掌握了被告人赛黎华、王翼龙要交易毒品,继而在双方约定的交易地点将两人抓获,因在现场实施抓捕的公安人员与事先掌握信息的公安人员并非一人,故在现场的公安人员并没有注意赛黎华电动自行车储物箱内装在矿泉水瓶中的橘红色美沙酮液体,没有予以单独扣押、鉴定。赛黎华到案后否认贩卖甲基苯丙胺给王翼龙,同时并未提及王翼龙向其贩卖美沙酮的犯罪事实。次日,在否认自己贩卖甲基苯丙胺的前提下,赛黎华向公安人员供认以200元的价格向王翼龙购买了美沙酮液体。公安人员据此在赛黎华电动自行车储物箱内查获美沙酮液体。而王翼龙到案后只承认其用200元现金向赛黎华购买了2克左右甲基苯丙胺,并未提及美沙酮的事情,在公安人员查获美沙酮一段时间后才承认其用美沙酮液体加上200元现金向赛黎华购买了甲基苯丙胺。

关于被告人赛黎华主动供述向被告人王翼龙购买美沙酮液体能否认定为自首,在审理过程中存在两种观点:第一种观点认为,赛黎华在非法持有毒品犯罪中系自首,因为公安人员未发现赛黎华持有美沙酮的犯罪事实,而王翼龙也未供认该事实,赛黎华属于因贩卖毒品被采取强制措施后交代司法机关尚未掌握的其他罪行,构成自首。第二种观点认为,赛黎华交代持有美沙酮系其贩卖毒品的同种罪行,不构成自首。

我们同意第二种观点,具体理由如下:

1.符合相关司法解释的规定

《刑法》第六十七条第二款规定了"特殊自首",即被采取强制措施的犯罪嫌疑人、被告人和正在服刑的罪犯,如实供述司法机关还未掌握的本人其他罪行的,以自首论。由于刑法仅规定交代其他罪行,对"其他罪行"的含义并没有予以细化,1998年《最高人民法院关于处理自首和立功具体应用法律若干问题的解释》(以下简称《解释》)中明确规定,被告人如实供述司法机关尚未掌握的罪行,与司法机关已掌握的罪行属不同种罪行的,以自首论。2010年《最高人民法院关于处理自首和立功若干具体问题的意见》(以下简称《意见》)对于不同种罪行作出进一步规定,犯罪嫌疑人、被告人在被采取强制措施期间如实供述本人其他罪行,该罪行与司法机关已掌握的罪行属同种罪行还是不同种罪行,一般应以罪名区分。虽然如实供述的其他罪行的罪名与司法机关已掌握犯罪的罪名不同,但如实供述的其他犯罪与司法机关已掌握的犯罪属选择性罪名或者在法律上、事实上密切关联,如因受贿被采取强制措施后,又交代因受贿为他人谋取利益行为,构成滥用职权罪的,应认定为同种罪行。可见,《意见》将选择性罪名或者在法律上、事实上密切关联的其他犯罪认定为同种罪行,扩充了同种罪行的外延,对自首成立范围进行了限制性解释。

2. 法律上、事实上存在密切联系的罪行属同种罪行

同种罪行主要包括以下三种:第一,相同罪名的罪行;第二,选择性罪名的罪行;第三,法律上、事实上存在密切关联的罪行。除此之外的才能被认定为不同种罪行。

前面两种在审判实践中比较明确,而对于第三种“法律上、事实上密切关联的罪行”的认定,往往在实践中会出现分歧。有观点认为,在法律上密切关联的犯罪,是指不同犯罪的构成要件有交叉或者不同犯罪之间存在对合(对向)关系、牵连关系、竞合关系或集合关系;在事实上密切关联的犯罪,是不同犯罪之间在犯罪的时间、地点、方法(手段)、对象、结果等客观事实特征方面有密切联系。[①] 我们认为,在法律上密切关联的犯罪,一般应从犯罪构成要件考察数种罪行在犯罪主体、客体、客观方面的行为、结果、对象要素上是否具有相近性或包容性;在事实上密切关联的犯罪,一般依托司法实践,结合日常经验,考察数种行为在发生概率、逻辑以及关系上是否具有关联性。如某人持枪杀人,其因故意杀人被抓获后,主动供述了购买枪支的行为,其购买枪支的行为构成非法买卖枪支罪,与司法机关此前掌握的故意杀人罪虽不是同一罪名,但因其在供述故意杀人犯罪事实时,必须如实供述作为犯罪工具的枪支的来源,因而,其所触犯的两个罪名在法律上、事实上均有紧密关联,其主动供述购买枪支的行为不能认定为自首。

本案当中,被告人赛黎华在公安机关未掌握其持有美沙酮的前提下,主动交代了持有美沙酮的行为,而且持有美沙酮的行为也被法院认定为非法持有毒品罪,与其构成的贩卖毒品罪是不同种罪名。然而,赛黎华所持有的美沙酮系其贩卖甲基苯丙胺对价的一部分,在法律上和事实上与贩卖毒品罪有密切关联,故其主动交代的非法持有毒品罪与公安机关掌握的贩卖毒

① 王飞跃:《自首制度中“如实供述”的理解与认定》,载《湘潭大学学报》2009年第5期。

品罪属于同种罪行,其非法持有毒品罪不应认定为自首。一审、二审法院根据案件事实和犯罪情节,对赛黎华判处的刑罚是适当的。

**(撰稿:上海市第二中级人民法院　姜琳炜**
**审编:最高人民法院刑四庭　陆建红)**

[第 1349 号]

# 袁七虎容留、介绍卖淫案

## ——容留、介绍卖淫罪"情节严重"的司法认定

### 一、基本案情

被告人袁七虎，男，1973 年 12 月 7 日出生。2002 年 10 月 18 日因犯故意杀人罪被判处无期徒刑，剥夺政治权利终身，2010 年 1 月 26 日减刑释放。2012 年 1 月 11 日因容留卖淫被罚款 500 元，并追缴非法所得 60 元；2013 年 7 月 9 日因容留卖淫被罚款 500 元；2015 年 10 月 20 日因容留卖淫被行政拘留 10 日；2015 年 12 月 16 日因容留卖淫被行政拘留 15 日。因涉嫌犯容留、介绍卖淫罪，于 2016 年 12 月 1 日被逮捕。

山西省吕梁市离石区人民检察院以被告人袁七虎犯容留、介绍卖淫罪向离石区人民法院提起公诉。

被告人袁七虎辩称没有实施指控的犯罪事实。

离石区人民法院经审理查明：被告人袁七虎伙同杨喜顺（另案处理）租赁离石区久安路慈坤医院对面的鑫浪宾馆和美丽家园三号楼三单元一居民房，容留赵某、王某某、郭某某等多人从事卖淫活动，并通过出租车司机薛芝全、韩利锋等介绍嫖客，雇佣刘根儿（另案处理）收取嫖资，从中抽头得利。2016 年 8 月 3 日凌晨，公安民警根据举报在美丽家园三号楼三单元居民房内将刘根儿及卖淫女王某某、赵某、郭某某、嫖客冯某某、王某（均已行政处罚）等当场抓获。

离石区人民法院认为，被告人袁七虎在自己管理的久安路鑫浪宾馆和美丽家园三号楼三单元居民房内容留多名妇女从事卖淫活动，并在卖淫者与嫖娼者之间进行引见，抽取嫖资，情节严重，其行为构成容留、介绍卖淫罪。公诉机关指控的犯罪事实清楚，证据确实、充分，予以确认。综合本案

证据，足以证明被告人在久安路鑫浪宾馆和美丽家园容留多名卖淫女多次从事卖淫活动，其庭审供述、辩解与本院查明的事实不符，不予采信。被告人袁七虎不如实供述其犯罪事实，到庭拒不认罪，可酌情对其从重处罚。依据《中华人民共和国刑法》第三百五十九条之规定，判决如下：

被告人袁七虎犯容留、介绍卖淫罪，判处有期徒刑五年，并处罚金人民币五千元。

一审宣判后，被告人袁七虎提出上诉称，其没有租赁房屋从事容留卖淫活动。

吕梁市中级人民法院认为，原判认定的犯罪事实清楚，证据确实、充分，定罪准确。审判程序合法。鉴于二审审理期间，《最高人民法院、最高人民检察院关于办理组织、强迫、引诱、容留、介绍卖淫刑事案件适用法律若干问题的解释》公布施行，根据该解释规定，上诉人袁七虎容留、介绍他人卖淫的行为不属于"情节严重"的情形，根据从旧兼从轻的刑法原则，对袁七虎的量刑予以改判。依照《中华人民共和国刑法》第三百五十九条第一款，《最高人民法院、最高人民检察院关于办理组织、强迫、引诱、容留、介绍卖淫刑事案件适用法律若干问题的解释》第八条、第九条，《最高人民法院、最高人民检察院关于适用刑事司法解释时间效力问题的规定》第二条，《中华人民共和国刑事诉讼法》第二百二十五条第一款第（二）项[①]之规定，判决如下：

1. 撤销山西省吕梁市离石区人民法院（2017）晋1102刑初69号刑事判决。

2. 上诉人袁七虎犯容留、介绍卖淫罪，判处有期徒刑二年，并处罚金人民币五千元。

## 二、主要问题

如何认定容留、介绍卖淫罪的"情节严重"？

---

① 此处引用的是2018年修正前的《刑事诉讼法》，对应修正后的《刑事诉讼法》第二百三十六条第一款第（二）项。

## 三、裁判理由

容留、介绍卖淫罪系《刑法》第六章妨害社会管理秩序罪中的罪名。追溯该罪名的立法沿革,1979 年《刑法》将容留妇女卖淫与引诱妇女卖淫的罪状与刑罚一并规定在第一百六十九条,即“以营利为目的,引诱、容留妇女卖淫的,处五年以下有期徒刑、拘役或者管制;情节严重的,处五年以上有期徒刑,可以并处罚金或者没收财产”。1983 年全国人民代表大会常务委员会发布的《关于严惩严重危害社会治安的犯罪分子的决定》第一条第(六)项规定,容留妇女卖淫,与引诱、强迫妇女卖淫一样,情节特别严重的,可以在刑法规定的最高刑以上处刑,直至判处死刑。但该规定在 1991 年全国人大常委会发布的《关于严禁卖淫嫖娼的决定》(以下简称《决定》)施行后不再适用,容留卖淫罪不再有“情节特别严重”的量刑档次。同时,《决定》新增介绍卖淫罪,并且不再限定容留、介绍的卖淫人员性别为“妇女”,而是改为“他人”,取消了“以营利为目的”的犯罪构成要件。就容留、介绍卖淫罪“情节严重”的认定,长期以来依据的是 1992 年 12 月最高人民法院、最高人民检察院发布的《关于执行〈全国人民代表大会常务委员会关于严禁卖淫嫖娼的决定〉的若干问题的解答》(以下简称《解答》)第七条。该条对引诱、容留、介绍他人卖淫罪中“情节严重”的情形作了列举式规定:(一)多次引诱、容留、介绍他人卖淫的;(二)引诱、容留、介绍多人卖淫的;(三)引诱、容留、介绍明知是有严重性病的人卖淫的;(四)容留、介绍不满十四岁的幼女卖淫的;(五)引诱、容留、介绍他人卖淫具有其他严重情节的。同时明确“多人”“多次”的“多”,是指“三”以上的数(含本数)。现行《刑法》吸纳了《决定》对容留、介绍卖淫罪的规定,在《刑法》第三百五十九条规定“引诱、容留、介绍他人卖淫的,处五年以下有期徒刑、拘役或者管制,并处罚金;情节严重的,处五年以上有期徒刑,并处罚金”,但没有对如何认定“情节严重”作出具体规定。近年来,我国社会、经济、文化都有了较大的发展变化,治理、打击容留、介绍卖淫违法犯罪活动的实践也遇到了许多新情况、新问题,加之《解答》在 2013 年司法解释清理后宣布废止,相关案件的处理出现了法律适用标准不统一的问题。

本案中,被告人袁七虎容留三名妇女从事卖淫活动,并在卖淫者与嫖娼者之间进行引见,抽取嫖资,构成容留、介绍卖淫罪。一审法院参照《解答》对“情节严重”的规定,认定被告人袁七虎容留、介绍多人卖淫,属于“情节严重”,判处其有期徒刑五年,并处罚金五千元。鉴于一审判决作出时(2017年4月26日)尚未出台新的司法解释,该判决参照《解答》量刑并无不当。但客观上,由于《解答》已废止,各地在掌握容留、介绍卖淫“情节严重”的标准时难免不一,同案不同判的现象难以避免。为解决该类犯罪法律适用标准不统一的问题,2017年7月25日《最高人民法院、最高人民检察院关于办理组织、强迫、引诱、容留、介绍卖淫刑事案件适用法律若干问题的解释》(以下简称《涉卖淫刑案解释》)公布实施。《涉卖淫刑案解释》在吸收《解答》规定的基础上,根据司法实践新情况、新问题,对容留、介绍卖淫罪的定罪量刑标准作了修改:

1. 不再将容留、介绍卖淫的次数作为定罪量刑标准。《解答》规定,容留、介绍多人、多次卖淫的均构成“情节严重”,但司法实践中,容留、介绍卖淫的次数与人数相比,在社会危害性上相差较大,将二者并列作为入罪及“情节严重”的标准并不合理。此外,认定卖淫次数,取证难度大,证据要求高,不利于打击犯罪。为此,《涉卖淫刑案解释》不再以容留、介绍他人卖淫的次数作为入罪及判断情节严重的标准,同时在第十条规定,如果卖淫次数已经查实,在法定刑幅度范围内应当作为酌定量刑情节予以考虑。

2. 以人数为基准时,提高容留、介绍卖淫罪的入罪标准和法定刑升格标准。将“容留、介绍二人卖淫”作为入罪门槛,“引诱、容留、介绍十人以上卖淫”作为“情节严重”的情形之一。

3. 对于容留、介绍特殊人员卖淫的,设置了比容留、介绍普通人员卖淫较低的入罪和“情节严重”标准。即容留、介绍特殊人员卖淫的,容留、介绍一人就构成犯罪,引诱、容留、介绍五人以上即构成“情节严重”。此处的特殊人员,除《解答》规定的患有严重性病的人以外,还包括未成年人、孕妇、智障人员。

4. 对于曾因同类行为被行政处罚的行为人,降低入罪门槛。《涉卖淫刑案解释》规定,一年内曾因引诱、容留、介绍卖淫行为被行政处罚,又实施容留、介绍卖淫行为的，以容留、介绍卖淫罪定罪处罚。主要考虑此类人员主观恶性较深，人身危害性相对较大。需要说明的是，《涉卖淫刑案解释》规定，引诱一人卖淫即构成犯罪，但《治安管理处罚法》仍有引诱卖淫的规定，我们理解，《治安管理处罚法》所规定的引诱卖淫主要是指引诱他人手淫、引诱他人卖淫未成功等情况。

5. 将非法获利情况增设为定罪量刑标准。《涉卖淫刑案解释》虽然不再将容留、介绍卖淫的次数作为定罪量刑标准，但容留、介绍卖淫的次数多，即使仅涉及一名卖淫人员，其社会危害性还是相对较大的。为严密法网，同时考虑查处非法收入比查处容留、介绍卖淫的次数更容易，操作性更强，《涉卖淫刑案解释》从非法获利的角度，涵盖了容留、介绍卖淫的次数问题，确定非法获利一万元为入罪标准，非法获利五万元以上构成“情节严重”。

6. 将容留、介绍卖淫罪的入罪标准、法定刑升格标准与引诱卖淫罪作了区分。虽然容留、介绍卖淫罪与引诱卖淫罪规定在同一刑法条文中，但引诱他人卖淫是让本没有卖淫意愿的人实施卖淫行为，容留、介绍卖淫的对象，本身就是曾经卖淫，至少是具有卖淫意愿的人，引诱他人卖淫的社会危害性要大于容留、介绍他人卖淫。因此，《涉卖淫刑案解释》在入罪标准上即作出了区分：除非法获利的数额标准一致外，对引诱他人卖淫的，不作人数限定，引诱一人卖淫即构成犯罪，而容留、介绍卖淫须达到二人以上，或者容留、介绍的对象具有特殊性，抑或行为人一年内曾因同类行为被行政处罚才构成犯罪。延伸到“情节严重”的认定标准，以人数为基准时，《涉卖淫刑案解释》仍将引诱他人卖淫与容留、介绍他人卖淫区别对待：对于引诱、容留、介绍普通人员卖淫的，多种行为并存时，以十人作为认定“情节严重”的起点，而引诱他人卖淫的，达到五人即可认定为“情节严重”，即第九条规定“引诱五人以上或者引诱、容留、介绍十人以上卖淫的”，应当认定为“情节严重”；对于引诱、容留、介绍特殊人员卖淫的，“引诱三人以上的未成年人、孕妇、智障人员、患有严重性病的人卖淫，或者引诱、容留、介绍五人以上该类人员卖淫的”，应当认定为“情节严重”。需要说明的是，引诱、容留、介绍卖淫是选择性罪名，如容留、介绍卖淫的人数未达到情节严重的标准，但另有引诱他人卖淫的行为，人数累计达到情节严重标准，也构成“情节严重”。

总体来说,《涉卖淫刑案解释》对于容留、介绍卖淫"情节严重"的认定,主要考虑卖淫人数、卖淫人员特殊性,并将非法获利情况也作为依据。认定容留、介绍他人卖淫"情节严重",应当从卖淫人数、时间长度、社会影响等方面综合考虑,如果卖淫次数已经查实,在法定刑幅度范围内应当作为量刑的情节予以考虑。根据《最高人民法院、最高人民检察院关于适用刑事司法解释时间效力问题的规定》,对于司法解释实施前发生的行为,行为时没有相关司法解释,司法解释施行后尚未处理或者正在处理的案件,依照司法解释的规定办理。一审判决依据的《解答》早在2013年已废止,本案二审期间《涉卖淫刑案解释》公布施行,本案属于司法解释实施前发生的行为,且行为时没有相关司法解释,二审期间应当适用《涉卖淫刑案解释》的规定。被告人袁七虎容留、介绍三名妇女卖淫,无其他严重情节,二审法院依照《涉卖淫刑案解释》相关规定,不认定其构成容留、介绍卖淫罪的"情节严重",并改判其有期徒刑二年,并处罚金五千元是适当的。

(撰稿:最高人民法院刑四庭　王　敏
审编:最高人民法院刑四庭　陆建红)

[第 1350 号]

# 阎吉粤介绍卖淫案

## ——利用“QQ”网络建群为群成员卖淫嫖娼活动提供方便的行为应如何定性

### 一、基本案情

被告人阎吉粤,男,1965 年 6 月 27 日出生,无业。2016 年 8 月 24 日因涉嫌介绍卖淫罪被逮捕。

沈阳市苏家屯区人民检察院以被告人阎吉粤犯介绍卖淫罪向苏家屯区人民法院提起公诉。

被告人阎吉粤对公诉机关指控的事实和罪名无异议。其辩护人认为,阎吉粤没有获利,主观恶性较小,且自愿认罪,应从轻处罚。

沈阳市苏家屯区人民法院经审理查明:2013 年前后,被告人阎吉粤从网友处获得号码为 471874702 的 QQ 号码,将该 QQ 号码内的号码为 193565141 的 QQ 群改名为“暗夜王朝《总群》”,并充费保持 QQ 等级维持该群。阎吉粤作为群主经常在沈阳市苏家屯区十里河街道花卉市场通过电脑和手机登录、使用该 QQ 及 QQ 群,并通过询问“暗夜王朝《总群》”群内的嫖客和卖淫女,用自己的群主权限在有卖淫女证实的嫖娼过的男成员的名称前加上“护卫”“带刀”等头衔,在有嫖客证实的卖淫过的女成员名称前加上“验”“安全”等头衔,以方便群内成员的卖淫嫖娼行为。

2016 年 5 月 6 日,赵某某通过“暗夜王朝《总群》”联系上李某,当日 21 时许,李某在沈阳市铁西区芙蓉雅居小区 107 - 19 号楼 101 室与赵某某发生性交易;同年 5 月 12 日,毛某某通过“暗夜王朝《总群》”联系上李某,当日 21 时许,李某在沈阳市于洪区沈辽路长隆公寓 15020 号房间与毛某某发生性交易;同年5月12日,李某某通过“暗夜王朝《总群》”联系上李某,当日15时许,李某在沈阳市大东区东远国际大厦11楼2号房间与李某某发生性交易;同年6月8日,王某帮助羿某某通过“暗夜王朝《总群》”私聊联系上张某,当日13时许,羿某某在沈阳市铁西区兴工北街63－2号C2－7－2其租房处与张某发生性交易。

沈阳市苏家屯区人民法院认为,被告人阎吉粤建立网络群,为卖淫嫖娼者提供平台和信息,已构成介绍卖淫罪。检察机关指控被告人的犯罪成立。鉴于被告人没有获利,主观恶性较小,且自愿认罪,可以从轻处罚。依照《中华人民共和国刑法》第三百五十九条第一款、第六十七条第三款、第五十二条之规定,判决如下:

被告人阎吉粤犯介绍卖淫罪,判处有期徒刑一年二个月,并处罚金人民币二万元。

一审宣判后,被告人阎吉粤未提出上诉,检察机关亦未抗诉,判决已发生法律效力。

## 二、主要问题

(一)如何区分组织卖淫罪与介绍卖淫罪?

(二)既构成非法利用信息网络罪,又构成介绍卖淫罪的,如何定罪处罚?

## 三、裁判理由

本案涉及的是利用即时通信软件腾讯“QQ”网络为卖淫、嫖娼人员建群并管理该群,为他人卖淫、嫖娼提供方便,群主并未收取费用,应如何定罪量刑的问题。对此,有两种不同观点。

第一种观点认为,被告人阎吉粤的行为构成组织卖淫罪与非法利用信息网络罪的竞合,应当以组织卖淫罪定罪处罚。理由是:被告人阎吉粤组建QQ群,为他人卖淫嫖娼活动提供了平台,作为群主,其经常使用、管理该群,并使用自己的群主权限在卖淫女和嫖客的成员的名称前加上一定的头衔,属于一种组织行为,且经过该群达成线下卖淫嫖娼交易有四起。

第二种观点认为,被告人阎吉粤的行为构成介绍卖淫罪与非法利用信息网络罪的竞合,应当以介绍卖淫罪定罪处罚。理由是:被告人阎吉粤只是利用QQ群实施了介绍卖淫行为,对卖淫嫖娼活动并未实施管理和控制。卖淫嫖娼者何时、在何地、如何卖淫嫖娼以及费用的支付等,均由卖淫嫖娼人员自主决定。阎吉粤并未从中牟取经济利益。因此,其对卖淫嫖娼活动仅起到介绍作用。

我们同意第二种观点,认为被告人阎吉粤的行为构成介绍卖淫罪与非法利用信息网络罪的竞合,应当以介绍卖淫罪定罪处罚。理由如下:

(一)被告人阎吉粤线上介绍他人卖淫嫖娼致他人线下达成卖淫嫖娼交易,但并未对卖淫嫖娼活动实施管理或者控制行为,应当认定为介绍卖淫罪

组织卖淫罪与介绍卖淫罪在行为特征上有重合之处。组织卖淫行为人往往将介绍卖淫作为组织卖淫的手段行为。《最高人民法院、最高人民检察院关于办理组织、强迫、引诱、容留、介绍卖淫刑事案件适用法律若干问题的解释》(以下简称《涉卖淫刑案解释》)第一条将组织卖淫的构罪要件规定为,"以招募、雇佣、纠集等手段,管理或者控制他人卖淫,卖淫人员在三人以上的,应当认定为刑法第三百五十八条规定的'组织他人卖淫'"。组织卖淫的行为特征,一般是指行为人对卖淫人员进行一定的管理或者控制措施前提下,向他人宣传、介绍、招揽卖淫嫖娼活动。组织卖淫罪中的组织活动包括:(1)对卖淫人员实施一定的管理或者控制措施,其形式包括紧密型组织或松散型组织,例如依托会所、洗浴中心等实体场所或者建立网络群等形式进行管理;(2)对卖淫所得按比例或者次数收取一定的费用,包括直接收取嫖资后扣留部分或要求卖淫人员上交部分等。介绍卖淫罪则是指行为人在卖淫女和嫖客之间建立媒介关系,行为人对卖淫人员并无管理行为,仅在卖淫人员和嫖娼人员之间介绍、引见、撮合或提供卖淫嫖娼信息,即进行牵线搭桥的行为,当然介绍人也经常从卖淫人员处收取一定的费用。组织卖淫罪和介绍卖淫罪二罪在介绍卖淫环节的行为特征有重合性,包括行为人在卖淫人员和嫖娼人员之间进行介绍、撮合,以及向卖淫人员收取一定的费用等方面的特征相同,但介绍卖淫行为区别于组织卖淫行为的关键点在于该罪对

卖淫人员没有组织即“管理或者控制活动”。

实践中，一些组织卖淫行为容易与介绍卖淫行为相混淆，主要原因是有的组织卖淫行为，就是采取介绍等手段，进而管理、控制卖淫活动的，即组织卖淫包含了介绍卖淫的内容。这在我国刑法理论上称之为“包容竞合”，即指一个罪名的外延是另一罪名外延的一部分，但是犯罪构成的内容已超出外延窄的情形，其适用原则是全部法、完全法优于部分法、不完全法。换言之，虽然甲、乙两罪之间从逻辑上看，没有竞合关系，但是由于立法者的设定，甲、乙两罪之间存在包容（完全法）和被包容关系（不完全法）的关系，行为符合甲罪的构成要件，也同时符合乙罪的构成要件，但是行为人仅成立甲罪，而排斥乙罪的适用，即重罪包容轻罪①。根据“包容竞合”理论，在对象同一性可以确定的情况下，组织卖淫行为通过介绍卖淫等行为实现组织卖淫的目的。因组织卖淫行为包含了介绍卖淫等行为，后一类行为当然的包含在组织卖淫行为中。在针对同一对象的情形下，不再对介绍卖淫等行为单独进行刑法上的评价，而是依照组织卖淫罪定罪处理。

具体到本案，被告人阎吉粤虽然建立了QQ群，并管理和使用QQ群，但其并未对该群内的人员在卖淫活动中有组织即管理或者控制行为，仅实施了介绍行为。故不能简单地将阎吉粤管理和使用QQ群的行为认定为管理卖淫嫖娼的行为。其建立QQ群并对该群号码充费以维持该群和对群成员进行标识行为的对象是QQ群而不是卖淫嫖娼活动。卖淫嫖娼者何时、在何地、如何卖淫嫖娼以及费用的支付等，均由卖淫嫖娼人员自主决定，阎吉粤既不过问，更不管理和控制，而且阎吉粤并未从中牟取经济利益。因此，被告人阎吉粤利用互联网建群的方式介绍卖淫虽然与典型的介绍卖淫行为有所不同，但其行为符合介绍卖淫罪的构罪要件。首先，阎吉粤有介绍卖淫的行为，阎吉粤从网友处取得QQ号码和该号码创建的QQ群后，明知该群内的成员主要为卖淫嫖娼人员，其充费维持该群的等级，为卖淫嫖娼人员提供了相互联系的平台，并通过询问群内的嫖客和卖淫女，用自己的群主权限在卖淫女和嫖客互相证实的群成员网名前加头衔标识，以便于卖淫女和嫖客

① 参见周光权：《刑法总论》（第三版），中国人民大学出版社2016年版，第377页。

更为便捷地实施卖淫嫖娼行为,该行为即属于为卖淫人员和嫖客建立媒介、发布卖淫嫖娼信息进行明示的行为。虽然阎吉粤没有直接在卖淫女和嫖客之间牵线搭桥,但是其以上的行为相当于在特定的成员群体中向卖淫女和嫖客相互介绍身份,提供准确便捷的可选择的卖淫嫖娼人员信息和联系方式,该行为即属于介绍卖淫行为。其次,群成员根据其提供的卖淫女和嫖客信息,进行了多次卖淫嫖娼活动,符合《涉卖淫刑案解释》第八条第一款第(二)项"介绍二人以上卖淫的"规定。虽然阎吉粤在实施以上行为的过程中未及收费就被查获,但该解释第八条第三款对此明确规定,介绍他人卖淫是否以营利为目的,不影响犯罪的成立。

(二)被告人阎吉粤的行为既构成非法利用信息网络罪,又构成介绍卖淫罪,应当以介绍卖淫罪定罪处罚

《刑法》第二百八十七条之一第一款规定:"利用信息网络实施下列行为之一,情节严重的,处三年以下有期徒刑或者拘役,并处或者单处罚金:(一)设立用于实施诈骗、传授犯罪方法、制作或者销售违禁物品、管制物品等违法犯罪活动的网站、通讯群组的;(二)发布有关制作或者销售毒品、枪支、淫秽物品等违禁物品、管制物品或者其他违法犯罪信息的;(三)为实施诈骗等违法犯罪活动发布信息的。"第三款规定:"有前两款行为,同时构成其他犯罪的,依照处罚较重的规定定罪处罚。"实践中,利用计算机网络发布招嫖信息公开介绍卖淫的情况比较常见,因此,对于利用信息网络发布招嫖信息,情节严重的行为,根据法律的规定,可以按照非法利用信息网络罪来追究刑事责任。对于确实促成一定数量的卖淫嫖娼人员达成交易的,可适用介绍卖淫罪追究责任。据此,《涉卖淫刑案解释》第八条第二款规定:"利用信息网络发布招嫖违法信息,情节严重的,依照刑法第二百八十七条之一的规定,以非法利用信息网络罪定罪处罚。同时构成介绍卖淫罪的,依照处罚较重的规定定罪处罚。"

本案中,阎吉粤的行为属于"设立实施违法活动的通讯群组的行为",但是其行为是否可以认定为"情节严重"?目前尚没有司法解释对《刑法》第二百八十七条之一"非法利用信息网络罪"的构成要件"情节严重"标准进行明确规定,可在司法实践中根据利用信息网络发布招嫖信息的传播面、所获得

的收益、社会影响等方面综合确定。全国人大常委会法制工作委员会刑法室编著的《中华人民共和国刑法解读》中认为:“关于‘情节严重’的具体认定,可以结合行为人所发布信息的具体内容、数量、扩散范围,获取非法利益的数额、受害人的多少、造成的社会影响等因素结合考量。”①我们赞同这一观点。理由有二。一是阎吉粤所建群的目的和功能是为群成员介绍、联系卖淫嫖娼,至案发时其已维护该群三年以上,群成员人数众多,其积极为群成员卖淫嫖娼相互识别、联系提供便利,在该区域内社会影响较大,仅在案发当月即查证有四人系通过该群联系卖淫嫖娼。二是阎吉粤的行为已构成介绍卖淫罪。判断非法利用信息网络行为是否构成“情节严重”,固然有许多相应的标准,但当该行为本身已经构成《刑法》规定的其他犯罪时,则从质上表明已经达到了“情节严重”的程度。本案中,阎吉粤在管理和使用QQ群时,实施了介绍卖淫的犯罪行为,性质是恶劣的。在作为非法利用信息网络的组成行为之一的介绍卖淫行为,已经达到了犯罪程度时,如果还认定行为人非法利用信息网络行为不构成“情节严重”,我们认为是不符合法理逻辑的。因此,被告人阎吉粤的行为同时构成介绍卖淫罪和非法利用信息网络罪,属于竞合犯。但鉴于非法利用信息网络罪的法定刑幅度为三年以下有期徒刑,而介绍卖淫罪的法定刑幅度为五年以下有期徒刑(情节严重的,法定刑幅度为五年以上有期徒刑),两者相比较,介绍卖淫罪的处罚更重。因此,原审法院以介绍卖淫罪对阎吉粤定罪处罚是适当的。

**(撰稿:最高人民法院第五巡回法庭　李剑弢**
**审编:最高人民法院刑四庭　陆建红)**

---

① 参见全国人大常委会法制工作委员会刑法室:《中华人民共和国刑法解读》(第四版),中国法制出版社2015年版,第693页。

[第1351号]

# 梁世勋贩卖淫秽物品牟利案

## ——网络云盘中淫秽物品的数量认定及量刑

### 一、基本案情

被告人梁世勋,男,1979年7月25日出生。2015年8月20日被逮捕。

浙江省安吉县人民检察院指控被告人梁世勋犯贩卖淫秽物品牟利罪,向安吉县人民法院提起公诉。

被告人梁世勋对起诉指控的罪名无异议,但对其贩卖的视频系淫秽物品的鉴定标准和数量提出异议。

安吉县人民法院经审理查明:2015年4月,被告人梁世勋在淘宝网上开设了名为“诚信得1188”的网店,经销相关软件和供他人进行网上信息存储、读取、下载的云盘。2015年5月11日,梁世勋在该网店以28.8元的价格向章某某出售了含有视频、图片资源的百度云盘。经鉴定,该云盘内所含的视频906部、图片24张属淫秽物品。2015年5月间,梁世勋通过该网店向颜某等19人销售含有视频、图片的百度云盘,获利9 000余元。公安机关对上述云盘中所含的视频、图片进行抽样提取,经鉴定,所含的视频316部、图片24张属淫秽物品。

安吉县人民法院认为,被告人梁世勋以牟利为目的,利用网络向他人贩卖内含淫秽视频、图片的云盘,其行为已构成贩卖淫秽物品牟利罪,且属情节特别严重。梁世勋系初犯,案发后能如实进行供述,予以从轻处罚。依照《中华人民共和国刑法》第三百六十三条第一款、第六十七条第三款、第五十二条、第五十三条第一款、第六十四条之规定,于2017年5月10日作出判决:

被告人梁世勋犯贩卖淫秽物品牟利罪,判处有期徒刑十年,并处罚金一万元。

一审宣判后,被告人梁世勋提出上诉。其上诉及辩护人提出:本案淫秽物品的数量认定有误;一审判决未考虑其主观恶性、人身危害性、社会危害性等,量刑过重,请求从轻处罚。

浙江省湖州市中级人民法院经审理认为,通过一次点击打开后连续播放或显示的淫秽视频,不论时间长短、字数多少,均应计为一份;淫秽图片一张为一份。上诉人梁世勋以牟利为目的,利用网络向他人贩卖内含淫秽视频、图片的云盘,情节严重,其行为已构成贩卖淫秽物品牟利罪。综合考虑梁世勋贩卖淫秽物品的时间、数量、次数、非法获利、传播范围等具体情况,不宜认定为"情节特别严重"。二审期间,上诉人梁世勋的家属代为退缴违法所得人民币9 000元,酌情从轻处罚。据此,依照《中华人民共和国刑事诉讼法》第二百二十五条第一款第(二)项[①]、《中华人民共和国刑法》第三百六十三条第一款、第六十七条第三款、第五十二条、第五十三条第一款之规定,判决如下:

一、维持安吉县人民法院(2016)浙0523刑初18号刑事判决对上诉人梁世勋贩卖淫秽物品牟利罪的定罪部分,撤销量刑部分;

二、上诉人梁世勋犯贩卖淫秽物品牟利罪,判处有期徒刑四年,并处罚金一万元。

## 二、主要问题

(一)如何认定贩卖含有淫秽电子信息[②]的网络云盘中淫秽物品的数量?

(二)贩卖含有淫秽视频的网络云盘类案件应当如何量刑?

## 三、裁判理由

### (一)贩卖含有淫秽视频的网络云盘,应当按照网络云盘中实际存储的淫秽视频文件数量认定淫秽物品的数量

网络云盘,又称网盘,是由互联网公司推出的,旨在为用户提供免费或

① 此处引用的是2018年修正前的《刑事诉讼法》,对应修正后的《刑事诉讼法》第二百三十六条第一款第(二)项。

② 为表述方便,本文中所称的"淫秽电子信息"特指淫秽视频。

者收费的文件储存、访问、备份、共享等在线存储服务。网络云盘可以看成一个放在网络上的硬盘或U盘,不管用户在家中、单位或者其他任何地方,只要连接到网络,就可以管理、编辑里面的文件。正是由于网络云盘存储容量大、速度快,使用方便、安全、稳定等特点,随着网络技术、特别是云技术的不断发展,网络云盘的应用越来越广泛。同时,利用网络云盘制作、复制、出版、贩卖、传播淫秽电子信息的情况日益泛滥,网络云盘已成为"贩黄传黄"的重要渠道。而网络云盘的特点也给此类案件的处理带来诸多新问题。

对于如何认定贩卖含有淫秽电子信息的网络云盘中淫秽物品的数量,存在两种不同观点:

第一种观点认为,应当按照网络云盘的数量认定淫秽物品的数量。理由是:1998年最高人民法院发布的《关于审理非法出版物刑事案件具体应用法律若干问题的解释》(以下简称《非法出版物司法解释》)第八条第一款第(二)项规定,贩卖淫秽影碟、软件、录像带100张(盒)至200张(盒)以上的构成贩卖淫秽物品牟利罪。该司法解释以贩卖淫秽视频的载体数量作为贩卖淫秽物品的数量进行认定,同理,利用网络云盘贩卖淫秽物品的,也应当以网络云盘的数量作为认定贩卖淫秽物品的数量。

第二种观点认为,应当按照网络云盘中实际存储的淫秽视频文件数量认定淫秽物品的数量。理由是:2004年最高人民法院、最高人民检察院发布的《关于办理利用互联网、移动通讯终端、声讯台制作、复制、出版、贩卖、传播淫秽电子信息刑事案件具体应用法律若干问题的解释》[以下简称《解释(一)》]第一条第一款第(一)项规定,贩卖淫秽视频文件20个以上构成贩卖淫秽物品牟利罪;2010年最高人民法院、最高人民检察院发布的《关于办理利用互联网、移动通讯终端、声讯台制作、复制、出版、贩卖、传播淫秽电子信息刑事案件具体应用法律若干问题的解释(二)》[以下简称《解释(二)》]规定,贩卖内容含有不满十四周岁未成年人的淫秽视频文件10个以上构成贩卖淫秽物品牟利罪。根据上述两个司法解释的规定,认定贩卖淫秽物品的数量标准是淫秽视频文件的个数,而非淫秽视频载体的个数。网络云盘本身并非文件,而是文件的存储中介和载体,应当以网络云盘中实际存储的淫秽视频文件数量来认定贩卖淫秽物品的数量。

我们赞同第二种观点,具体理由如下:

首先,网络云盘本身并非文件,而是一个存储文件的电子介质,其包含有多个文件夹,每个文件夹中又包含有多个文件。而如何界定一个“视频文件”的数量?通常是指在计算机信息网络上,通过一次点击打开后连续播放或显示的淫秽影片、软件、书刊、录音,记为一个(份)文件。与传统的影碟、软件、录像带不同,由于网络云盘的容量大,可存储的淫秽电子信息往往数量巨大,若以网络云盘的数量作为贩卖淫秽物品的数量认定,不利于对此类案件的准确打击。

其次,利用互联网、移动通讯终端、声讯台制作、复制、出版、贩卖、传播淫秽电子信息犯罪,较之传统的淫秽物品犯罪,传播方式更简便,传播范围更广泛,社会危害性更大,因此,最高人民法院和最高人民检察院制定了《解释(一)》《解释(二)》,针对制作、复制、出版、贩卖、传播淫秽电子信息犯罪规定了单独的定罪量刑标准,予以从严打击。网络云盘作为一种由互联网提供的在线存储服务,属于《解释(一)》《解释(二)》的规制对象,在定罪量刑时应当符合该司法解释规定的精神和内容。《解释(一)》《解释(二)》认定贩卖淫秽物品的数量标准是能够单独进行传播的淫秽视频文件个数,而非存储淫秽视频的电子介质个数。通常情况下,利用网络云盘贩卖淫秽视频的入罪标准是20个淫秽视频文件,而非20个网络云盘。

最后,2017年12月1日起施行的《最高人民法院、最高人民检察院关于利用网络云盘制作、复制、贩卖、传播淫秽电子信息牟利行为定罪量刑问题的批复》(以下简称《司法解释批复》)第一条也明确规定,对于以牟利为目的,利用网络云盘制作、复制、贩卖、传播淫秽电子信息的行为,是否应当追究刑事责任,适用《刑法》和《解释(一)》《解释(二)》的有关规定。该批复明确了利用网络云盘制作、复制、贩卖、传播淫秽电子信息的犯罪应当按照《解释(一)》《解释(二)》规定的入罪标准,即贩卖内容含有不满十四周岁未成年人的淫秽电子信息的,为10个以上的淫秽视频文件,其他情况下为20个以上的淫秽视频文件。

### (二)贩卖含有淫秽电子信息的网络云盘类案件应当充分考虑案件的各种情节,综合评估社会危害性,恰当量刑

根据《解释(一)》《解释(二)》的规定,贩卖淫秽视频文件20个以上即构成犯罪,处三年以下有期徒刑、拘役或者管制,并处罚金;贩卖淫秽视频100个以上属于情节严重,处三年以上十年以下有期徒刑,并处罚金;贩卖淫秽视频500个以上属于情节特别严重,处十年以上有期徒刑或者无期徒刑,并处罚金或者没收财产。如果简单套用司法解释的规定,贩卖1个网络云盘即有可能构成情节特别严重,判处十年以上有期徒刑。但《解释(一)》《解释(二)》制定之时,利用网络云盘制作、复制、贩卖、传播淫秽电子信息的情况尚未出现。随着网络技术的发展,由于网络云盘存储量大,动辄即有几个T的容量,利用网络云盘制作、复制、贩卖、传播淫秽电子信息往往数量巨大,有的案件单个云盘存储的淫秽视频可达上万部,个别案件涉及云盘账号数万个,但通常而言,此类案件获利数额不大,传播人数不多。因而不能简单地套用《解释(一)》《解释(二)》关于贩卖淫秽电子信息数量的量刑标准处理利用网络云盘贩卖淫秽电子信息的违法犯罪行为。否则,可能出现量刑畸重现象,有违罪责刑相适应原则的要求。

《司法解释批复》的出台为此类案件的处理提供了量刑指引,批复第二条明确规定,对利用网络云盘制作、复制、贩卖、传播淫秽电子信息牟利案件,量刑时,不应单纯考虑制作、复制、贩卖、传播淫秽电子信息的数量,还应充分考虑传播范围、违法所得、行为人一贯表现以及淫秽电子信息、传播对象是否涉及未成年人等情节,综合评估社会危害性,恰当裁量刑罚,确保罪责刑相适应。如行为人具有利用网络云盘传播淫秽电子信息范围广、获利多或者有前科等严重情节的,仍可判处重刑。

本案在二审审理中,《司法解释批复》虽然尚未公布实施,但被告人梁世勋贩卖给章某某的1个网络云盘中含有906部淫秽视频,获利仅为28.8元,如果简单套用《解释(一)》《解释(二)》,仅该次犯罪行为,就应认定为“情节特别严重”,判处十年以上有期徒刑,明显罪责刑不相适应。即使以被告人全部犯罪事实来看,其贩卖时间为两个多月,贩卖的网络云盘内含有1 222部淫秽视频,传播人数20人,违法所得9 000余元,一审判处被告人有期徒

刑十年，并处罚金一万元，与其罪责明显不相适应，量刑畸重。湖州市人民检察院也认为，一审判决认定事实清楚，证据确实、充分，定罪正确，但相对于其犯罪行为及危害后果，量刑确显过重，建议二审法院考虑上诉人贩卖淫秽物品的时间、数量等具体情况，依法判决。为此，二审法院考虑《解释（一）》《解释（二）》对如何办理利用网络云盘贩卖电子信息类案件并无明确规定，采取了定罪门槛参照《解释（一）》《解释（二）》的相关规定，但在认定被告人梁世勋的犯罪行为是否属于"情节特别严重"时，并未简单套用《解释（一）》《解释（二）》规定的办法，而是综合考虑梁世勋通过网络贩卖含有淫秽电子信息的网络云盘的时间不长，传播范围不大，传播对象不涉及未成年人，其无违法犯罪前科，二审期间，家属又代为退出了全部违法所得，有认罪悔罪表现等情节，不认定为"情节特别严重"，对其改判有期徒刑四年，并处罚金一万元。

本案在审理阶段，虽然《司法解释批复》尚未公布实施，但二审法院适用法律的内在精神却与《司法解释批复》相契合，而且亦不违背《解释（一）》《解释（二）》的相关规定，其作出的改判是适当的。

**（撰稿：浙江省湖州市中级人民法院　赵　芳　陈克娥**
**审编：最高人民法院刑四庭　陆建红）**

[第 1352 号]

# 李群受贿案

## ——接受他人装修房屋长期未付款，也未有付款表示的行为能否认定为受贿行为

### 一、基本案情

被告人李群，男，1964 年 10 月 7 日出生，原系陕西省石泉县残疾人联合会理事长。2018 年 4 月 4 日被逮捕。

陕西省石泉县人民检察院以被告人李群犯受贿罪，向石泉县人民法院提起公诉。

被告人李群对指控事实和罪名无异议。其辩护人提出，韩某某给李群装修只是民事法律行为，不应用刑法评价，李群的行为不构成受贿罪。

石泉县人民法院经审理查明：被告人李群于 2007 年至 2015 年任石泉县残疾人联合会（以下简称石泉县残联）理事长。2012 年陕西省残疾人联合会下文，各市可按要求上报符合享受省级残疾人就业保障金支持集中安置残疾人就业企业补助资金项目条件的企业，石泉县残联负责审核上报本县符合该项目条件的企业。2013 年 5 月，安康美沃窗业有限责任公司（以下简称美沃公司）法定代表人韩某某得知李群自建房屋已建设完成，便提出给李群的自建房安装窗户、幕墙，口头议定价格按成本价，经李群同意后，韩某某安排李群军全面负责该项工程并拆除了原已安装好的窗户。施工过程中，韩某某找到李群要求申报县残联残疾人企业补助项目。2013 年 10 月该工程完工后，李群军向李群出示工程结算单，工程价款共计人民币 51 429.54 元，但并未明确表示要求李群立即结算。2013 年九十月，李群在明知美沃公司不符合申报条件的情况下向美沃公司提供制造虚假申报材料的方法，并利

用职权帮助美沃公司顺利申报2013年补助项目,次年美沃公司获得补助款30万元,2014年、2015年继续申报补助项目,三年共获取国家项目补助资金共计90万元。李群因帮助美沃公司顺利申报补助项目一事产生私心,工程结束后一直未予结算该笔工程款,美沃公司后也因项目申报一事受到李群的帮助未再向李群索要该工程款,且以此工程作为申报项目的好处送予李群,并于2014年年底核销了该笔工程款。在残疾人企业项目申报期间,李群于2013年、2015年分三次收受韩某某礼金共计10 000元。经石泉县价格认证中心认定,李群自建房窗户、幕墙工程价值人民币51 320元。2018年4月20日,李群向石泉县纪律检查委员会退交赃款61 000元,庭审中退交赃款320元。

石泉县人民法院认为,被告人李群利用职务上的便利,非法收受他人财物,为他人谋取利益,所收财物共计人民币61 320元,数额较大,其行为已构成受贿罪。关于辩护人的辩护意见,法院审理认为,2013年,李群的别墅(自建房屋)装修已安装窗户,经与美沃公司协商,双方议定重新装修,此时双方属房屋装修民事法律关系。施工时逢服务对象美沃公司申报争取集中安置残疾人就业企业补助资金项目,为促成实施项目申报,美沃公司及韩某某给李群送钱送物,此时被告人理应警醒,不惜对尚未使用窗户拆除而接受美沃公司的成本价装修,已有美沃公司使用装修利润行贿之嫌。美沃公司示意让李群结账无果。李群为美沃公司连续争取到两年度项目补助资金后,美沃公司决定将装修款作为李群关照的酬劳并将该款予以核销从而实现了对李群的债务免除。李群因连续三年度为美沃公司争取资金而在有能力支付装修费的情况下长达四年之久无支付该装修款的任何意思表示,具有权钱交易的本质特征。李群审核不严,为不符合要求的美沃公司获取不正当利益,致使公共财产遭受损失。鉴于被告人李群系初犯,能认罪、悔罪,如实供述犯罪事实,并在检察机关公诉前积极退赃,可对其从轻处罚。根据被告人犯罪的性质、情节,以及对社会的危害程度,依照《中华人民共和国刑法》第三百八十五条第一款,第三百八十六条,第三百八十三条第一款第(一)项、第二款、第三款,第六十四条,第六十七条第三款,《最高人民法院、最高人民检察院关于办理依法贿赂刑事案件适用法律若干问题的解释》第一条第一

款,第三款第(二)项,第十二条,第十三条第一款第(一)项、第(二)项,第十五条,第十八条,第十九条之规定,判决如下:

被告人李群犯受贿罪,判处有期徒刑七个月,并处罚金人民币十万元。

宣判后,被告人李群不服提出上诉称,其无明确的受贿、索贿意思,美沃公司无具体的行贿意思表示,原审认定其收受美沃公司51 320元贿赂款,系其与美沃公司正常的债权债务关系。其辩护人提出相同辩护意见。

陕西省安康市中级人民法院经审理后认为,被告人李群身为国家工作人员,利用职务上的便利,非法收受他人财物,为他人谋取利益,且收受财物价值61 320元,数额较大,其行为已构成受贿罪。原判认定的事实清楚,证据确实、充分,定罪准确,量刑适当。审判程序合法。依照《中华人民共和国刑事诉讼法》第二百三十六条第一款第(一)项之规定,裁定如下:

驳回上诉,维持原判。

## 二、主要问题

(一)被告人李群接受美沃公司价值51 320元的房屋装修的行为是否属于受贿行为?

(二)本案的行贿主体是公司还是个人?

(三)被告人一审认罪获得轻判,二审又翻供的,如何处理?

## 三、裁判理由

### (一)被告人李群接受美沃公司价值51 320元的房屋装修的行为属于受贿行为

本案中,被告人李群对接受美沃公司价值51 320元的房屋装修的事实并无异议,但认为该装修款属于未偿还的民事欠款,而不属于受贿金额。分析认为,李群于案发时任石泉县残联理事长,对于县内残疾人就业补助项目的申请具有管理审核职权,而美沃公司是申报残疾人就业补助项目的企业,在这种关系之下,李群作为国家工作人员,在接受美沃公司装修后,本应及时结清价款,根据其在2012年至2018年的银行存取款情况证明,其具有该笔费用的还款能力,但李群在长达四年多的时间内,既未结清装修价款,也未有任何还款的意思表示，而且在明知美沃公司不符合条件的情况下，连续三年为美沃公司争取残疾人就业补助资金，美沃公司在争取到该补助资金后，将该笔账务予以核销。也就是说，虽然李群没有直接向美沃公司索取贿赂，也没有直接收取美沃公司的财物，美沃公司也没有明确告知其免除李群的装修款，但是，从李群的偿还能力、拖欠装修款的时间，美沃公司财务上予以核销该笔装修款以及美沃公司委托李群办理残疾人补助金，李群利用职务之便违规为美沃公司办理残疾人补助金等事实，可以推定出美沃公司已经将装修款作为李群为美沃公司办理残疾人补助金项目的回报这一事实。在一审庭审中，李群对这一推定事实也是认可的。

根据《最高人民法院、最高人民检察院关于办理贪污贿赂刑事案件适用法律若干问题的解释》第十二条之规定："贿赂犯罪中的'财物'，包括货币、物品和财产性利益。财产性利益包括可以折算为货币的物质利益如房屋装修、债务免除等，以及需要支付货币的其他利益如会员服务、旅游等。后者的犯罪数额，以实际支付或者应当支付的数额计算。"因此，被告人李群接受他人房屋装修的财产性利益，原判以其应当支付的数额计算其受贿金额并无不当。

综上，被告人李群接受了美沃公司的财产性利益，并利用其职务之便，为美沃公司谋取了非法利益，即为美沃公司违法办理残疾人补助金等，李群与美沃公司之间实际上存在权钱交易的关系，李群的行为构成受贿罪。

（二）本案的行贿主体是公司

关于本案行贿主体是个人，还是公司的问题，我们认为，本案行贿主体应该是美沃公司而非法定代表人个人。理由如下：（1）韩某某作为美沃公司的法定代表人，其对被告人李群作出的意思表示具有代表公司意志的效力。（2）李群为之谋取不正当利益的对象是美沃公司。（3）装修工程的实施主体是美沃公司，且在装修工程完工后四年中，美沃公司并未向李群索要欠款，反而将李群的工程款以给付门窗材料款、主营业务成本予以核销。当然，至于美沃公司通过什么样的方式核销该笔账款，以及公司如何处理该笔账款，是美沃公司的内部事务，并不影响李群受贿事实的成立。

(三)被告人一审认罪获得轻判,二审翻供的,应当根据案件事实、证据依法处理

被告人李群在一审期间对自己的犯罪事实供认不讳并获得轻判,但其在二审期间,对自己作无罪辩护,主张自己只是因为经济困难没有及时结清欠款,而不是不想给,其家属在案件侦办过程中交付的51 320元不是退赃,而是履行公民义务,交付涉案财物。我们认为,李群在侦查阶段、审查起诉阶段和一审庭审时对其利用职务之便非法收受他人贿赂为他人谋取利益的事实均有供述,多次供述稳定,且与其亲笔写给妻子的书信及其亲笔书写的《对我犯错误的认识》及其他证人证言相一致,并经一审庭审质证,证据之间能够相互印证。虽然其在二审中对部分事实翻供,否认其接受装修款的受贿事实和受贿数额,但不能合理说明其翻供原因,也不能提供证据证实,原审采纳的证据来源、形式均合法有效,且原审正是基于被告人退赃、认罪的事实,对其予以从轻判处,故对其二审翻供理由不予采信。同时,虽然一审作出判决时,将李群的认罪、悔罪态度作为酌定量刑情节予以考虑,二审阶段李群予以翻供,表明其认罪、悔罪情况有了变化,但依据上诉不加刑原则,二审法院不能以李群认罪悔罪情况有变化为由,加重对李群的刑罚。

综上,被告人李群身为国家工作人员,利用职务上的便利,非法收受他人现金10 000元,并接受与其有行政管理关系的公司为其装修房屋,装修价值为51 320元,事后其有能力付款但在四年多时间内未付款,也未有付款表示的行为构成受贿罪,其受贿金额应当以其收受的现金加上其应当支付的装修款数额计算。一审、二审法院认定李群构成受贿罪,受贿金额为人民币61 320元,并作出相应的裁判是适当的。

(撰稿:陕西省安康市中级人民法院　张　晔
审编:最高人民法院刑四庭　陆建红)

[第 1353 号]

# 王琦筠等国家机关工作人员签订、履行合同失职被骗案

——国家机关工作人员虽未在合同上签字署名，但在负责签订、履行合同的调查、核实、商谈等工作过程中，严重不负责任被骗的，如何定性

## 一、基本案情

被告人王琦筠，男，1975 年 7 月 5 日出生，原系宜兴市新庄街道规划办主任。2015 年 2 月 13 日被逮捕，2016 年 5 月 4 日被取保候审。

被告人闵卫庚，男，1975 年 5 月 16 日出生，原系宜兴市新庄街道办事处聘用人员。2015 年 1 月 31 日被取保候审。

被告单位无锡金刚电梯科技有限公司(以下简称金刚公司)。

诉讼代表人张秋红。

被告人薛洪刚，男，1969 年 7 月 9 日出生，系金刚公司总经理。2017 年 4 月 11 日被逮捕。

被告人徐井新，男，1970 年 4 月 12 日出生，系金刚公司职工。2015 年 2 月 9 日被取保候审。

江苏省宜兴市人民检察院指控被告人王琦筠犯玩忽职守罪、受贿罪，被告人闵卫庚犯玩忽职守罪，被告单位金刚公司犯合同诈骗罪、被告人薛洪刚、徐井新犯合同诈骗罪、伪造国家机关印章罪，向江苏省宜兴市人民法院提起公诉。

被告人王琦筠的辩护人提出：王琦筠的行为不构成玩忽职守罪，新庄街道的经济损失与金刚公司的诈骗行为有关，与王琦筠的失职行为不存在刑

法上的因果关系。

被告单位金刚公司、被告人闵卫庚、薛洪刚、徐井新及其辩护人分别就各自行为的定性及量刑情节作了相应辩护(略)。

江苏省宜兴市人民法院经公开审理查明:

(一)国家机关工作人员签订、履行合同失职被骗、合同诈骗、伪造国家机关印章部分

2010年5月,宜兴市新庄街道办事处成立景湖人家安置小区筹建小组,并在会议上口头任命时任新庄街道城市建设管理办公室副主任的被告人王琦筠为筹建小组负责人,聘用被告人闵卫庚等技术人员为筹建小组成员,全面负责安置小区的现场管理、矛盾协调等工作。2010年9月,新庄街道准备采购景湖人家等安置小区高层住宅楼房电梯,王琦筠安排闵卫庚统计电梯停靠层数等数据。闵卫庚在统计过程中,没有核对建筑施工图,将景湖人家高层实际为二层地下室统计成一层地下室,并据此草拟了采购电梯的申请交给王琦筠审核。王琦筠亦没有核对建筑施工图,就按照闵卫庚拟定的采购电梯申请上报宜兴市财政局,后据此进行了电梯采购招标。2011年4月,景湖人家等安置小区的上述电梯采购经公开招标,由金刚公司和无锡市崇芝电梯有限公司联合体中标。同年6月,新庄街道办事处和金刚公司签订了电梯供需合同。同年年底,金刚公司与东芝电梯(中国)有限公司(以下简称东芝公司)签订电梯销售合同。

2012年10月,金刚公司派员至现场进行电梯安装准备工作时发现景湖人家小区高层住宅有二层地下室,合同上电梯少算一层。金刚公司法定代表人被告人薛洪刚立即通知新庄街道。经重新统计,共有59台电梯需要变更层数。后金刚公司对新庄街道隐瞒东芝公司仅有一台电梯安排生产、其余均未投产的事实,谎称电梯均已生产,需要对电梯进行改装,改装费用共需要人民币500余万元。新庄街道委派被告人王琦筠、闵卫庚参与和金刚公司就电梯改装费补偿问题的前期商谈工作。后薛洪刚提供了伪造的东芝公司电梯改造报价清单和金刚公司支付改装费300万元的银行电子交易回执,并安排所谓的东芝公司工作人员至工地现场与王琦筠见面证实改装费用等情况。王琦筠在未认真审核的情况下,将上述情况向新庄街道作了汇报,新

庄街道遂安排其测算电梯改装费用,王琦筠又安排闵卫庚根据招投标文件以及江苏省人工工资调整的相关规定测算改装费用。王琦筠、闵卫庚在未实际至电梯生产商东芝公司处实地核实的情况下,测算出改装费用约为271万余元,此外增加井道照明费24万元。王琦筠将上述数据向新庄街道汇报后,新庄街道于2013年6月与金刚公司签订了补充合同,约定新庄街道再支付金刚公司59台电梯增层费、人工工资和井道照明费合计人民币295.568 1万元。后薛洪刚安排徐井新持补充合同分别至宜兴市招投标中心、宜兴市政府采购管理办公室盖章确认,在上述两部门不同意加盖公章的情况下,薛洪刚、徐井新指使他人,采用电脑扫描、复制技术,将伪造的上述两部门印章加盖在补充合同上。2013年12月初,薛洪刚借用其他公司资质进行电梯安装,为了向宜兴市质量技术监督局申请报备,安排被告人徐井新指使他人采用上述相同手段,伪造宜兴市新庄街道办事处印章加盖在电梯安装合同上。

2013年年底,金刚公司实际共安装电梯36台(均涉及变更层数),后双方同意解除电梯供需合同。2014年6月,以上述补充合同为依据,新庄街道与金刚公司就已安装的36台电梯签订了新的补充合同,约定新庄街道支付金刚公司36台电梯的增层费、安装费和井道照明费等共计人民币1 520 964元(以下币种均为人民币,其中井道照明费为115 200元)。至案发,新庄街道应支付金刚公司共计7 674 824元,已支付7 290 836元,尚有383 988元未支付。另查明,东芝公司已安排生产的一台19层电梯所产生的已排产损费为17 000元。经鉴定,已安装的36台电梯增加一层的市场价格为269 784元。据此,金刚公司实际骗得新庄街道总计734 992元。

(二)受贿部分

被告人王琦筠于2011年春节前至2015年5月,先后利用担任宜兴市新庄街道城市建设管理办公室副主任、规划办主任、景湖人家安置小区筹建小组负责人的职务便利,收受他人贿赂,钱物折合人民币104 000元。

江苏省宜兴市人民法院认为,被告人王琦筠身为国家机关工作人员,被告人闵卫庚系受聘在国家机关中从事公务的人员,在签订、履行合同过程中,工作严重不负责任,未认真审核合同事实情况,导致上当受骗,致使国家利益遭受重大损失,其行为均已构成国家机关工作人员签订、履行合同失职被骗罪；王琦筠还利用职务之便，为他人谋取利益，非法收受他人财物，其行为已构成受贿罪，应予数罪并罚。被告单位金刚公司以非法占有为目的，在签订、履行合同过程中，采用隐瞒真相、虚构事实等手段，骗取新庄街道财物，数额巨大，被告人薛洪刚作为金刚公司直接负责的主管人员，其行为均已构成合同诈骗罪。被告人薛洪刚、徐井新共同伪造国家机关印章，二被告人的行为均已构成伪造国家机关印章罪。王琦筠、徐井新系自首，闵卫庚、薛洪刚系坦白。据此，依照《中华人民共和国刑法》第四百零六条，第三百八十五条第一款，第三百八十三条第一款第（一）项、第二款，第二百八十条第一款，第二百二十四条第（五）项，第二百三十一条，第六十九条，第三十七条，第二十五条第一款，第六十七条第一款、第三款，第七十二条第一款、第三款，第六十四条的规定，判决如下：

1. 以国家机关工作人员签订、履行合同失职被骗罪判处被告人王琦筠有期徒刑八个月，以受贿罪判处被告人王琦筠有期徒刑十个月，并处罚金人民币十万元，决定执行有期徒刑一年三个月零六日，并处罚金人民币十万元；以国家机关工作人员签订、履行合同失职被骗罪对被告人闵卫庚免予刑事处罚；以合同诈骗罪判处被告单位无锡金刚电梯科技有限公司罚金人民币二十万元；以合同诈骗罪判处被告人薛洪刚有期徒刑五年，并处罚金人民币十万元，以伪造国家机关印章罪判处被告人薛洪刚拘役五个月，决定执行有期徒刑五年，并处罚金人民币十万元；以伪造国家机关印章罪判处被告人徐井新有期徒刑八个月，缓刑一年。

2. 尚未退还的人民币 734 992 元，责令无锡金刚电梯科技有限公司退赔后发还被害单位。

3. 扣押在宜兴市人民检察院的人民币 87 000 元予以没收，上缴国库。

一审宣判后，被告人王琦筠、薛洪刚和被告单位金刚公司不服，提出上诉。

被告人王琦筠及辩护人提出：王琦筠未在补充合同上签字，对补充合同没有决定权，不构成国家机关工作人员签订、履行合同失职被骗罪。

被告人薛洪刚和被告单位金刚公司就定性及量刑情节提出相关上诉意见（略）。

江苏省无锡市中级人民法院经审理认为,原审判决认定上诉人王琦筠犯国家机关工作人员签订、履行合同失职被骗罪,上诉人薛洪刚犯合同诈骗罪、伪造国家机关印章罪,上诉单位金刚公司犯合同诈骗罪,原审被告人闵卫庚犯国家机关工作人员签订、履行合同失职被骗罪,原审被告人徐井新犯伪造国家机关印章罪的定罪和量刑事实清楚,证据确实、充分,适用法律正确,量刑适当,诉讼程序合法,应予维持。于2017年11月7日依法裁定:驳回上诉,维持原判。

## 二、主要问题

(一)玩忽职守类犯罪法条竞合时如何选择?

(二)国家机关工作人员虽未在合同上签字署名,但在负责签订、履行合同的调查、核实、商谈等工作过程中,严重不负责任被骗的,构成何罪?

## 三、裁判理由

本案争议的焦点在于被告人王琦筠、闵卫庚在电梯统计、安装过程中严重不负责任的行为定性。公诉机关指控二人构成玩忽职守罪,法院在审理过程中对此形成了三种不同意见:

第一种意见同意公诉机关的意见,认为被告人王琦筠等统计、审核电梯停靠层数时不负责任,玩忽职守,使得金刚公司有机可乘进行诈骗,最终导致了新庄街道的损失,应构成玩忽职守罪。

第二种意见认为,被告人王琦筠、闵卫庚无罪。理由是:王琦筠等在统计电梯停靠层数时虽存在失职行为,但新庄街道最终的损失系因金刚公司的诈骗行为导致,且王琦筠等后期在与金刚公司就电梯改装费用谈判时已履行审查义务,亦未在合同书上签字,二人的失职行为与损失之间不存在刑法上的因果关系。

第三种意见认为,被告人王琦筠、闵卫庚构成国家机关工作人员签订、履行合同失职被骗罪。理由是:王琦筠等受新庄街道委派统计电梯停靠层数时不正确履行职责,误报电梯停靠层数,致使新庄街道依据该错误的事实进行招投标,并与金刚公司签订电梯供需合同。且被告人在后续与金刚公司商谈签订关于电梯改装费用的补充合同过程中，又未对金刚公司单方面提供的材料进行审核，其严重不负责任致使新庄街道被诈骗73万余元，二人的失职行为与金刚公司的诈骗行为共同导致国家利益遭受重大损失。

我们同意第三种意见，认为本案中被告人王琦筠、闵卫庚的行为构成国家机关工作人员签订、履行合同失职被骗罪。理由如下：

（一）玩忽职守类犯罪罪名竞合时，应遵循特别法优于普通法的原则

玩忽职守罪，是指国家机关工作人员玩忽职守，致使公共财产、国家和人民利益遭受重大损失的行为。该罪客观上要求行为人不履行或者不正确履行工作职责，导致公共利益遭受重大损失。我国《刑法》第三百九十七条第一款对此罪名作了概括性规定。同时，该条表述“本法另有规定的，依照规定”，即玩忽职守罪为一般性的普通罪名，对具有玩忽职守情形另有特别规定构成其他罪的，应当按照特别罪名处理。最高人民法院、最高人民检察院2012年公布的《关于办理渎职刑事案件适用法律若干问题的解释（一）》第二条中对此进一步明确：“国家机关工作人员实施滥用职权或者玩忽职守犯罪行为，触犯刑法分则第九章第三百九十八条至第四百一十九条规定的，依照该规定定罪处罚。”《刑法》分则中另外规定的玩忽职守犯罪，包括第四百条第二款失职致使在押人员脱逃罪、第四百零六条国家机关工作人员签订、履行合同失职被骗罪、第四百零八条环境监管失职罪、第四百零九条传染病防治失职罪等，这些罪名均属于特别规定。

国家机关工作人员签订、履行合同失职被骗罪，是指国家机关工作人员在签订、履行合同过程中，因严重不负责任被诈骗，致使国家利益遭受重大损失的行为。该罪名也属于玩忽职守类犯罪的特别规定，客观方面需同时具备行为人在签订、履行合同中严重不负责任的失职行为、合同对方的诈骗行为以及由于失职和诈骗双重行为导致的严重损害后果。区分国家机关工作人员签订、履行合同失职被骗罪与玩忽职守罪的关键点在于：（1）前者的失职行为必须发生在合同的签订、履行过程中；后者的失职行为可以发生在国家机关工作人员履行工作职责的任何过程中，并无具体行为时空范围的限制。（2）前者损害后果的发生系行为人的失职行为和合同对方的诈骗行为共同导致的。失职行为与诈骗行为的关系既可能是因行为人的失职行为

使合同对方有机可乘、起意诈骗;也可能是行为人审查不严,未恪尽职守,轻信对方谎言而被骗;或者在被骗后未积极采取补救措施导致利益受损。且该罪名所要求的诈骗行为必须以构成犯罪为充足条件,而非一般的民事欺诈行为。而玩忽职守罪仅要求行为人的失职行为与损害后果存在刑法上的因果关系,即行为人的失职行为直接导致危害后果,不需要结合第三人的行为加以认定。

综上,本案被告人的行为既符合玩忽职守罪的犯罪构成要件,同时又符合《刑法》第四百零六条的特别规定,应当遵循特别法优于普通法的基本原则,依照法律及司法解释的规定,以国家机关工作人员签订、履行合同失职被骗罪定罪处罚。

(二)国家机关工作人员虽未在合同上签字署名,但接受委派,在负责签订、履行合同的调查、核实、商谈等工作过程中,严重不负责任被骗的,依法构成国家机关工作人员签订、履行合同失职被骗罪

在市场经济下,合同是市场主体之间发生经济关系,进行生产、经营等活动的主要媒介,也是记载双方当事人权利、义务的有效凭证。合同的签订一般包括三个阶段:一是前期酝酿阶段,双方就合同约定的主要内容、权利义务等细节进行协商、谈判,进行必要的调查,达成意向性的协议;二是起草文本阶段,双方就洽谈内容形成书面文本并就文本内容进行修改、完善;三是签字盖章阶段,即双方在达成一致的文本上签字确认。合同的履行即合同双方对合同规定义务执行的过程,通常包括执行合同义务的准备、具体合同义务的执行以及义务执行的善后等。故合同的签订、履行系有多个环节共同组成的动态运行过程,在合同文本上签字署名仅是其中完成形式要件的阶段,而为签订合同所做的准备工作包括调查、协商、谈判等相关工作均属于合同签订、履行的重要环节。因此,判定是否属于签订、履行合同的行为不以是否在合同文本上签字署名为标准,而应当判断具体行为是否属于合同形成的必要阶段。

如上所述,国家机关工作人员签订、履行合同失职被骗罪的时空条件要求行为人的失职行为必须发生在签订、履行合同的过程中。当国家机关作为合同相对方时,一般安排具体的责任人员负责合同签订、履行中的相关工

作。作为国家机关利益的代表，相关责任人员在此过程中应当尽到足够谨慎的注意义务，严格审查合同签订之真伪，如认真调查了解对方的资信、经营状况，认真审查对方提供的有关证件、证明，认真检查对方的实际履约能力、供货的质量、来源，等等。这些工作都属于为签订、履行合同所作必要之准备，对合同签订、履约内容起到决定性作用。

具体到本案中，被告人王琦筠为景湖人家安置小区筹建小组负责人，被告人闵卫庚为筹建小组成员，全面负责安置小区的现场管理、矛盾协调等工作。二人行为具体可以分为两个阶段：

第一阶段，2010 年 9 月至 2011 年 6 月，王琦筠等二人在负责安置小区高层住宅楼房电梯采购过程中，统计、审核电梯停靠层数，因马虎草率，未与建筑施工图进行核对，将实际为二层地下室统计成一层地下室，并将据此拟定的采购电梯申请上报给宜兴市财政局进行电梯采购的招投标。后根据该错误的数据，新庄街道与金刚公司签订了第一份电梯供需合同。

第二阶段，2012 年 10 月至案发时，金刚公司进行电梯安装准备工作时，发现电梯层数错误并通知新庄街道，同时虚构事实、隐瞒真相，发函给电梯生产商东芝公司，明确已经排产的一台电梯暂停发货，改造增层后再发货并与东芝公司签订销售变更协议后，仍向新庄街道谎称全部电梯已经生产，均需要支付增层改装费共计 500 余万元。新庄街道继续委派被告人王琦筠等二人负责电梯改装费补偿的商谈工作。在商谈中，金刚公司提供了伪造的东芝公司电梯改造报价清单及支付改装费 300 万元的银行电子交易回执，并安排所谓的东芝公司工作人员到场见证，王琦筠等本应对电梯改装费用、工作人员身份情况与电梯生产商东芝公司进一步核实，且在客观条件允许的情况下，对金刚公司提供的所谓清单、回执、人员等真实性未加核实，轻信其一面之词，即向新庄街道作了汇报，测算出改装费用，2013 年 6 月新庄街道以王琦筠、闵卫庚商谈、测算的数据为准与金刚公司签订了补充合同，并最终被骗 73 万余元。

本案中的最终损害后果为新庄街道损失 73 万余元，而造成该损害结果的原因包括：(1)被告人王琦筠等第一次在电梯申报过程中因工作不负责任导致电梯层数统计失误；(2)因王琦筠等统计错误使得金刚公司有机可乘，并趁机诈骗;(3)王琦筠等人在与金刚公司商谈电梯改装费用时未认真审核,新庄街道基于王琦筠等的汇报情况签订补充合同,并最终被骗。国家财产的重大损失系由王琦筠等人的玩忽职守行为与金刚公司的诈骗行为共同导致的,且金刚公司的诈骗行为应被追究刑事责任。王琦筠等人在为签订第一份电梯供需合同做基础测算、统计数据过程中未尽到应尽职责,在履行合同过程中并为签订第二份电梯增层改造的补充合同做协商、洽谈、审核工作时严重不负责任,其虽未代表新庄街道在最终合同文本上签字署名,但不能否认其工作内容对最终订立的合同起决定性作用,失职行为发生在合同的签订、履行过程中,应当构成国家机关工作人员签订、履行合同失职被骗罪。

综上,一审、二审法院依据特别法优于一般法的原则,根据《刑法》及相关司法解释的规定,对被告人王琦筠、闵卫庚以国家机关工作人员签订、履行合同失职被骗罪定罪处罚,是正确的。

(撰稿:江苏省无锡市中级人民法院　杨温蕊　袁红玲
审编:最高人民法院刑二庭　韩维中)

## 最高人民法院
## 最高人民检察院
## 公　告

《最高人民法院、最高人民检察院关于办理非法利用信息网络、帮助信息网络犯罪活动等刑事案件适用法律若干问题的解释》已于2019年6月3日由最高人民法院审判委员会第1771次会议、2019年9月4日由最高人民检察院第十三届检察委员会第二十三次会议通过，现予公布，自2019年11月1日起施行。

最高人民法院
最高人民检察院
2019年10月21日

## 最高人民法院　最高人民检察院
# 关于办理非法利用信息网络、帮助信息网络犯罪活动等刑事案件适用法律若干问题的解释

（法释〔2019〕15号）

为依法惩治拒不履行信息网络安全管理义务、非法利用信息网络、帮助信息网络犯罪活动等犯罪，维护正常网络秩序，根据《中华人民共和国刑法》

《中华人民共和国刑事诉讼法》的规定,现就办理此类刑事案件适用法律的若干问题解释如下:

**第一条** 提供下列服务的单位和个人,应当认定为刑法第二百八十六条之一第一款规定的“网络服务提供者”:

(一)网络接入、域名注册解析等信息网络接入、计算、存储、传输服务;

(二)信息发布、搜索引擎、即时通讯、网络支付、网络预约、网络购物、网络游戏、网络直播、网站建设、安全防护、广告推广、应用商店等信息网络应用服务;

(三)利用信息网络提供的电子政务、通信、能源、交通、水利、金融、教育、医疗等公共服务。

**第二条** 刑法第二百八十六条之一第一款规定的“监管部门责令采取改正措施”,是指网信、电信、公安等依照法律、行政法规的规定承担信息网络安全监管职责的部门,以责令整改通知书或者其他文书形式,责令网络服务提供者采取改正措施。

认定“经监管部门责令采取改正措施而拒不改正”,应当综合考虑监管部门责令改正是否具有法律、行政法规依据,改正措施及期限要求是否明确、合理,网络服务提供者是否具有按照要求采取改正措施的能力等因素进行判断。

**第三条** 拒不履行信息网络安全管理义务,具有下列情形之一的,应当认定为刑法第二百八十六条之一第一款第一项规定的“致使违法信息大量传播”:

(一)致使传播违法视频文件二百个以上的;

(二)致使传播违法视频文件以外的其他违法信息二千个以上的;

(三)致使传播违法信息,数量虽未达到第一项、第二项规定标准,但是按相应比例折算合计达到有关数量标准的;

(四)致使向二千个以上用户账号传播违法信息的;

(五)致使利用群组成员账号数累计三千以上的通讯群组或者关注人员账号数累计三万以上的社交网络传播违法信息的;

(六)致使违法信息实际被点击数达到五万以上的;

（七）其他致使违法信息大量传播的情形。

**第四条**　拒不履行信息网络安全管理义务，致使用户信息泄露，具有下列情形之一的，应当认定为刑法第二百八十六条之一第一款第二项规定的“造成严重后果”：

（一）致使泄露行踪轨迹信息、通信内容、征信信息、财产信息五百条以上的；

（二）致使泄露住宿信息、通信记录、健康生理信息、交易信息等其他可能影响人身、财产安全的用户信息五千条以上的；

（三）致使泄露第一项、第二项规定以外的用户信息五万条以上的；

（四）数量虽未达到第一项至第三项规定标准，但是按相应比例折算合计达到有关数量标准的；

（五）造成他人死亡、重伤、精神失常或者被绑架等严重后果的；

（六）造成重大经济损失的；

（七）严重扰乱社会秩序的；

（八）造成其他严重后果的。

**第五条**　拒不履行信息网络安全管理义务，致使影响定罪量刑的刑事案件证据灭失，具有下列情形之一的，应当认定为刑法第二百八十六条之一第一款第三项规定的“情节严重”：

（一）造成危害国家安全犯罪、恐怖活动犯罪、黑社会性质组织犯罪、贪污贿赂犯罪案件的证据灭失的；

（二）造成可能判处五年有期徒刑以上刑罚犯罪案件的证据灭失的；

（三）多次造成刑事案件证据灭失的；

（四）致使刑事诉讼程序受到严重影响的；

（五）其他情节严重的情形。

**第六条**　拒不履行信息网络安全管理义务，具有下列情形之一的，应当认定为刑法第二百八十六条之一第一款第四项规定的“有其他严重情节”：

（一）对绝大多数用户日志未留存或者未落实真实身份信息认证义务的；

（二）二年内经多次责令改正拒不改正的；

（三）致使信息网络服务被主要用于违法犯罪的；

（四）致使信息网络服务、网络设施被用于实施网络攻击，严重影响生产、生活的；

（五）致使信息网络服务被用于实施危害国家安全犯罪、恐怖活动犯罪、黑社会性质组织犯罪、贪污贿赂犯罪或者其他重大犯罪的；

（六）致使国家机关或者通信、能源、交通、水利、金融、教育、医疗等领域提供公共服务的信息网络受到破坏，严重影响生产、生活的；

（七）其他严重违反信息网络安全管理义务的情形。

**第七条** 刑法第二百八十七条之一规定的“违法犯罪”，包括犯罪行为和属于刑法分则规定的行为类型但尚未构成犯罪的违法行为。

**第八条** 以实施违法犯罪活动为目的而设立或者设立后主要用于实施违法犯罪活动的网站、通讯群组，应当认定为刑法第二百八十七条之一第一款第一项规定的“用于实施诈骗、传授犯罪方法、制作或者销售违禁物品、管制物品等违法犯罪活动的网站、通讯群组”。

**第九条** 利用信息网络提供信息的链接、截屏、二维码、访问账号密码及其他指引访问服务的，应当认定为刑法第二百八十七条之一第一款第二项、第三项规定的“发布信息”。

**第十条** 非法利用信息网络，具有下列情形之一的，应当认定为刑法第二百八十七条之一第一款规定的“情节严重”：

（一）假冒国家机关、金融机构名义，设立用于实施违法犯罪活动的网站的；

（二）设立用于实施违法犯罪活动的网站，数量达到三个以上或者注册账号数累计达到二千以上的；

（三）设立用于实施违法犯罪活动的通讯群组，数量达到五个以上或者群组成员账号数累计达到一千以上的；

（四）发布有关违法犯罪的信息或者为实施违法犯罪活动发布信息，具有下列情形之一的：

1. 在网站上发布有关信息一百条以上的；

2. 向二千个以上用户账号发送有关信息的；

3.向群组成员数累计达到三千以上的通讯群组发送有关信息的；

4.利用关注人员账号数累计达到三万以上的社交网络传播有关信息的；

（五）违法所得一万元以上的；

（六）二年内曾因非法利用信息网络、帮助信息网络犯罪活动、危害计算机信息系统安全受过行政处罚，又非法利用信息网络的；

（七）其他情节严重的情形。

**第十一条** 为他人实施犯罪提供技术支持或者帮助，具有下列情形之一的，可以认定行为人明知他人利用信息网络实施犯罪，但是有相反证据的除外：

（一）经监管部门告知后仍然实施有关行为的；

（二）接到举报后不履行法定管理职责的；

（三）交易价格或者方式明显异常的；

（四）提供专门用于违法犯罪的程序、工具或者其他技术支持、帮助的；

（五）频繁采用隐蔽上网、加密通信、销毁数据等措施或者使用虚假身份，逃避监管或者规避调查的；

（六）为他人逃避监管或者规避调查提供技术支持、帮助的；

（七）其他足以认定行为人明知的情形。

**第十二条** 明知他人利用信息网络实施犯罪，为其犯罪提供帮助，具有下列情形之一的，应当认定为刑法第二百八十七条之二第一款规定的“情节严重”：

（一）为三个以上对象提供帮助的；

（二）支付结算金额二十万元以上的；

（三）以投放广告等方式提供资金五万元以上的；

（四）违法所得一万元以上的；

（五）二年内曾因非法利用信息网络、帮助信息网络犯罪活动、危害计算机信息系统安全受过行政处罚，又帮助信息网络犯罪活动的；

（六）被帮助对象实施的犯罪造成严重后果的；

（七）其他情节严重的情形。

实施前款规定的行为，确因客观条件限制无法查证被帮助对象是否达到犯罪的程度，但相关数额总计达到前款第二项至第四项规定标准五倍以上，或者造成特别严重后果的，应当以帮助信息网络犯罪活动罪追究行为人的刑事责任。

**第十三条** 被帮助对象实施的犯罪行为可以确认，但尚未到案、尚未依法裁判或者因未达到刑事责任年龄等原因依法未予追究刑事责任的，不影响帮助信息网络犯罪活动罪的认定。

**第十四条** 单位实施本解释规定的犯罪的，依照本解释规定的相应自然人犯罪的定罪量刑标准，对直接负责的主管人员和其他直接责任人员定罪处罚，并对单位判处罚金。

**第十五条** 综合考虑社会危害程度、认罪悔罪态度等情节，认为犯罪情节轻微的，可以不起诉或者免予刑事处罚；情节显著轻微危害不大的，不以犯罪论处。

**第十六条** 多次拒不履行信息网络安全管理义务、非法利用信息网络、帮助信息网络犯罪活动构成犯罪，依法应当追诉的，或者二年内多次实施前述行为未经处理的，数量或者数额累计计算。

**第十七条** 对于实施本解释规定的犯罪被判处刑罚的，可以根据犯罪情况和预防再犯罪的需要，依法宣告职业禁止；被判处管制、宣告缓刑的，可以根据犯罪情况，依法宣告禁止令。

**第十八条** 对于实施本解释规定的犯罪的，应当综合考虑犯罪的危害程度、违法所得数额以及被告人的前科情况、认罪悔罪态度等，依法判处罚金。

**第十九条** 本解释自2019年11月1日起施行。

# 《关于办理非法利用信息网络、帮助信息网络犯罪活动等刑事案件适用法律若干问题的解释》的理解与适用

周加海　喻海松

日前,最高人民法院、最高人民检察院联合发布《关于办理非法利用信息网络、帮助信息网络犯罪活动等刑事案件适用法律若干问题的解释》(法释〔2019〕15 号,以下简称《解释》),自 2019 年 11 月 1 日起施行。为便于司法实践中正确理解与适用,现就《解释》的制定背景、起草中的主要考虑和主要内容介绍如下。

## 一、《解释》的制定背景与经过

近年来,网络犯罪呈上升趋势,各种传统犯罪日益向互联网迁移,网络犯罪呈高发多发态势,严重危害国家安全、社会秩序和人民群众合法权益。为进一步严惩网络犯罪,维护正常网络秩序,2015 年 11 月 1 日起施行的《刑法修正案(九)》增设了《刑法》第二百八十六条之一和第二百八十七条之一、之二,规定了拒不履行信息网络安全管理义务罪,非法利用信息网络罪和帮助信息网络犯罪活动罪。《刑法修正案(九)》施行以来,各级公检法机关依据修改后的《刑法》规定,严肃惩处相关网络犯罪。截至 2019 年 9 月,全国法院共审理相关网络犯罪案件 260 件,判决 473 人。其中,非法利用信息网络刑事案件 159 件、223 人,帮助信息网络犯罪活动刑事案件 98 件、247 人。

依法严惩网络犯罪,切实维护网络安全,对于维护国家安全、社会秩序和人民群众合法权益,发挥了重要作用。但是,在查办案件过程中,有意见反映,《刑法修正案(九)》新增相关网络犯罪的定罪量刑标准较为原则,不易

把握;另有一些法律适用问题存在认识分歧,影响了案件办理。鉴于此,为保障法律正确、统一适用,依法严厉惩治、有效防范网络犯罪,最高人民法院会同最高人民检察院,在公安部等部门的大力支持下,经深入调查研究、广泛征求意见、反复论证完善,起草了《解释》。2019年6月3日最高人民法院审判委员会第1771次会议、2019年9月4日最高人民检察院第十三届检察委员会第二十三次会议审议通过了《解释》。

## 二、《解释》起草中的主要考虑

为确保《解释》的内容科学合理,能够适应形势发展、满足实践需要,在起草过程中,着重注意把握了以下几点:

第一,贯彻《刑法》修改精神,依法严惩网络犯罪。网络犯罪不仅严重侵害公民的人身安全和财产安全,而且严重影响社会秩序甚至国家安全,依法有效惩治网络犯罪已经成为当前及未来一段时期的重要任务。基于当前网络犯罪的态势,根据修法精神,《解释》相关条文彰显了对网络犯罪的严惩立场:设置较低的入罪门槛,以适当减小取证工作难度,对网络犯罪"打早打小";规制为网络犯罪提供技术支持和其他帮助的行为,对网络犯罪"全链条"惩治;在自由刑的基础上进一步加大职业禁止、禁止令和财产刑的适用力度,防止相关犯罪分子"重操旧业"。

第二,坚持问题导向,有效解决司法实务问题。从调研情况来看,拒不履行信息网络安全管理义务罪、非法利用信息网络罪、帮助信息网络犯罪活动罪的定罪量刑标准尚不明确,"网络服务提供者"的范围、"经政府有关部门责令采取改正措施而拒不改正"的认定、非法利用信息网络罪中"违法犯罪"与帮助信息网络犯罪活动罪中"犯罪"的把握等法律适用问题存在较大争议,亟须通过司法解释加以明确。《解释》相关条文根据司法实践具体情况,全面解决办案实际中的难题,切实提升打击实效。

第三,坚持安全与发展并重,兼顾网络安全和网络服务业发展的需要。网络服务提供者依法切实履行信息网络安全管理义务,是维护网络安全的前提和基础。《解释》明确了拒不履行信息网络安全管理义务罪的入罪标准,以充分发挥《刑法》的威慑和教育功能,促进网络服务提供者认真履行防止违法信息传播、保护用户信息安全、留存刑事案件证据等义务，切实维护网络安全。同时，《解释》坚持实事求是和刑法谦抑原则，以确保相关刑事责任的追究依法、妥当、合理，确保网络服务业的健康、有序发展。

## 三、《解释》的主要内容

《解释》依照《刑法》《刑事诉讼法》的规定，对拒不履行信息网络安全管理义务罪、非法利用信息网络罪、帮助信息网络犯罪活动罪的定罪量刑标准和相关法律适用问题作了较为全面、系统的规定，共十九个条文，大致可以归纳为以下八个方面的问题：

### （一）拒不履行信息网络安全管理义务罪的主体范围

根据《刑法》第二百八十六条之一的规定，拒不履行信息网络安全管理义务罪的主体是"网络服务提供者"。因此，明确"网络服务提供者"的范围，是确保拒不履行信息网络安全管理义务罪准确适用的前提和基础。《网络安全法》第七十六条第（一）项规定："网络，是指由计算机或者其他信息终端及相关设备组成的按照一定的规则和程序对信息进行收集、存储、传输、交换、处理的系统。"第（三）项规定："网络运营者，是指网络的所有者、管理者和网络服务提供者。"可见，"网络"与"信息系统"含义相同，包括联入公共通信网的系统和未联入公共通信网的系统，涵括对外提供服务的系统和不对外提供服务而自用的系统。而《刑法》第二百八十六条之一使用了"网络服务提供者"，自然不能包括《网络安全法》规定的"网络运营者"的所有情形。经研究认为，"网络服务提供者"包括提供互联网服务的"网络运营者"，也包括虽然提供内部网络服务、但涉及公共服务的"网络运营者"。基于此，《解释》第一条规定，提供下列服务的单位和个人，应当认定为《刑法》第二百八十六条之一第一款规定的"网络服务提供者"：(1)网络接入、域名注册解析等信息网络接入、计算、存储、传输服务；(2)信息发布、搜索引擎、即时通讯、网络支付、网络预约、网络购物、网络游戏、网络直播、网站建设、安全防护、广告推广、应用商店等信息网络应用服务；(3)利用信息网络提供的电子政务、通信、能源、交通、水利、金融、教育、医疗等公共服务。

### （二）拒不履行信息网络安全管理义务罪的前提要件

根据《刑法》第二百八十六条之一的规定，构成拒不履行信息网络安全管理义务罪,以“经政府有关部门责令采取改正措施而拒不改正”作为前提要件。根据司法实践情况,为统一司法适用,《解释》第二条对“经政府有关部门责令采取改正措施而拒不改正”的认定作了明确。

1.“监管部门责令采取改正措施”的含义。《网络安全法》第八条第一款规定:“国家网信部门负责统筹协调网络安全工作和相关监督管理工作。国务院电信主管部门、公安部门和其他有关机关依照本法和有关法律、行政法规的规定,在各自职责范围内负责网络安全保护和监督管理工作。”据此,《解释》第二条第一款规定:“刑法第二百八十六条之一第一款规定的‘监管部门责令采取改正措施’,是指网信、电信、公安等依照法律、行政法规的规定承担信息网络安全监管职责的部门,以责令整改通知书或者其他文书形式,责令网络服务提供者采取改正措施。”

2.“经监管部门责令采取改正措施而拒不改正”的认定。根据司法实践反映的问题,基于拒不履行信息网络安全管理义务罪系不作为犯的属性,《解释》第二条第二款进一步规定:“认定‘经监管部门责令采取改正措施而拒不改正’,应当综合考虑监管部门责令改正是否具有法律、行政法规依据,改正措施及期限要求是否明确、合理,网络服务提供者是否具有按照要求采取改正措施的能力等因素进行判断。”

(三)拒不履行信息网络安全管理义务罪的入罪标准

《刑法》第二百八十六条之一第一款第(一)项至第(三)项列举了拒不履行信息网络安全管理义务,致使违法信息大量传播、致使用户信息泄露以及致使刑事案件证据灭失的入罪情形,并设置了兜底项“有其他严重情节的”。为统一司法适用,《解释》根据拒不履行信息网络安全管理义务罪的不同情形,对其入罪标准作了明确规定。

1.致使违法信息大量传播的。根据司法实践的情况,《解释》第三条主要从违法信息数量、传播范围等方面明确了“致使违法信息大量传播”的认定标准:根据违法信息的类型不同,第(一)项至第(三)项区分违法视频文件和其他违法信息设置不同标准;根据传播方式的不同,以传播用户账号数、通讯群组和社交网络账号数以及实际被点击数设置不同标准。具体而言,拒不履行信息网络安全管理义务,具有下列情形之一的,应当认定为《刑法》

第二百八十六条之一第一款第(一)项规定的“致使违法信息大量传播”:(1)致使传播违法视频文件二百个以上的;(2)致使传播违法视频文件以外的其他违法信息二千个以上的;(3)致使传播违法信息,数量虽未达到前述规定标准,但是按相应比例折算合计达到有关数量标准的;(4)致使向二千个以上用户账号传播违法信息的;(5)致使利用群组成员账号数累计三千以上的通讯群组或者关注人员账号数累计三万以上的社交网络传播违法信息的;(6)致使违法信息实际被点击数达到五万以上的;(7)其他致使违法信息大量传播的情形。

2. 致使用户信息泄露,造成严重后果的。根据司法实践情况,《解释》第四条主要从泄露的用户信息数量、后果严重程度等方面明确了“致使用户信息泄露,造成严重后果”的认定标准。其中,与侵犯公民个人信息罪的入罪标准相协调,区分高度敏感信息、敏感信息、一般信息设置不同标准。具体而言,拒不履行信息网络安全管理义务,致使用户信息泄露,具有下列情形之一的,应当认定为《刑法》第二百八十六条之一第一款第(二)项规定的“造成严重后果”:(1)致使泄露行踪轨迹信息、通信内容、征信信息、财产信息五百条以上的;(2)致使泄露住宿信息、通信记录、健康生理信息、交易信息等其他可能影响人身、财产安全的用户信息五千条以上的;(3)致使泄露一般用户信息五万条以上的;(4)数量虽未达到前述规定标准,但是按相应比例折算合计达到有关数量标准的;(5)造成他人死亡、重伤、精神失常或者被绑架等严重后果的;(6)造成重大经济损失的;(7)严重扰乱社会秩序的;(8)造成其他严重后果的。

3. 致使刑事案件证据灭失,情节严重的。根据司法实践的情况,《解释》第五条主要从相关证据所涉案件重要程度、造成证据灭失的次数、对刑事诉讼程序的影响等方面明确了“致使刑事案件证据灭失,情节严重”的认定标准。具体而言,拒不履行信息网络安全管理义务,致使影响定罪量刑的刑事案件证据灭失,具有下列情形之一的,应当认定为《刑法》第二百八十六条之一第一款第(三)项规定的“情节严重”:(1)造成危害国家安全犯罪、恐怖活动犯罪、黑社会性质组织犯罪、贪污贿赂犯罪案件的证据灭失的;(2)造成可能判处五年有期徒刑以上刑罚犯罪案件的证据灭失的;(3)多次造成刑事案件证据灭失的;(4)致使刑事诉讼程序受到严重影响的;(5)其他情节严重的情形。

4.有其他严重情节的。根据司法实践的情况,《解释》第六条主要从拒不履行信息网络安全管理义务的重要程度、前科情况、造成后果等方面对“有其他严重情节”作了明确。具体而言,拒不履行信息网络安全管理义务,具有下列情形之一的,应当认定为《刑法》第二百八十六条之一第一款第(四)项规定的“有其他严重情节”:(1)对绝大多数用户日志未留存或者未落实真实身份信息认证义务的;(2)二年内经多次责令改正拒不改正的;(3)致使信息网络服务被主要用于违法犯罪的;(4)致使信息网络服务、网络设施被用于实施网络攻击,严重影响生产、生活的;(5)致使信息网络服务被用于实施危害国家安全犯罪、恐怖活动犯罪、黑社会性质组织犯罪、贪污贿赂犯罪或者其他重大犯罪的;(6)致使国家机关或者通信、能源、交通、水利、金融、教育、医疗等领域提供公共服务的信息网络受到破坏,严重影响生产、生活的;(7)其他严重违反信息网络安全管理义务的情形。

(四)非法利用信息网络罪的客观行为方式

《刑法》第二百八十七条之一多处涉及“违法犯罪”的表述,包括“用于实施诈骗、传授犯罪方法、制作或者销售违禁物品、管制物品等违法犯罪活动的网站、通讯群组”“有关制作或者销售毒品、枪支、淫秽物品等违禁物品、管制物品或者其他违法犯罪信息”“为实施诈骗等违法犯罪活动”等。经研究,《解释》第七条规定:“刑法第二百八十七条之一规定的‘违法犯罪’,包括犯罪行为和属于刑法分则规定的行为类型但尚未构成犯罪的违法行为。”据此,一方面,对《刑法》第二百八十七条之一规定中的“等”,应当做等外的理解,即不只限于该条所明确列举的类型,也包括其他违法犯罪。另一方面,对于《刑法》未规定、仅在《治安管理处罚法》或者其他法律法规规定的行政违法行为,即使利用信息网络实施,也不应当构成非法利用信息网络罪。例如,对于买卖驾照计分的行为,目前无法直接追究刑事责任;对于此类行为,即使通过互联网、通信群组发布相关信息的,也不构成非法利用信息网络罪。

《解释》明确了《刑法》第二百八十七条之一第一款第(一)项规定的“用

于实施诈骗、传授犯罪方法、制作或者销售违禁物品、管制物品等违法犯罪活动的网站、通讯群组”的认定规则。为区别于用于正常活动的网站、通讯群组,《解释》第八条从网站、群组的设立目的与设立后主要从事的活动两个方面予以明确,规定:“以实施违法犯罪活动为目的而设立或者设立后主要用于实施违法犯罪活动的网站、通讯群组,应当认定为刑法第二百八十七条之一第一款第一项规定的‘用于实施诈骗、传授犯罪方法、制作或者销售违禁物品、管制物品等违法犯罪活动的网站、通讯群组’。”

《解释》明确了《刑法》第二百八十七条之一第一款第(二)项、第(三)项规定的“发布信息”的含义。实践中,有些行为人为逃避打击,不直接发布信息,而是发布信息的链接地址、截屏,或者将包含信息的文件放到网盘等存储空间后发布访问账号、密码。如某起案件,行为人将大量淫秽视频存入网盘后,在网上发布网盘账号、密码。经研究认为,此种情形与直接发布信息并无差异,应当认定为“发布信息”。基于此,《解释》第九条规定:“利用信息网络提供信息的链接、截屏、二维码、访问账号密码及其他指引访问服务的,应当认定为刑法第二百八十七条之一第一款第二项、第三项规定的‘发布信息’。”

(五)非法利用信息网络罪的入罪标准

根据《刑法》第二百八十七条之一第一款的规定,非法利用信息网络以“情节严重”作为入罪要件。根据司法实践的具体情况,《解释》第十条主要从设立网站、通讯群组、发布信息的数量,违法所得数额,前科情况等方面明确了“情节严重”的认定标准。具体而言,非法利用信息网络,具有下列情形之一的,应当认定为《刑法》第二百八十七条之一第一款规定的“情节严重”:(1)假冒国家机关、金融机构名义,设立用于实施违法犯罪活动的网站的。实践中,不少从事诈骗活动的犯罪分子会假冒国家机关或者金融机构名义设立用于实施违法犯罪活动的网站,如针对工商银行(icbc. com. cn)制作钓鱼网站,犯罪分子将网站内容托管到服务器后申请诸如 lcbc. com、1cbc. cn、icdc. cn 等近似于工商银行域名的虚假域名指向网站后台。基于此,《解释》将此种情形规定为“情节严重”。(2)设立用于实施违法犯罪活动的网站,数量达到三个以上或者注册账号数累计达到二千以上的。(3)设立用于实施违法犯罪活动的通讯群组,数量达到五个以上或者群组成员账号数累计达到一千以上的。(4)发布有关违法犯罪的信息或者为实施违法犯罪活动发布信息,具有下列情形之一的:①在网站上发布有关信息一百条以上的;②向二千个以上用户账号发送有关信息的;③向群组成员数累计达到三千以上的通讯群组发送有关信息的;④利用关注人员账号数累计达到三万以上的社交网络传播有关信息的。(5)违法所得一万元以上的。从实践来看,非法利用信息网络设立网站、通讯群组或者发布信息,可能获取广告费、会员注册费或者其他违法所得。基于此,《解释》将违法所得数额确定为"情节严重"的认定标准之一。(6)二年内曾因非法利用信息网络、帮助信息网络犯罪活动、危害计算机信息系统安全受过行政处罚,又非法利用信息网络的。(7)其他情节严重的情形。

(六)帮助信息网络犯罪活动罪的主观明知推定规则

根据《刑法》第二百八十七条之二的规定,帮助信息网络犯罪活动罪以行为人"明知他人利用信息网络实施犯罪"为前提。经研究认为,对帮助信息网络犯罪活动罪主观明知的认定,应当结合一般人的认知水平和行为人的认知能力,相关行为是否违反法律的禁止性规定,行为人是否履行管理职责,是否逃避监管或者规避调查,是否因同类行为受过处罚,以及行为人的供述和辩解等情况进行综合判断。根据司法实践的情况,《解释》第十一条总结了主观明知的推定情形。具体而言,为他人实施犯罪提供技术支持或者帮助,具有下列情形之一的,可以认定行为人明知他人利用信息网络实施犯罪,但是有相反证据的除外:(1)经监管部门告知后仍然实施有关行为的。随着信息技术的发展,监管部门不一定通过专门文书进行告知,甚至未必采用书面告知方式,特别是遇到紧急事件时,监管部门往往通过即时通讯群组、电话、短信、电子邮件等多种方式告知,只要有相关证据可以证明已经告知即可,故未限定告知方式。(2)接到举报后不履行法定管理职责的。网络服务提供者在为网络应用提供服务的同时也担负相关的管理职责,但现实中服务商不可能对所有服务对象进行相关管理。如网站托管服务商一般只负责网站软硬件环境的建设和维护,对网站内容不予管理,故不能要求服务商主动发现全部违法犯罪行为,但在接到举报后应当履行法定管理职责。

例如，网站托管服务商在接到举报某服务对象托管的网站为淫秽色情网站后，仍不依法采取关停、删除、报案等措施，继续为该网站提供服务的，可以认定其主观明知。(3)交易价格或者方式明显异常的。例如，第三方支付平台从一般的支付活动中收取1.5%的费用，而在有的赌博案件中第三方支付平台收取超过10%的费用。从这一收费明显异常情况，可以看出该第三方支付平台对服务对象从事犯罪活动实际上是“心知肚明”的，故推定其具有主观明知。(4)提供专门用于违法犯罪的程序、工具或者其他技术支持、帮助的。实践中，随着网络犯罪案件的分工日益细化，滋生出专门用于违法犯罪的活动，如替人开卡，取钱车手，贩卖“多卡合一”(银行卡、电话卡、支付宝账号、微信账号、身份证)，解冻被支付宝、微信等支付工具安全策略冻结的未实名账户等服务；此外，还有专门用于违法犯罪活动的程序、工具，如仿冒银行、执法部门网站制作钓鱼网站。可以说，这些活动或者程序、工具并非社会正常活动所需，而系为违法犯罪活动提供帮助的专门服务，故相关从业人员对其服务对象系可能涉嫌犯罪主观上实际是明知的，故将此种情形推定为主观明知。(5)频繁采用隐蔽上网、加密通信、销毁数据等措施或者使用虚假身份，逃避监管或者规避调查的。实践中，一些行为人在帮助信息网络犯罪活动中长期使用加密措施或者虚假身份，对于此类逃避监管或者规避调查的行为，可以推定行为人主观明知。(6)为他人逃避监管或者规避调查提供技术支持、帮助的。(7)其他足以认定行为人明知的情形。实践中还有一些情形可以推断行为人主观明知，如取钱人持有多张户主不同的银行卡或者多张假身份证，无法说明缘由的，亦可以推定其主观明知。

(七)帮助信息网络犯罪活动罪的入罪标准

根据《刑法》第二百八十七条之二的规定，帮助信息网络犯罪活动以“情节严重”为入罪门槛。根据司法实践的具体情况，《解释》第十二条第一款明确了“情节严重”的认定标准。具体而言，明知他人利用信息网络实施犯罪，为其犯罪提供帮助，具有下列情形之一的，应当认定为《刑法》第二百八十七条之二第一款规定的“情节严重”：(1)为三个以上对象提供帮助的；(2)支付结算金额二十万元以上的；(3)以投放广告等方式提供资金五万元以上的；(4)违法所得一万元以上的；(5)二年内曾因非法利用信息网络、帮助信息网络犯罪活动、危害计算机信息系统安全受过行政处罚,又帮助信息网络犯罪活动的;(6)被帮助对象实施的犯罪造成严重后果的;(7)其他情节严重的情形。

需要注意的是,考虑与传统犯罪中帮助行为不同,网络犯罪中帮助者往往为众多对象提供帮助,一一查证被帮助对象是否已构成犯罪存在客观困难,而帮助行为"累计"的社会危害性严重,《解释》第十二条第二款规定:"实施前款规定的行为,确因客观条件限制无法查证被帮助对象是否达到犯罪的程度,但相关数额总计达到前款第二项至第四项规定标准五倍以上,或者造成特别严重后果的,应当以帮助信息网络犯罪活动罪追究行为人的刑事责任。"适用本款时应当注意:一是此种情形下通常是被帮助对象人数众多,对于帮助单个或者少数对象利用信息网络实施犯罪的,必须以被帮助对象构成犯罪为入罪前提;二是确因客观条件限制无法证实被帮助对象实施的行为达到犯罪程度,但经查证确系刑法分则规定的行为的,如果是一般的违法行为也不能适用这一例外规则;三是情节远高于"情节严重"的程度,即此种情形下虽然无法查证被帮助对象构成犯罪,但帮助行为本身具有十分严重的社会危害性,达到独立刑事惩处的程度。

此外,根据《刑法》第二百八十七条之二第一款的规定,帮助信息网络犯罪活动罪中被帮助对象的行为必须构成犯罪,但是对此处规定的"犯罪"只应理解为相关犯罪查证属实,而不能理解为要求经人民法院生效裁判确认。同时,即使被帮助对象的行为符合《刑法》规定的其他构成要件,但因行为人未达到刑事责任年龄等原因依法未予追究刑事责任的,也不应影响帮助信息网络犯罪活动罪的认定。基于此,《解释》第十三条规定:"被帮助对象实施的犯罪行为可以确认,但尚未到案、尚未依法裁判或者因未达到刑事责任年龄等原因依法未予追究刑事责任的,不影响帮助信息网络犯罪活动罪的认定。"

(八)相关网络犯罪的其他问题

根据司法实践的情况,《解释》还对相关网络犯罪的其他问题作了明确规定。

1. 单位实施相关网络犯罪的定罪量刑标准。拒不履行信息网络安全管理义务罪、非法利用信息网络罪、帮助信息网络犯罪活动罪的主体均可以是单位。为严惩单位实施的相关网络犯罪活动,《解释》第十四条规定:“单位实施本解释规定的犯罪的,依照本解释规定的相应自然人犯罪的定罪量刑标准,对直接负责的主管人员和其他直接责任人员定罪处罚,并对单位判处罚金。”

2. 相关网络犯罪的认罪认罚从宽规则。考虑司法实践中的复杂情况,根据认罪认罚从宽制度的要求,《解释》第十五条规定:“综合考虑社会危害程度、认罪悔罪态度等情节,认为犯罪情节轻微的,可以不起诉或者免予刑事处罚;情节显著轻微危害不大的,不以犯罪论处。”

3. 相关网络犯罪的数量数额累计规则。《解释》第十六条规定:“多次拒不履行信息网络安全管理义务、非法利用信息网络、帮助信息网络犯罪活动构成犯罪,依法应当追诉的,或者二年内多次实施前述行为未经处理的,数量或者数额累计计算。”

4. 相关网络犯罪的职业禁止和禁止令适用规则。《刑法》中规定,因利用职业便利实施犯罪的,人民法院可以根据犯罪情况和预防再犯罪的需要,禁止其自刑罚执行完毕之日或者假释之日起从事相关执业,期限为三年至五年;判处管制、宣告缓刑的,可以根据犯罪情况,同时禁止犯罪分子在执行期间从事特定活动。鉴于网络犯罪相当程度存在再犯现象,不少行为人“重操旧业”的现实情况,《解释》第十七条专门规定:“对于实施本解释规定的犯罪被判处刑罚的,可以根据犯罪情况和预防再犯罪的需要,依法宣告职业禁止;被判处管制、宣告缓刑的,可以根据犯罪情况,依法宣告禁止令。”

5. 相关网络犯罪的罚金刑适用规则。网络犯罪具有明显的牟利性,行为人实施该类犯罪主要是为了牟取非法利益。因此,有必要加大财产刑的适用力度,让行为人在经济上得不偿失,进而剥夺其再次实施犯罪的经济能力。基于此,《解释》第十八条规定:“对于实施本解释规定的犯罪的,应当综合考虑犯罪的危害程度、违法所得数额以及被告人的前科情况、认罪悔罪态度等,依法判处罚金。”

(作者单位:最高人民法院)

# 最高人民法院
# 关于审理走私、非法经营、非法使用兴奋剂刑事案件适用法律若干问题的解释

（法释〔2019〕16号）

为依法惩治走私、非法经营、非法使用兴奋剂犯罪，维护体育竞赛的公平竞争，保护体育运动参加者的身心健康，根据《中华人民共和国刑法》《中华人民共和国刑事诉讼法》的规定，制定本解释。

**第一条**　运动员、运动员辅助人员走私兴奋剂目录所列物质，或者其他人员以在体育竞赛中非法使用为目的走私兴奋剂目录所列物质，涉案物质属于国家禁止进出口的货物、物品，具有下列情形之一的，应当依照刑法第一百五十一条第三款的规定，以走私国家禁止进出口的货物、物品罪定罪处罚：

（一）一年内曾因走私被给予二次以上行政处罚后又走私的；

（二）用于或者准备用于未成年人运动员、残疾人运动员的；

（三）用于或者准备用于国内、国际重大体育竞赛的；

（四）其他造成严重恶劣社会影响的情形。

实施前款规定的行为，涉案物质不属于国家禁止进出口的货物、物品，但偷逃应缴税额一万元以上或者一年内曾因走私被给予二次以上行政处罚后又走私的，应当依照刑法第一百五十三条的规定，以走私普通货物、物品罪定罪处罚。

对于本条第一款、第二款规定以外的走私兴奋剂目录所列物质行为，适用《最高人民法院、最高人民检察院关于办理走私刑事案件适用法律若干问题的解释》（法释〔2014〕10号）规定的定罪量刑标准。

**第二条**　违反国家规定，未经许可经营兴奋剂目录所列物质，涉案物质

属于法律、行政法规规定的限制买卖的物品，扰乱市场秩序，情节严重的，应当依照刑法第二百二十五条的规定，以非法经营罪定罪处罚。

**第三条**　对未成年人、残疾人负有监护、看护职责的人组织未成年人、残疾人在体育运动中非法使用兴奋剂，具有下列情形之一的，应当认定为刑法第二百六十条之一规定的“情节恶劣”，以虐待被监护、看护人罪定罪处罚：

（一）强迫未成年人、残疾人使用的；

（二）引诱、欺骗未成年人、残疾人长期使用的；

（三）其他严重损害未成年人、残疾人身心健康的情形。

**第四条**　在普通高等学校招生、公务员录用等法律规定的国家考试涉及的体育、体能测试等体育运动中，组织考生非法使用兴奋剂的，应当依照刑法第二百八十四条之一的规定，以组织考试作弊罪定罪处罚。

明知他人实施前款犯罪而为其提供兴奋剂的，依照前款的规定定罪处罚。

**第五条**　生产、销售含有兴奋剂目录所列物质的食品，符合刑法第一百四十三条、第一百四十四条规定的，以生产、销售不符合安全标准的食品罪、生产、销售有毒、有害食品罪定罪处罚。

**第六条**　国家机关工作人员在行使反兴奋剂管理职权时滥用职权或者玩忽职守，造成严重兴奋剂违规事件，严重损害国家声誉或者造成恶劣社会影响，符合刑法第三百九十七条规定的，以滥用职权罪、玩忽职守罪定罪处罚。

依法或者受委托行使反兴奋剂管理职权的单位的工作人员，在行使反兴奋剂管理职权时滥用职权或者玩忽职守的，依照前款规定定罪处罚。

**第七条**　实施本解释规定的行为，涉案物质属于毒品、制毒物品等，构成有关犯罪的，依照相应犯罪定罪处罚。

**第八条**　对于是否属于本解释规定的“兴奋剂”“兴奋剂目录所列物质”“体育运动”“国内、国际重大体育竞赛”等专门性问题，应当依据《中华人民共和国体育法》《反兴奋剂条例》等法律法规，结合国务院体育主管部门出具的认定意见等证据材料作出认定。

**第九条**　本解释自 2020 年 1 月 1 日起施行。

# 最高人民法院
# 关于依法妥善审理高空抛物、坠物案件的意见

（法发〔2019〕25号）

近年来，高空抛物、坠物事件不断发生，严重危害公共安全，侵害人民群众合法权益，影响社会和谐稳定。为充分发挥司法审判的惩罚、规范和预防功能，依法妥善审理高空抛物、坠物案件，切实维护人民群众“头顶上的安全”，保障人民安居乐业，维护社会公平正义，依据《中华人民共和国刑法》《中华人民共和国侵权责任法》等相关法律，提出如下意见。

## 一、加强源头治理，监督支持依法行政，有效预防和惩治高空抛物、坠物行为

1. 树立预防和惩治高空抛物、坠物行为的基本理念。人民法院要切实贯彻以人民为中心的发展理念，将预防和惩治高空抛物、坠物行为作为当前和今后一段时期的重要任务，充分发挥司法职能作用，保护人民群众生命财产安全。要积极推动预防和惩治高空抛物、坠物行为的综合治理、协同治理工作，及时排查整治安全隐患，确保人民群众“头顶上的安全”，不断增强人民群众的幸福感、安全感。要努力实现依法制裁、救济损害与维护公共安全、保障人民群众安居乐业的有机统一，促进社会和谐稳定。

2. 积极推动将高空抛物、坠物行为的预防与惩治纳入诉源治理机制建设。切实发挥人民法院在诉源治理中的参与、推动、规范和保障作用，加强与公安、基层组织等的联动，积极推动和助力有关部门完善防范高空抛物、坠物的工作举措，形成有效合力。注重发挥司法建议作用，对在审理高空抛物、坠物案件中发现行政机关、基层组织、物业服务企业等有关单位存在的

工作疏漏、隐患风险等问题，及时提出司法建议，督促整改。

3. 充分发挥行政审判促进依法行政的职能作用。注重发挥行政审判对预防和惩治高空抛物、坠物行为的积极作用，切实保护受害人依法申请行政机关履行保护其人身权、财产权等合法权益法定职责的权利，监督行政机关依法行使行政职权、履行相应职责。受害人等行政相对方对行政机关在履职过程中违法行使职权或者不作为提起行政诉讼的，人民法院应当依法及时受理。

## 二、依法惩处构成犯罪的高空抛物、坠物行为，切实维护人民群众生命财产安全

4. 充分认识高空抛物、坠物行为的社会危害性。高空抛物、坠物行为损害人民群众人身、财产安全，极易造成人身伤亡和财产损失，引发社会矛盾纠纷。人民法院要高度重视高空抛物、坠物行为的现实危害，深刻认识运用刑罚手段惩治情节和后果严重的高空抛物、坠物行为的必要性和重要性，依法惩治此类犯罪行为，有效防范、坚决遏制此类行为发生。

5. 准确认定高空抛物犯罪。对于高空抛物行为，应当根据行为人的动机、抛物场所、抛掷物的情况以及造成的后果等因素，全面考量行为的社会危害程度，准确判断行为性质，正确适用罪名，准确裁量刑罚。

故意从高空抛弃物品，尚未造成严重后果，但足以危害公共安全的，依照刑法第一百一十四条规定的以危险方法危害公共安全罪定罪处罚；致人重伤、死亡或者使公私财产遭受重大损失的，依照刑法第一百一十五条第一款的规定处罚。为伤害、杀害特定人员实施上述行为的，依照故意伤害罪、故意杀人罪定罪处罚。

6. 依法从重惩治高空抛物犯罪。具有下列情形之一的，应当从重处罚，一般不得适用缓刑：(1)多次实施的；(2)经劝阻仍继续实施的；(3)受过刑事处罚或者行政处罚后又实施的；(4)在人员密集场所实施的；(5)其他情节严重的情形。

7. 准确认定高空坠物犯罪。过失导致物品从高空坠落，致人死亡、重伤，符合刑法第二百三十三条、第二百三十五条规定的，依照过失致人死亡

罪、过失致人重伤罪定罪处罚。在生产、作业中违反有关安全管理规定,从高空坠落物品,发生重大伤亡事故或者造成其他严重后果的,依照刑法第一百三十四条第一款的规定,以重大责任事故罪定罪处罚。

## 三、坚持司法为民、公正司法,依法妥善审理高空抛物、坠物民事案件

8. 加强高空抛物、坠物民事案件的审判工作。人民法院在处理高空抛物、坠物民事案件时,要充分认识此类案件中侵权行为给人民群众生命、健康、财产造成的严重损害,把维护人民群众合法权益放在首位。针对此类案件直接侵权人查找难、影响面广、处理难度大等特点,要创新审判方式,坚持多措并举,依法严惩高空抛物行为人,充分保护受害人。

9. 做好诉讼服务与立案释明工作。人民法院对高空抛物、坠物案件,要坚持有案必立、有诉必理,为受害人线上线下立案提供方便。在受理从建筑物中抛掷物品、坠落物品造成他人损害的纠纷案件时,要向当事人释明尽量提供具体明确的侵权人,尽量限缩"可能加害的建筑物使用人"范围,减轻当事人诉累。对侵权人不明又不能依法追加其他责任人的,引导当事人通过多元化纠纷解决机制化解矛盾、补偿损失。

10. 综合运用民事诉讼证据规则。人民法院在适用侵权责任法第八十七条裁判案件时,对能够证明自己不是侵权人的"可能加害的建筑物使用人",依法予以免责。要加大依职权调查取证力度,积极主动向物业服务企业、周边群众、技术专家等询问查证,加强与公安部门、基层组织等沟通协调,充分运用日常生活经验法则,最大限度查找确定直接侵权人并依法判决其承担侵权责任。

11. 区分坠落物、抛掷物的不同法律适用规则。建筑物及其搁置物、悬挂物发生脱落、坠落造成他人损害的,所有人、管理人或者使用人不能证明自己没有过错的,人民法院应当适用侵权责任法第八十五条的规定,依法判决其承担侵权责任;有其他责任人的,所有人、管理人或者使用人赔偿后向其他责任人主张追偿权的,人民法院应予支持。从建筑物中抛掷物品造成他人损害的,应当尽量查明直接侵权人,并依法判决其承担侵权责任。

12. 依法确定物业服务企业的责任。物业服务企业不履行或者不完全履

行物业服务合同约定或者法律法规规定、相关行业规范确定的维修、养护、管理和维护义务，造成建筑物及其搁置物、悬挂物发生脱落、坠落致使他人损害的，人民法院依法判决其承担侵权责任。有其他责任人的，物业服务企业承担责任后，向其他责任人行使追偿权的，人民法院应予支持。物业服务企业隐匿、销毁、篡改或者拒不向人民法院提供相应证据，导致案件事实难以认定的，应当承担相应的不利后果。

13. 完善相关的审判程序机制。人民法院在审理疑难复杂或社会影响较大的高空抛物、坠物民事案件时，要充分运用人民陪审员、合议庭、主审法官会议等机制，充分发挥院、庭长的监督职责。涉及侵权责任法第八十七条适用的，可以提交院审判委员会讨论决定。

**四、注重多元化解，坚持多措并举，不断完善预防和调处高空抛物、坠物纠纷的工作机制**

14. 充分发挥多元解纷机制的作用。人民法院应当将高空抛物、坠物民事案件的处理纳入建设一站式多元解纷机制的整体工作中，加强诉前、诉中调解工作，有效化解矛盾纠纷，努力实现法律效果与社会效果相统一。要根据每一个高空抛物、坠物案件的具体特点，带着对受害人的真挚感情，为当事人解难题、办实事，尽力做好调解工作，力促案结事了人和。

15. 推动完善社会救助工作。要充分运用诉讼费缓减免和司法救助制度，依法及时对经济上确有困难的高空抛物、坠物案件受害人给予救济。通过案件裁判、规则指引积极引导当事人参加社会保险转移风险、分担损失。支持各级政府有关部门探索建立高空抛物事故社会救助基金或者进行试点工作，对受害人损害进行合理分担。

16. 积极完善工作举措。要通过多种形式特别是人民群众喜闻乐见的方式加强法治宣传，持续强化以案释法工作，充分发挥司法裁判规范、指导、评价、引领社会价值的重要作用，大力弘扬社会主义核心价值观，形成良好社会风尚。要深入调研高空抛物、坠物案件的司法适用疑难问题，认真总结审判经验。对审理高空抛物、坠物案件中发现的新情况、新问题，及时层报最高人民法院。

# 产权刑事司法保护问题研究

江苏省高级人民法院刑二庭*

## 前　言

党的十八大以来，中央高度重视产权保护和企业家权益保护工作。党的十八届三中、四中、五中全会提出明确要求，强调保护各种所有制经济产权和合法利益，健全以公平为核心原则的产权保护制度，推进产权保护法治化。党的十九大报告指出："经济体制改革必须以完善产权制度和要素市场化配置为重点，实现产权有效激励、要素自由流动、价格反映灵活、竞争公平有序、企业优胜劣汰。"2016 年 11 月 27 日，中共中央、国务院《关于完善产权保护制度依法保护产权的意见》（以下简称《保护产权意见》）公布，明确了产权保护的全面、平等、依法以及共同参与、标本兼治等原则，是我国首次以中央文件形式强调产权保护，可以看作产权保护的顶层设计，具有里程碑的意义。2017 年 9 月 25 日中共中央、国务院公布的《关于营造企业家健康成长环境弘扬优秀企业家精神更好发挥企业家作用的意见》（以下简称《企业家意见》），则是中华人民共和国成立以来，中央首次以专门文件的方式明确企业家精神的地位和价值，意义重大。《企业家意见》再次明确提出要全面落实党中央、国务院关于完善产权保护制度依法保护产权的意见，也就是要依法保护企业家的财产权。最高人民法院于 2016 年 11 月 28 日出台了《关于充分发挥审判职能作用切实加强产权司法保护的意见》（法发〔2016〕27 号，以下简称《产权司法保护意见》）、《关于依法妥善处理历史形成的产权案件

---

* 课题组成员：周继业、毕晓红、孙晋琪、陈劲草、邹钢、徐磊、周光旭、骆大洲。

工作实施意见》(法发〔2016〕28 号,以下简称《处理产权案件实施意见》)加强产权司法保护和妥善处理历史产权案件的相关意见,对如何发挥司法职能加强产权司法保护提出了很多务实举措。2018 年 1 月,最高人民法院下又发了《关于充分发挥审判职能作用为企业家创新创业营造良好法治环境的通知》(法〔2018〕1 号),再次强调了切实纠正涉企业家产权冤错案件、不断完善保障企业家合法权益的司法政策等工作要求。

2018 年 5 月 31 日,最高人民法院对物美超市创始人张文中诈骗、单位行贿、挪用资金一案再审作出了无罪判决,这是改革开放以来罕见的重大涉产权经济案件改判无罪,体现了我国加强产权和企业家权益保护的坚强决心,对于我国司法机关进一步推进产权的刑法保护具有非常重要的意义。对此媒体的评价是“正义可能迟到,但绝不会缺席”,这是对司法机关勇于纠错的充分肯定。这也再次提醒我们,司法机关在产权保护方面要更加重视非公有制企业涉经济犯罪案件的处理,避免公权力不当侵害企业产权的现象发生,才能进一步营造企业家健康成长的环境、发挥作用的空间,进一步增强企业家的人身和财产财富安全感,使广大企业家能够安心经营、放心投资、专心创业。

未来五年,江苏肩负全面建成小康社会的重大历史使命。娄勤俭书记在十三届全国人大一次会议江苏代表团媒体开放会上强调:“江苏的企业家是从改革开放中、在市场竞争中成长起来的,企业家群体本身对高质量发展有动力、有能力。”“强化人才支撑,激发企业、科技人员、高技能人员的积极性、创造性,特别是对企业家积极性的保护和支持。”为进一步找准刑事司法在保护产权和企业家权益方面的职能定位和路径,调研组总结了江苏近三年来经济犯罪案件审理情况,按照以问题为导向的原则,与法学专家、公安机关、检察机关、中基层法院民刑审判部门法官以及刑辩律师广泛座谈研讨,从更新理念、把握政策、厘清思路、完善机制等角度研究加强产权刑事司法保护的理论基础和实现路径,在此基础上形成调研报告。

## 一、当前产权刑事司法保护现状及问题分析

### (一)现状与问题

近年来,江苏司法机关认真贯彻中央、省委和最高司法机关部署,严格

适用法律和司法解释的规定,充分发挥司法活动对市场行为的规范、引领和保障作用,依法严厉打击各类侵犯产权犯罪,平等保护市场主体尤其是民营企业的生产、经营、融资等行为,在加大产权平等全面依法保护的同时,还依法妥善处理了一批历史形成的产权案件。但受历史条件、司法观念等因素的影响,一些地方、一些领域在一定程度上仍然存在对产权保护不够重视、不够公平、不够全面的问题。

1. 对经济违法违规行为入罪标准把握不严格

近年来,随着民间资本市场不合规融资行为和食品、药品安全等涉民生问题日益突出,社会关注度越来越高,刑事司法往往成为社会治理的“急先锋”,出现轻预防、重打击的苗头,一个突出表现就是企业尤其是民营企业涉经济犯罪增多。近三年江苏法院一审审结经济犯罪案件中(含破坏社会主义市场经济罪、侵犯财产罪和贪污贿赂罪,下同)追究刑事责任的被告单位共1 915家,除单位受贿等案件为国有单位外,绝大多数为民营企业。其中2015年、2016年分别为475家、495家,2017年激增到945家,比2015年增长98.95%。从案由来看,以2016年经济犯罪生效判决为例,犯虚开增值税专用发票罪的被告单位数量最多,为308家,占被告单位总数的64.84%,其次分别为非法吸收公众存款罪43家、拒不支付劳动报酬罪25家、走私普通货物罪20家,上述四类罪名合计占比达到83.37%(见图1)。上述数据反映出民营企业在市场经营中的税务、融资、劳资领域存在较大的刑事法律风险,企业通过“打擦边球”不规范经营灰色地带被逐步挤压,落入刑事违法的“黑色陷阱”。严格执法固然是必要的,但一些地方存在对经济违法违规行为未经研判即草率以刑事犯罪处理。比如,在前两年社会热炒的“毒豆芽”事件中,江苏法院面对集中侦查、起诉的大批相关案件,最终在最高人民法院指导下,认为认定相关添加剂为有毒、有害物质证据不足,建议检察机关撤回该类案件20余件。还有一些地方将食品安全中限制添加、控制残留的标准定得过低,在查处案件时动辄入刑,这就使得合法行为与犯罪行为之间留给行政查处的空间太小,忽略了刑法上社会危害性严重程度的入罪要求,客观上造成“两法衔接”异变为“以刑代行”。

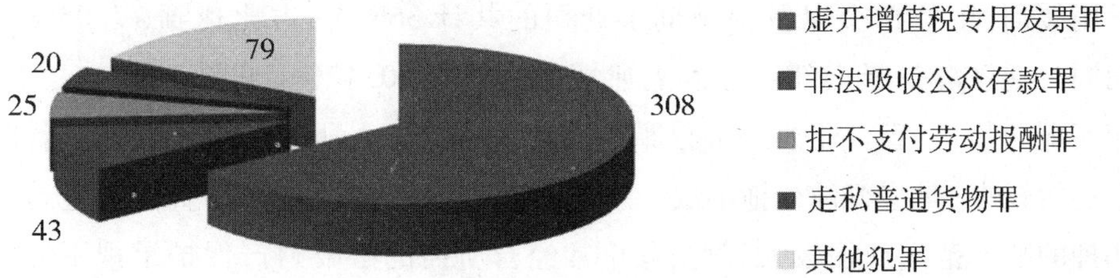


**图1　2016 年各类经济犯罪被告单位数量分布情况**

2. 经济犯罪定罪量刑标准认识不统一

在一些涉产权经济犯罪司法个案中，对经济违法行为入刑的标准，经济纠纷和经济犯罪的性质区分，上下级司法机关之间、不同司法机关之间还存在不同认识。比如，近三年江苏法院判决宣告无罪的涉嫌经济犯罪被告人共 22 人，而同时期检察机关撤回起诉的此类案件达到 158 件。[①] 此外，一些经济犯罪案件中存在地区之间裁判标准不统一、量刑不平衡现象，财产刑判罚随意性则更大，如对常州、南通、扬州、淮安、连云港五个地区的 2017 年 1 月至 10 月审结生效的经济犯罪案件进行了抽查，以合同诈骗犯罪为例，常州地区财产刑判罚较轻，犯罪数额与财产刑倍比关系仅为 10.47∶1，扬州地区财产刑判罚较重，犯罪数额与财产刑倍比关系高达 1.51∶1，二者相差近 7 倍。反映在个案上则更为明显，如徐州某公司非法吸收公众存款 1.8 亿余元，因构成自首减轻处罚，单位仅判处罚金 10 万元，而涟水某公司非法吸收公众存款 3 912 万元，构成坦白从轻处罚，单位判处罚金 100 万元，量刑缺乏尺度且不够平衡。

3. 不规范采取刑事强制措施现象仍有发生

相比国有企业，民营经济实体的市场生存能力更加脆弱，企业涉经济犯罪中承担刑事责任的"直接负责的主管人员""其他直接责任人员"大多为法定代表人或实际负责人，这些被告人总体刑罚适用较为宽缓。据统计，2016 年江苏法院审理涉经济犯罪的 475 家单位中"两责人员"共计 513 人，其中

① 江苏法院 2016 年一审审结的 4 285 件破坏社会主义市场经济秩序公诉案件，检察机关撤回起诉 37 件，占 0.863%，而同期各类刑事公诉案件一审撤诉率为 0.223%；2016 年二审审结的 579 件该类案件中，依法改判、发回重审 114 件，占 19.7%，远高于同期各类刑事案件 11.2% 的二审发改率。

适用缓刑、单处罚金以及免予刑事处罚的共计366人，占比达到77.05%。而同时期经济犯罪全部被告人上述情况比例为30.42%（见图2）。与之不相匹配的是，尽管企业涉经济犯罪中绝大多数被告人所获刑罚较轻，但羁押率仍然较高，有些案件久拖不决，企业主被长期羁押。再者，侦查机关查封、扣押的财产范围往往较大，对企业正常经营所需的必要财产保护重视不够，企业资产长期被查封、冻结，事实上造成涉案企业陷于困顿甚至破产歇业。如南通中院审理的曹某甲、曹某乙虚报注册资本、骗取贷款、合同诈骗、职务侵占案，被告人被羁押后，其所经营的企业正常经营受到影响，因贷款不能及时偿还被多家银行提起民事诉讼，该案历时三年半，最终在上级法院的指导下，经与检察机关沟通以撤诉结案，但三年多的刑事诉讼程序对该企业已造成不可挽回的经济损失。

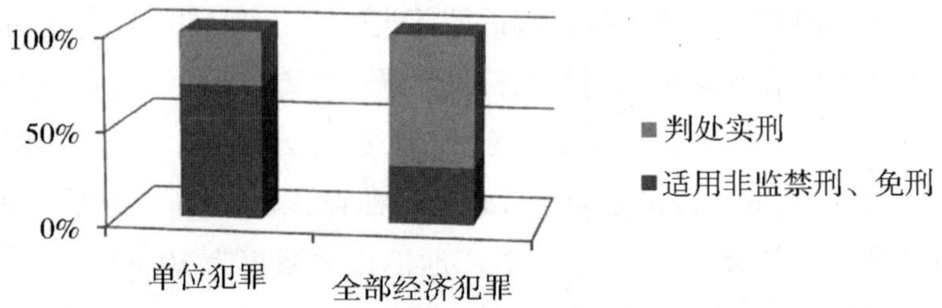


**图2　2016年单位犯罪缓、免刑适用比例对比情况**

4. 刑事涉案财物认定与处置机制不完善

涉案财物处置涉及公检法等多个部门和环节，实践中缺乏统一认识和操作标准，常常造成涉案财物处置上的混乱。首先，涉案财物管理制度不健全，缺少关于保管物品同一性规则的具体规定。在很多情况下，清单难以准确、细致地记载被扣押财物的各项特征；缺少对被控制的涉案财物的保值、增值的关注，实践中贵重财物常常因为保管条件有限而失去其原本价值。其次，涉案财物的认定与处理缺乏必要的程序保障。刑事涉案财物的认定尚未纳入庭审调查和辩论程序，被告人、被害人以及案外第三人缺少对其合法财产处分提出主张的渠道，而在执行阶段再提出异议时，刑事判决既判力将对查清涉案财物权属造成不小的阻力。最后，涉案财物处置的行政化色彩严重。一些经济犯罪案件在人民法院审判之前，涉案财物权属尚未查明的情况下，侦查机关即予以实质性处理，这不仅有违司法最终裁决原则，而且即使审判中发现错误，对合法产权人造成的侵害也难以救济。比如，在一些跨地域涉众型经济犯罪案件中，对当地集资参与人损失先行发还导致不同被害人最终得到救济的程度严重失衡，有违按比例退赔的公平原则。

（二）原因分析

存在上述问题的原因是多方面的，总的来说有立法、理念和能力三个层面。

1. 刑事立法存在缺陷

从近二十年刑事立法不断修改完善的过程来看，我国《刑法》对经济违法犯罪行为的制裁体现了对经济社会发展保护产权需求的回应，但同时又受旧有的“重制裁、轻保护”刑事立法理念的影响以及立法技术所限，在对产权的全面、平等保护方面还存在不容忽视的“弱项”：

一是“二元化”立法模式弱化了对非公有制产权保护。我国刑事立法体现了对不同所有制产权的差别保护。比如，刑法分则第三章非法经营同类营业罪，为亲友非法牟利罪，签订履行合同失职被骗罪，徇私舞弊造成破产、亏损罪，徇私舞弊低价折股、出售国有资产罪等罪名，均将犯罪主体限定为国有公司、企业相关人员，对于针对非公有制公司、企业实施的同样性质的危害行为，却没有将其规定为犯罪。在对利用职务便利侵占、挪用企业财产等犯罪行为的定罪处罚方面，也存在重保护公有制经济主体权益，轻保护非公有制经济主体权益的问题。

二是立法滞后造成法律适用认识不统一。随着互联网等科学技术的发展以及经济体制的变革，经济违法犯罪行为从内容到形式日益复杂多样。但立法具有滞后性，并且由于立法技术的限制，不可能将罪状一一列举，大量条文在犯罪手段、情节、后果等方面使用了“其他”一词概括，如《刑法》第一百七十五条之一的骗取贷款、票据承兑、金融票证罪规定了“其他金融机构”的概念，实践中对小额贷款公司等民间融资机构是否属于“其他金融机构”产生了不同认识和判例；而部分罪名则设置了所谓“兜底条款”，其中以《刑法》第二百二十五条非法经营罪第（四）项规定最为引人关注。近年来“两高”不断出台相关司法解释，规定了二十余种“其他严重扰乱市场秩序的非法经营行为”,但实践中仍有大量解释之外的情形被认定有罪,引起广泛争议。

三是刑事、行政立法责任要素不统一。经济犯罪刑法规范中存在大量空白罪状,这种开放型犯罪构成要件要求法官在适用这些条款时要到相关的行政法律、经济法律中去寻找行为特征来确定这些要素。而不同的部门法对经济违法行为的衡量尺度并不一致,如果简单套用行政法律法规的概念去解释刑法上的行为性质,往往造成《刑法》对经济违法行为过度介入。如《刑法》第二百二十八条规定非法转让、倒卖土地使用权罪属于空白罪状,“违反土地管理规定”是前置条件,而“土地管理规定”广泛涉及多部法律、行政法规,存在诸多禁止性强制规定,是否仅违反其中某项即构成刑法意义上的“违反土地管理规定”,实践中存在分歧。①

2. 司法理念存在误区

近年来,随着以审判为中心刑事诉讼制度改革的不断推进和刑事司法队伍的不断加强,保护人权、无罪推定等先进司法理念在刑事司法活动中得以贯彻和落实,但旧有的观念和行事模式仍对司法理念的转变造成一定阻碍,主要表现在:

一是平等保护的意识不强。受计划经济时代国有财产神圣不可侵犯思想的影响,司法机关对市场主体刑事司法保护的态度因受害方所有制性质不同存在较大区别,这种偏向在受到地方保护主义影响的情况下更为突出。如正兴集团、袁某某合同诈骗案,该案受损失一方为著名国有企业,侦查、起诉阶段即经地方党委政府多次协调,在二审法院以证据不足发回重审的情况下,一审仍再次作出有罪判决,后经二审依法改判无罪。

二是有罪推定思想仍然存在。受“侦查中心主义”的长期影响,有罪推定、疑罪从轻等思维模式在刑事司法领域仍然存在,刑事案件一旦启动,在认定被告人有罪方面公、检、法三机关之间显得“配合有余而制约不足”,甚

① 如刘某非法转让土地使用权一案中,刘某转让土地时不符合《城市房地产管理法》规定的“按照出让合同约定进行投资开发,属于房屋建设工程的,完成开发投资总额的百分之二十五以上”,检察机关认为该行为违反土地管理规定,一审、二审法院则认为,转让的土地未达到25%以上的投资,属于合同标的物的瑕疵,并不直接影响土地使用权转让合同的效力,该条规定不是认定土地使用权转让合同效力的法律强制性规定,故对刘某行为的违法性没有确认。

至大量因证据不足无法定罪的案件以检察院撤回起诉而不是宣告无罪结案;刑事强制措施的适用也主要从保障侦查活动顺利推进出发,为了便于讯问、防止串供、转移资产等,同时囿于取保候审执行机制的不完善,刑事案件批捕率仍然相对较高,对犯罪行为较轻、人身危险性较小的经济犯罪嫌疑人是否取保候审,有些甚至以是否可能判处缓刑作为评判标准,这显然不符合刑事强制措施规定的立法原意,也会给当事人造成"未审先定"的印象。

三是存在"三重三轻"工作惯性。刑事司法历来有政权"刀把子"的形象比喻,司法功利主义思想的存在强化了刑事打击作为社会治理"终极武器"的重要性,因此,司法机关长期以来形成的"重打击、轻保护,重实体、轻程序,重人身、轻财产"的工作惯性短期内难以遏止。比如,在对待行业不规范经营的普遍性问题上,抓一片、打击一串现象时有发生;在个案处理中,将家庭、单位一窝端,对涉案财产过度查封的问题较为突出。尤其是在各类"专项整治"期间,司法机关在"联合执法""重点打击"思想的主导下,对经济违法违规行为的罪与非罪界限把握不准确、不严谨,导致少部分不应受到刑事追究的案件起诉到法院。在起诉、审理阶段,控、辩、审三方对被告人的定罪量刑关注较多,对涉案财物查扣是否适当以及被告人、案外人的合法财产利益关注较少,庭审中缺乏必要的法庭调查和辩论程序,即使发现侦查机关查扣财物不当,法院也多采用模糊表述的方式在法律文书中一笔带过。此外,办案人员的程序公正、司法效率意识不强,对隐形超审限和超期羁押现象重视程度不够,办案期限延长随意性较大,有些案件经多次退查仍久拖不决。

3. 司法能力仍有欠缺

徒法不足以自行,司法队伍的能力如果不能与社会经济发展相适应,就难以为产权保护提供高水平的司法保障。现阶段,在保护产权方面刑事司法人员仍存在以下两方面能力欠缺:

一是对法律以外的新技术、新知识掌握不足。涉产权经济犯罪案件中罪与非罪界分、犯罪数额认定、涉案财物权属认定,均涉及大量的公司治理、金融、财会等方面的专业知识;经济犯罪中的行政犯又涉及诸多行政违法行为的技术性指标认定和性质界定问题,如何为"有毒、有害的非食品原料"、何为“非法出版物”等;而侵犯知识产权犯罪案件中更是需要对专利技术和商业秘密等无形财产权作出准确认定。尽管有司法鉴定和行政认定作为判定依据,但由于刑事司法人员普遍不具有相应专业背景,也缺乏系统的学习和培训,诉讼中对相关鉴定意见、行政确认意见产生争议时,难以及时对证据效力作出准确、权威的判定。

二是综合运用民刑裁判思维和证据规则的能力不强。大量的涉产权经济犯罪牵涉刑事、民事多重法律关系,属于典型的“民刑交叉”案件,但因长期从事单一部门法领域实践,刑事司法人员秉持的裁判理念迥异于民事法官,在个人利益与公共利益发生冲突时,往往以公共利益优先,证据体系的构建主要依赖于侦查机关对证据的收集,适用的是“排除合理怀疑”的证明标准,且局限于公、检、法三机关的关系,思维判断的中立性相对民事司法人员较弱,容易造成对涉及经济犯罪的民事法律关系判断不准、民事责任区分不清等问题,给依法公正处置产权纠纷带来困难,甚至出现刑、民裁判相矛盾的现象。

## 二、加强产权刑事司法保护的理念和基本原则

### (一)树立“谦抑、审慎、善意”的司法理念

针对当前如何发挥政法机关职能,正确处理好各类产权纠纷问题,平等、全面、依法保护产权,孟建柱同志在2017年年初召开的中央政法工作会议上提出,新形势下,衡量执法办案水平高低,不仅要看是否依法查处违法犯罪行为,而且要看是否促进经济社会发展,强调要在严格依法办事前提下,树立“谦抑、审慎、善意”的理念。这为司法机关处理产权纠纷案件提供了理念、方向和原则上的指引。

1. 谦抑是刑事司法活动的发展趋势

《刑法》是保障法,刑事责任是最严厉的法律责任。尤其是在鼓励创业、保护创新的时代背景下,如果市场主体创新经营不规范就认定为犯罪,不加甄别就予以刑事追究,势必会阻碍企业创新,窒息经济活力。因此,在产权保护过程中,应当秉持刑法的谦抑性,对通过民事、行政法律手段就能妥善处理的经济案件,不使用刑事强制手段,努力以较小成本取得较好效果。要

以发展的眼光客观看待和依法妥善处理改革开放以来各类企业，特别是民营企业经营发展过程中存在的不规范问题，严格遵循罪刑法定、疑罪从无、从旧兼从轻等原则，依法公正处理。对虽属违法违规、但不构成犯罪，或者罪与非罪不清的，应当宣告无罪。对在生产、经营、融资等活动中的经济行为，除法律、行政法规明确禁止的，不应以犯罪论处。对涉案企业和人员，应当综合考虑行为性质、危害程度以及配合诉讼的态度等情况，依法慎重决定是否适用刑事强制措施，尤其是对企业的经营者和高级管理人员要慎用限制人身自由的刑事强制措施，最大限度维护企业正常经营发展。对于涉案企业和人员正在投入生产运营或者正在用于科技创新、产品研发的设备、资金和技术资料等，能够采取非强制性措施即可达到保障诉讼目的的，不使用强制性措施。

2. 审慎是司法中立性的必然要求

我国古代法治思想即强调"慎刑"，要求司法审慎，不可剑走偏锋，伤及无辜。尤其是人民法院作为审判机关，更需要秉持中立原则，坚持各种所有制经济权利平等、机会平等、规则平等，对各类产权主体的诉讼地位和法律适用一视同仁，平等保护公有制经济和非公有制经济财产权。要在事实认定和证据采信上采取谨慎的态度，做到兼听则明，准确运用证据裁判标准区分罪与非罪、罪轻罪重，对法律规定严重滞后于经济社会发展现状的行为谨慎入罪，不得不入罪的尽量作轻刑化处理，使公权力的介入对社会经济活动的影响降到最低。严格经济纠纷与经济犯罪界限，充分考虑非公有制经济特点，依法区分正当融资与非法集资、合同纠纷与合同诈骗、民营企业参与国有企业兼并重组中涉及的经济纠纷与恶意侵占国有资产等的界限，准确把握经济违法行为入刑标准，防止利用刑事手段干预经济纠纷。对于新类型知识产权等纠纷，既要惩治严重侵犯知识产权的犯罪行为，又要严格知识产权刑法保护的边界，明晰知识产权保护的司法审查标准，提高知识产权司法保护的整体效能。

3. 善意是实现司法目的的重要保证

刑事司法活动如果仅仅关注犯罪人的定罪量刑，而不关注利益受损方的救济和市场秩序衡平的恢复，则无法实现刑事司法活动惩罚犯罪和保障人权相统一的目的。这要求司法机关在刑事司法活动引入善意的恢复性司法的理念,围绕市场主体尤其是非公有制经济主体的特点开展司法活动,在法律许可的范围内最大限度减小公权力的强制性对产权价值的影响,使刑事诉讼的经济效益实现最大化。对确实需要查封、扣押、冻结财产的,要严格依法进行,在处置时遵循比例原则,防止超标、超范围,最大限度减少对企业正常生产经营的不利影响;对已经查封、扣押、冻结的涉案财产,要严格区分违法所得与合法财产,对违法所得依法予以追缴,对合法财产依法尽快返还。对依法需责令关闭的企业外,在条件允许的情况下可以为企业预留必要的流动资金和往来账户。对非法占有、处置、毁坏经济主体财产的,应当及时追缴发还被害人或责令退赔。对犯罪分子逃匿或者已经死亡的,应当依法适用违法所得没收程序,及时为经济主体挽回损失。

(二)坚持平等、全面、依法的产权保护原则

中央《保护产权意见》指出,要推进产权保护法治化,在事关产权保护的立法、执法、司法、守法等各方面各环节体现法治理念,坚持平等保护、全面保护、依法保护的原则。平等、全面、依法保护原则的提出,重点解决的是实践中在法律制度和法律实施层面对产权保护不平等、不全面、不依法的突出问题。平等、全面、依法保护原则是否真正落实到位,直接关系到产权保护能否取得实效。

1. 平等保护应侧重加强对非公有制产权的保护

实践中的问题是对产权保护存在不平等,主要体现在对非公有制产权保护的弱化。受长期以来计划经济时代国有财产神圣不可侵犯思想的影响,往往对市场受侵害主体的保护态度因受害方所有制性质不同而有所不同,对国有企业涉及经济纠纷的案件,动辄以经济犯罪追究相对方责任;而当非公有制主体的财产遭受非法占有、挪用时,却往往不以犯罪论处,只按民事纠纷立案,甚至不了了之。因此,平等保护要求健全以公平为核心原则的产权保护制度,对各类产权主体的法律地位和法律适用一视同仁,确保公有制经济和非公有制经济财产权均不可侵犯。具体到刑事司法活动中,司法活动应当高度关注对非公有制经济主体产权的侵害犯罪、谨慎对待非公

有制主体涉及经济犯罪的定罪量刑、努力挽回经济犯罪中受损的非公有制经济利益，才能逐步扭转对非公有制主体不平等保护现象，使刑法对非公有制经济的保护力度与之在国民经济中的地位相匹配。

2. 全面保护应当体现对保护对象和救济渠道的全面理解

随着移动存储、云计算、数据挖掘、搜索引擎和移动支付等数字技术的广泛运用，互联网领域产权的无形性特征日益明显，产权保护的各类法益日益广泛，在这一过程中容易引发产权保护的新情况新问题。实践中，产权归属不明确，各类侵犯产权的违法犯罪行为时有发生，有些领域还存在利用公权力侵犯私有产权的违法犯罪行为，这些问题的存在迫切需要强化对产权的全面保护。因此，全面保护要求既要保护物权、债权、股权，也要保护知识产权及其他各种无形财产权，通过制裁各类侵犯产权的违法犯罪行为，特别是利用公权力侵犯私有产权的违法犯罪行为，来提升产权司法保护的全面性。同时，产权的司法保护是一个交叉学科问题，不仅需要制裁各类侵犯产权的违法犯罪行为，更需要在处理涉产权纠纷过程中，厘清大量民事、行政法律关系以及专业技术规则与刑法上犯罪构成之间的界限，综合运用刑事、民事、行政、执行等手段依法明确产权归属，在权力救济手段以及违法制裁手段上作出正确选择。

3. 依法保护应当从实际出发追寻立法本意

依法保护要求不断完善社会主义市场经济法律制度，强化法律实施，确保有法可依、有法必依。实践中，法律规范不可能将各类经济犯罪罪状一一列举，《刑法》中部分经济犯罪罪名设置了“兜底条款”，部分《刑法》规范中存在空白罪状。当司法人员遇到法律概念不清晰、界限不明确，要结合各个时期经济发展的形势和政策，准确把握立法精神，对立法作出适当的解释、对司法解释作出正确的理解和适用。尤其是经济违规、违法行为与经济犯罪之间的界限较为模糊，对一些刑法上的概念、用语的解释不能当然依据其他部门法作简单的文意解释，应当在运用适当的解释规则的前提下，对刑法用语作出符合刑法立法目的的实质解释，这样才能使经济犯罪构成达到追究刑事责任所需的社会危害性并与之相适应，避免因相关概念理解过于宽泛导致刑法打击泛化，造成公权力对产权的侵害。

## 三、加强产权刑事司法保护的实现路径

### (一)准确把握经济违法与经济犯罪的界限

对违反经济法规行为运用《刑法》惩罚自古有之,进入现代社会,国家对经济的干预更为频繁,《刑法》介入经济生活的范围也日益扩大。1997年《刑法》的十个修正案不仅增加了八个破坏社会主义市场经济秩序犯罪罪名,还对若干罪名犯罪构成作了实质性修改,进一步扩大了打击经济违法行为的范围。“刑罚是一把‘双刃剑’,用之不当,则反受其害”,如果刑罚手段不当介入经济领域,不仅是对市场经济正常运行的侵扰,在一些个案中更是对产权的直接剥夺,导致产权主体合法权益严重受损。因此,正确把握产权纠纷刑事司法政策,明晰《刑法》对经济活动的介入程度,对于实现产权的有效保护尤为重要。

1. 正确看待市场经济中的不规范经营行为

2017年2月17日,内蒙古自治区巴彦淖尔市中级人民法院对最高人民法院指令再审的王力军非法经营案公开宣判,依法撤销原审判决,改判王力军无罪。至此,引发社会舆论广泛关注的“王力军收购玉米获罪案”被依法纠正。此案再次凸显了关于非法经营兜底条款适用的争议。非法经营作为经济犯罪行政犯“口袋罪”的现象,历来为理论和实务界所诟病,有人甚至将之比喻为民营企业家的“原罪”。我们认为,通过个案裁判对兜底条款的概念范围作出清晰界分,是发挥《刑法》对市场主体指引功能的重要途径,在此过程中必须坚持经济犯罪行政犯的二次违法性判断标准,①才能避免对《刑法》作不当的扩大化解释。具体而言,对行政法明确对不同行为规定了不同法律后果,没有规定追究刑事责任的,一般不得解释为《刑法》中“兜底条款”所涉内容。因此,最高人民法院在谈到指令“玉米案”再审的理由时明确指出,《刑法》第二百二十五条第(四)项是在前三项明确列举的基础上所规定的一个“兜底性条款”,在司法实践中适用应特别慎重。“相关行为需有法律、司法解释的明确规定”,才能作为犯罪来处理。也就是说,必须有法律、

---

① 按照大陆法系观点,行政犯应当具有二次违法性,即同一行为既违反了《刑法》,又违反了行政法中关于前置的规定,并且违反《刑法》与违反行政法前置规定两者间存在梯次性。

司法解释的明确规定，才能适用该"兜底条款"。[①] 实践中，对超出司法解释明示规定范围之外的情形能否入罪，必须层报最高人民法院决定；最高人民法院在对兜底条款进行解释时，也应当以相关行为的社会危害性与明示条款相当为入罪原则，避免因一时、一地的社会治理需要而将《刑法》作为随意使用的工具，削弱其作为最严厉制裁手段的权威性。

2. 坚持对经济犯罪主客观相统一的认定标准

据统计，在江苏法院近三年审结的1 032件合同诈骗一审案件中，被告人当庭认罪的案件仅300件左右。司法认定的难点在于，在侵占、诈骗类经济犯罪中，非法占有故意属于当事人的主观心态，在其否认以非法占有为目的时，只能根据相关法律和司法解释，从其外部客观行为推定其主观故意。如张文中案虽涉及多个罪名，但以诈骗罪为主体，前后司法裁判对"非法占有"主观故意的认定大相径庭，其证明难度可见一斑。我们认为，主观目的虽系心理状态，但必然会通过一系列客观行为表现出来，区分民事欺诈和诈骗犯罪，要坚持主客观相统一的原则，结合案情具体分析，从以下几个方面把握：(1)客观是否实施欺诈行为；(2)行为人是否具备履行合同的能力以及履行合同的实际行为；(3)行为人如何处理所获得的定金、预付款和货物、货款等财物；(4)行为人事后承担违约责任的态度。这里尤其需要注意的是：其一，以非法占有为目的的欺诈，应当以永久排除对方当事人对财产的所有权为意图，而欺诈行为并非都是以非法占有为目的，比如，编造理由借以创造履行合同的条件等；其二，在非法占有目的支配下的合同诈骗犯罪行为一般具备上述多个环节的客观表象，对合同纠纷中仅具备某一环节特征，比如采取逃匿的方式逃避履行合同义务的，认定构成合同诈骗要持谨慎态度。

3. 坚持对行政犯社会危害性评价独立性原则

一种行为同时侵犯行政法和《刑法》所调节的社会关系时，对其是否运用刑事手段制裁，应当以该行为是否具备实质社会危害性作为评判标准。实践中存在一种错误倾向，即过分关注程序性违法而忽视了行为是否具有实质危害性，在生产、销售伪劣产品、非法经营等"口袋罪"认定问题中尤为

① 刘昌松：《"玉米案"再审意义重大》，载《光明日报》2017年1月4日，第2版。

明显。很多个案罪与非罪的争议问题,实质是侦查、起诉机关没有对行为的实质危害性作出鉴定和认定,而以程序的不合法推定存在实质危害性。比如,将未经检验检疫的走私牛肉简单等同为“检验检疫不合格的肉类”,以销售不符合安全标准的食品罪予以追诉。我们认为,行政法和《刑法》都以追求良性的经济秩序为目标,但行政法是管理法,注重行为的程序性,而《刑法》是犯罪法,应当更注重行为的实质危害性,这也是刑事司法谦抑性的应有之义。因此,对于法律、司法解释、行政法规没有规定的,地方司法机关不应突破法律、行政法规的内容出台涉及规格、含量等影响入罪的数额标准。对于因为法律和司法解释的滞后导致罪刑不相适应的具体个案,司法实践应当在量刑时体现对《刑法》对社会危害性的客观评价,依法对此类行为从宽处理,如仍不能做到罪刑相适应,应依法报请最高人民法院在法定刑以下判处刑罚。

(二)严格规范涉案财产认定标准和处置程序

刑事涉案财产处置看似程序问题,实质为实体问题。即使对犯罪行为能够准确定罪量刑,但如果涉案财产处置不当,可能会使被害人权利得不到及时全面救济,甚至会造成公权力对合法产权的直接侵害。因此,《产权司法保护意见》提出要“严格规范涉案财产的处置,依法维护涉案企业和人员的合法权益”。实践中,刑事涉案财物的先期查封、扣押、冻结大多处于侦查阶段,但对已查扣在案的涉案财物如何处置以及继续追缴、责令退赔范围的确定则是法院的责任。最高人民法院于2014年10月30日公布了《最高人民法院关于刑事裁判涉财产部分执行的若干规定》,进一步规范了刑事裁判涉财产部分的执行,以维护刑罚的严肃性和当事人合法权益。调研发现,当前基层法院反映在刑事涉案财产处置方面的问题,更多的是刑事裁判与涉案财物执行如何衔接的问题,也就是说,涉案财物执行需要高质量的裁判作为前提和依据。对此,我们认为应当从以下几方面审慎认定与处置刑事涉案财物。

1.准确把握涉案财物的范围

按照刑法罪责自负原则的要求,对涉案财物的处置也应做到权属清晰、罪责相当。《产权司法保护意见》提出,对股东、企业经营管理者等自然人违法，在处置其个人财产时不任意牵连企业法人财产；对企业违法，在处置企业法人财产时不任意牵连股东、企业经营管理者个人合法财产。要严格区分违法所得和合法财产，区分涉案人员个人财产和家庭成员财产，在处置违法所得时不牵连合法财产。要做到上述几个“严格区分”，关键是要对实践中容易产生产权争议的“违法所得及其孳息、供犯罪所用的犯罪分子本人财物”作出正确理解。

首先，违法所得是指犯罪分子通过违法犯罪行为所直接或者间接取得的财物，包括直接违法所得（赃款赃物）和间接违法所得（通过犯罪所得所产生的收益，主要是孳息）。实践中争议较大的是：(1)犯罪分子通过犯罪获得交易机会，进而在合法交易中获得的经济利益是否属于违法所得；(2)犯罪分子将少量违法所得用于合法投资和经营活动获得的巨大收益，是否都属于违法所得的孳息。我们认为，其一，直接违法所得应当以犯罪行为直接指向并紧密相连的财产及财产性利益为限。比如，通过贿赂获得交易机会，那么通过正当竞争应当付出的市场成本可认定为直接获利，当市场成本难以计算或者不足以体现“任何犯罪分子不得从犯罪中获利”的正义原则时，可以考虑将犯罪行为给国家、社会或者他人造成的损失列为追缴或退赔的范围，而不宜将获取交易机会后的全部获利笼统认定为“违法所得”；其二，间接违法所得应当包括犯罪所得自身产生的孳息或者用于其他违法活动获得的收益，但用于投资、置业产生的收益不能简单一律认定为违法所得，应将其限制在由赃款赃物直接产生的范围内（如投资股票、购买房产等）。如果行为人将犯罪所得投入正常的生产经营，生产经营活动不仅仅是资金的投入，还包括其他资源投入，此种情况下的收益主要也不是由犯罪所得直接产生，不能轻易归纳为犯罪所得收益。①

其次，犯罪分子供犯罪所用的本人财物，在自然犯中较容易理解，而在经济犯罪中，特别是私营企业作为犯罪主体的单位犯罪中，因为其行为涉及多个经济活动领域或流通环节，很容易被办案机关作扩大化理解。如在一起合同诈骗案件中，被告单位经营范围包括成品油的仓储、运输和销售，同

① 参见孙国祥：《刑事诉讼涉案财物处理若干问题研究》，载《人民检察》2015年第9期。

时兼营汽车租赁,指控犯罪事实行为,该公司利用承包为其他公司油料仓储、中转油料业务的便利,违反合同约定自行购入低标号的燃料油掺杂在0#柴油中配送到湖南、湖北等地,非法骗取被害单位0#柴油计26 283.57吨另行销售,获利差价697.59万元,由于指控生产、销售伪劣产品罪证据不足,法院最终以合同诈骗罪定罪处罚。但公安机关不仅查封被告单位购入的价值1.3亿元的燃料油,还扣押用于汽车租赁经营的90辆汽车,最终法院在判决中载明"在案扣押的车辆90辆,由公安机关依法处理"。我们认为这是不妥当的,"供犯罪所用的本人财物"应当严格限定为犯罪分子进行犯罪活动而使用的属于其个人所有的钱款和物品,对单位也不例外。当犯罪主体的正当经济活动与犯罪行为存在交叉的情形下"供犯罪所用的本人财物"的范围,应按照罪刑相适应原则作限缩解释,实践中应当结合该物品与犯罪行为之间是否存在经常性、密切的联系,该财物与犯罪形成的关联程度以及财物的价值与犯罪情节的轻重关系确定涉案财物范围,防止超范围查扣对合法产权的不当侵害。

2.加强涉案财物的认定与处置程序保障

根据司法最终裁决原则,所有涉及个人自由、财产、隐私甚至生命的事项,不论是属于程序性的还是实体性的,都必须由司法机关通过亲自听审或者聆讯作出裁判。[①] 因此,加强涉案财物认定与处置的司法程序保障尤为重要。

一是建立涉案财物司法审查机制。逐步改变现行的由侦查主体自身决定查封、冻结、扣押刑事涉案财物的制度,由第三方进行较为客观、中立的审查。在现阶段,结合我国的国情和司法体制现状,我们认为可考虑先由检察机关对财产强制措施进行审查,最终过渡由法院予以审查。

二是探索建立管理涉案财物工作平台。先行搭建涉案财物信息平台,通过信息共享,对涉案财物查封、扣押措施的合法性以及涉案财物移交是否顺畅、处置是否得当相互进行监督。有条件的地区试点建立跨部门涉案财物管理平台,在财政部门设立刑事涉案款专户,依托社会专业机构对涉案物

---

① 参见陈瑞华:《刑事诉讼的前沿问题》,中国人民大学出版社2000年版,第225页。

品进行分类保管。对重大涉众型犯罪可实行跨区域专案管理模式,避免地方保护主义造成涉案财物处置不公,引发新的社会矛盾。

三是完善刑事涉案财物处理庭审程序或听证程序。事关有争议的实体权利的处理,一般应赋予对抗双方相应的程序权利,给予双方当事人充分参与、举证、质证、辩论和陈述的机会,可考虑在庭审中增设涉案财物处理程序,或单独设立涉案财物处理听证程序,切实解决实践中存在的“重人身,轻财产”问题。在程序设计上可参照犯罪嫌疑人、被告人逃匿、死亡违法所得没收特别程序的要求,确保权利人能够全面、充分参与到诉讼程序中。通过实体审查,由人民法院在判决文书中阐明对涉案财物的处理意见和理由,对超范围查扣以及与案件无关的他人合法财物,明确予以返还,倒逼侦查机关做好涉案财物的查扣工作,促使控辩双方更加重视涉案财物的处理,共同推动刑事涉案财物处置的规范化与制度化。

3. 完善刑事涉案财物处置的救济制度

建立刑事涉案财物处理救济制度是正当程序原则的要求。针对当前涉案财物处理中存在的问题,我们认为应该从以下几方面着手加以完善。

一是要给予利害关系人充分的救济机会。司法机关制作的涉案财物处理法律文书,均应送达与涉案财物处理有关的利害关系人,同时,必须赋予当事人及利害关系人对涉案财物强制性措施和实体处分裁决的复议权和上诉权。在犯罪嫌疑人、被告人针对追缴没收的依据和程序不服的,应赋予其至少一次由不同机关审查、复议的权利。

二是要建立相应的通知制度和退还保证制度。为了确保刑事涉案财物处理不会对善意第三人的权益造成损害,可考虑建立相应的通知制度和退还保证制度。如果主管机关认为或者发现存在与被没收或返还的物品有直接利益关系或者有可能提出权利主张的人员,则应当在没收或返还前向上述人员发出通知,并且为其规定一定的异议期。这种异议既可向处置有关物品的司法机关提出,也可直接向有管辖权的人民法院提出。同时,可建立退还保证制度,即在先行返还前要求请求方提供书面保证或者提供物的担保,以保障在不当发还的情况下能够追回相关涉案款物。

三是要加强刑事涉案财物处理的监督。检察机关应将追缴没收作为法律监督的一项内容,对与案件无关或者与犯罪的社会危害性严重不相称的没收行为,通过抗诉的方式进行监督。明确不当追缴违法所得责任追究制度和国家赔偿制度,对于财产处理确有错误的,应当通过审判监督程序或执行回转程序加以纠正,同时根据具体情形,对相关人员追究刑事责任、行政责任和民事责任等。由于我国《刑法》第三百一十四条规定的非法处置查封、扣押、冻结的财产罪的犯罪主体为司法人员,建议修改现行《刑事诉讼法》第二百四十五条第五款中"司法工作人员"的规定,使得追究公安机关工作人员非法处置涉案财物的刑事责任时也可以适用该条文。

(三)充分发挥司法程序在产权保护方面的价值

刑事司法的功能不仅在于惩罚,还在于控制、预防犯罪,修复因犯罪受损的社会关系,当国家强制力不得不介入社会经济活动时,如何尽量避免公权力对产权的侵害,仅仅做到准确定罪、公正量刑是不够的。本着善意司法的理念优化各类诉讼制度,在现有法律框架内有所改革和创新,更能凸显刑事诉讼对保护产权的程序价值。

1.依法慎用刑事强制措施

《产权司法保护意见》提出:"对涉案企业和人员,应当综合考虑行为性质、危害程度以及配合诉讼的态度等情况,依法慎重决定是否适用强制措施和查封、扣押、冻结措施。"最高人民检察院《关于充分履行检察职能加强产权司法保护的意见》更是进一步详细规定了:"对于涉嫌犯罪的各类产权主体主动配合调查,认罪态度好,犯罪情节较轻,且没有社会危险性的,一律不采取拘留、逮捕、指定居所监视居住等强制措施。"我们认为,在产权刑事司法保护的视野下强调慎用强制措施,必须从以下两方面着手:

一是要认真审查刑事强制措施的必要性和合理性。当前,以审判为中心的刑事诉讼制度改革正在深入推进,以审判为中心的刑事诉讼体系要求侦查活动全程贯穿无罪推定理念。有学者提出,应当借鉴西方法治国家的经验和做法设立刑事强制措施的司法审查制度,除法定紧急情况下公安机关可采取强制措施外,对涉及公民基本权利的拘留、逮捕、搜查、扣押、监听等强制性措施的批准及适用必须经由法院审查并授权,被采取强制措施的犯罪嫌疑人有权向法院提出申请,审查羁押或其他强制性侦查行为的合法性。我们认为，在我国现有法律框架内，由检察机关负责侦查阶段刑事强制措施的司法审查更为实际，而进入案件审理阶段，法院也应当依照法律规定对刑事强制措施的合法性、必要性作出实质审查，对已被逮捕的被告人，符合取保候审、监视居住条件的，应当变更强制措施。

二是要从有利于保护产权出发，慎用刑事强制措施。与国有企业不同，民营企业往往是企业家一人支撑，企业负责人被查后，可能面临银行催贷款、家庭财产纠纷、企业运转失效倒闭、大批员工下岗等问题。尤其是一些民营企业只是涉嫌经济行政犯，在尚有正常生产经营能力的情况下，刑事强制措施带来的负面效应更为明显。在加大产权尤其是非公有制经济保护力度的时代背景下，在刑事司法中贯彻落实宽严相济刑事政策，要求对各种产权主体应慎用强制措施。司法实践中，无论是侦查、起诉还是审判机关，应当综合考虑行为性质、危害程度以及配合诉讼的态度等情况，依法慎重决定对涉案企业和人员是否适用强制措施和查封、扣押、冻结措施。对于涉嫌犯罪的各类产权主体主动配合调查，认罪态度好，犯罪情节较轻，除存在被告人逃跑、串供、重新犯罪等具有人身危险性或者可能影响刑事诉讼正常进行的情形外，一般不采取拘留、逮捕、指定居所监视居住等强制措施。

2. 拓展刑事和解制度的适用范围

刑事和解是一种以协商合作形式恢复原有秩序的案件解决方式，它是指刑事诉讼中，加害人以认罪、赔偿、道歉等形式与被害人达成和解后，国家专门机关对加害人不追究刑事责任、免除处罚或者从轻处罚的一种制度。[①] 2012 年《刑事诉讼法》修订专章规定“当事人和解的公诉案件诉讼程序”，表明我国已正式建立了刑事和解制度，其中规定：“下列公诉案件，犯罪嫌疑人、被告人真诚悔罪，通过向被害人赔偿损失、赔礼道歉等方式获得被害人谅解，被害人自愿和解的，双方当事人可以和解：(一)因民间纠纷引起，涉嫌刑法分则第四章、第五章规定的犯罪案件，可能判处三年有期徒刑以下刑罚的；(二)除渎职犯罪以外的可能判处七年有期徒刑以下刑罚的过失犯罪案件。”我们认为，涉产权纠纷刑事案件可以成为刑事和解制度适用的新领域，

① 参见陈光中、葛琳：《刑事和解初探》，载《中国法学》2006 年第 5 期。

其理由和价值在于:从纠纷起因来看,各类侵犯产权的刑事案件本质上具有经济纠纷的属性;从理论基础看,加害人和被害人是案件的原始当事人,对于纠纷具有直接的利害关系,理应承认其一定程度的实质参与权;从实践经验来看,国家一定程度上将此类案件初始决定权保留在被害人手中,比如,公安机关对合同诈骗犯罪的立案基本来源于被害人的报案,被害人申请撤案往往能够中断刑事侦查程序;从被害恢复的需求来看,刑事追赃、退赔的范围有限,推行刑事和解,有利于促使被告人足额赔偿被害人损失以换取谅解。因此,可以在《刑法》分则第三章的部分罪名中,有选择地拓宽刑事和解制度的适用范围,如非法吸收公众存款罪、合同诈骗罪以及侵犯知识产权犯罪等,通过案件当事人对受损产权关系的自愿修复,充分体现刑事和解制度对产权保护的恢复性司法价值。

3. 提高涉产权刑事案件的审执效率

2016年9月3日,全国人大常委会授权最高人民法院、最高人民检察院在全国18个城市开展刑事案件认罪认罚从宽制度试点工作,对犯罪嫌疑人、刑事被告人自愿如实供述自己的罪行,对指控的犯罪事实没有异议,同意人民检察院量刑建议并签署具结书的案件,可以依法从宽处理。同时,先期在上述18个城市开展的刑事案件速裁程序试点工作,按照新的试点办法继续试行。2016年11月16日,最高人民法院、最高人民检察院、公安部、国家安全部、司法部印发了《关于在部分地区开展刑事案件认罪认罚从宽制度试点工作的办法》,其中第八条规定"办理认罪认罚案件,应当听取被害人及其代理人意见,并将犯罪嫌疑人、被告人是否与被害人达成和解协议或者赔偿被害人损失,取得被害人谅解,作为量刑的重要考虑因素"。体现了恢复性司法理念在保护被害人权益和改造犯罪人之间建立起新的结合点。在程序上,属于基层法院所管辖的可能判处3年以下有期徒刑的案件,被告人认罪认罚的可以适用速裁程序进行审判,对"适用速裁程序审理案件,人民法院一般应当在十日内审结;对可能判处的有期徒刑超过一年的,可以延长至十五日"。对涉产权纠纷的刑事案件,要积极探索推行简便快速审理程序,有条件的适用速裁程序快速处理,不仅可以及时补偿受害人损失,还可以使涉案民营企业的财产状态、经营手段迅速摆脱不确定局面,积极开展生产自救,避免因案件久拖不决造成企业关闭破产。同时,对涉产权尤其是民营企业涉案的刑事案件,人民法院要强化审限监管,严格审限延长、扣除、中止等情形的审批,不断提高审限内结案率,切实防止因诉讼拖延影响企业生产经营。

4. 完善民刑交叉案件的处置流程

经济犯罪往往和经济纠纷交织,如非法集资犯罪案件往往伴随大量的民间借贷、担保合同纠纷案件,合同诈骗、贷款诈骗、信用卡诈骗等诈骗类犯罪多以合同不能履行为表象,但纠纷处理模式不同必然会造成法律后果的迥异。如基于相同或者类似的民间借贷形成债务纠纷,通过民事诉讼不仅可以得到本金的法律保护,还可以行使利息以及其他违约金的求偿权,但通过刑事诉讼处理的经济犯罪案件中,被害人仅仅能够得到本金范围内的退赔,因此,厘清民刑交叉案件中的法律关系,直接关系财产权利救济的公平性。我们认为,对法律适用难度较大的涉产权民刑交叉案件,要根据民刑法律事实关系区分适用不同的处理模式:对刑事、民事法律事实并非基于同一客观事实产生,二者各自独立但又相互牵连的"法律事实牵连型"民刑交叉案件,除非出现"一案的审理必须以另一案的审理结果为依据"的情形,原则上应实行"民刑并行";对刑事、民事法律事实是基于同一客观事实产生的"法律事实竞合型"民刑交叉案件,相关案件事实的查明对民刑案件的处理均有关键性作用,为避免民事诉讼在事实认定上出现偏差,原则上应当"先刑后民"。当然,如果出现以刑事诉讼恶意阻止民事诉讼或者长期不能审结的现象时,就不应再机械执行"先刑后民",而应允许被害人单独提起民事诉讼,及时获得司法救济。

(四)依法纠正涉产权纠纷刑事冤错案件

中央《保护产权意见》提出"坚持有错必纠,抓紧甄别纠正一批社会反映强烈的产权纠纷申诉案件"。这是中央加强产权保护决策部署的重要内容和重大举措,是人民法院肩负的一项重大而紧迫的政治任务。刑事司法职能不仅在于惩罚犯罪保护被害人利益,还必须体现防范和纠正冤假错案的审判监督功能。因此,最高人民法院发布的《处理产权案件实施意见》,明确提出对于改革开放以来作出的涉及重大财产处置的产权纠纷以及民营企业和投资人违法犯罪的生效裁判，当事人、案外人提出申诉的，人民法院要及时审查，认真甄别；确有错误的，坚决依法纠正。我们认为，依法纠错是体现产权司法保护全面原则的重要方面，各级人民法院要按照《处理产权案件实施意见》的要求，坚持实事求是、平等保护、依法纠错、纠防结合的原则，发挥审判监督司法救济、倒逼防错和统一法律适用功能，实现对产权错案冤案的甄别和纠正。

1.树立纠正冤错案件的勇气和担当

2017年年底，最高人民法院决定对原审被告人张文中诈骗、单位行贿、挪用资金案，原审被告人顾雏军虚报注册资本、违规披露、不披露重要信息、挪用资金案等三起重大涉产权案件启动再审，这是贯彻中央全面依法治国方略和中央关于产权保护意见的重大举措。作为地方司法机关，要不折不扣贯彻落实中央《保护产权意见》和最高人民法院《处理产权案件实施意见》，确实纠正产权保护冤假错案，必须始终坚持敢于担当的勇气和精神。要不断改进司法作风，解决纠错过程中的"立案难""审理难""改正难"等体制机制问题，对确属事实不清、证据不足、适用法律错误等产权冤假错案，依法必须立即纠正，并依法赔偿当事人的损失。要通过依法纠错并倒查追责，真正从制度源头上预防和减少冤假错案的发生。

2.准确把握甄别纠正的司法政策

在审查经济犯罪申诉案件和审理再审案件中，要准确把握罪与非罪的法律界限，准确把握经济违法行为入刑标准，坚决纠正将经济纠纷当作犯罪处理的错误裁判，对定罪证据不足的案件，应当坚持疑罪从无原则，依法宣告被告人无罪，不得降格作出"留有余地"的判决。同时，审查改革开放以来民营企业因不规范经营被刑事处理的案件，要以当时当地的客观事实为基本根据，以辩证和发展的眼光看待问题，严格遵循法不溯及既往、罪刑法定、疑罪从无、从旧兼从轻等法律适用原则，公正处理案件。①

---

① 如张文中案裁判理由认为，物美集团在申报国债技改项目和使用国债技改贴息资金方面虽然存在一些不规范的行为，但原审被告人张文中等并无骗取国债贴息资金的故意和行为，不符合诈骗罪的构成要件。因此，原判认定张文中、张伟春的行为构成诈骗罪，认定事实和适用法律错误，依法应予纠正。

3. 严格遵守审判监督诉讼程序

司法人员要学会换位思考，站在当事人的角度审视和看待问题，充分尊重、依法保障当事人的申请权、申诉权、知情权、陈述权、辩护辩论权和处分权。要围绕以庭审为中心的原则强化案件审理机制，遵循审判公开、直接言词证据和证据裁判原则，不能因为案件“时过境迁”而降低证据标准。要通过一批产权冤假错案的真正纠正、剖析和示范，使人民群众真正感受到法治的公平与正义，增强对自己财产财富的安全感与获得感。

（五）加强产权保护的刑事立法和司法解释工作

从立法上加强市场经济主体刑法平等保护，是市场经济的内在要求，也是落实《宪法》保护产权规定，实现《刑法》与其他部门法衔接，构建完善的产权保护法律制度的客观要求。针对刑事立法中存在的问题，我们从以下几方面提出完善立法及司法解释的建议。

1. 修正法律条文，消除二元化立法对产权保护的不平等性

加大对非公有财产的刑法保护力度是刑事立法工作的紧迫任务。从产权保护的全面性出发，应当扩大侵犯产权犯罪主体范围。如删去妨害公司、企业管理秩序罪中“国有公司、企业”的限定，改为“公司、企业”，把非法经营同类营业罪，为亲友非法牟利罪，签订履行合同失职被骗罪，国有公司、企业、事业单位人员失职罪，国有公司、企业、事业单位人员滥用职权罪，徇私舞弊低价折股、出售国有资产罪等罪名的犯罪主体扩大到所有经济组织中的工作人员，并将徇私舞弊低价折股、出售国有资产罪的罪名修改为徇私舞弊低价折股、出售公司资产罪，将背信损害上市公司利益罪的主体扩大到一般公司、企业的相关人员。从产权保护的平等性出发，可逐步统一市场经济领域职务犯罪罪名。如修改《刑法》总则关于国家工作人员范围的规定，不再设“准国家工作人员”概念，解决当前司法实践中对职务、经济犯罪主体认定混乱的状况；对经济领域发生的性质相同的犯罪行为统一罪名，避免因法律适用不同造成量刑上的不均衡，但可以规定对国有经济主体中的工作人员在量刑上从重处罚。当然，在修改立法加大《刑法》对侵害产权行为打击力度的同时，仍然要遵循刑法的谦抑性原则，要审慎评价该行为的社会危害性是否达到需要动用刑事手段制裁的程度，维持刑法对经济生活的适度

介入。

2. 完善责任体系，实现刑事立法和行政立法的有效衔接

针对我国经济刑法的不稳定性，有观点提出用"集中与分散"相结合的刑事立法模式来规制经济违法行为，也就是在将经济违法行为进行清理与划分的基础上，将一部分较为常见的、相对稳定的经济违法行为集中规定在《刑法》专章中，而将非典型的或变动相对较大的犯罪分散到相关经济法规范之中。[①] 我们认为，从长远看变更立法模式是一条良策，而在当下，如果在经济行政法律规范中针对行政违法行为同时构成犯罪问题，增加横向的、与《刑法》相联系的规定则更为实际，这样可以使行政法律责任与刑事法律责任更紧密衔接，不仅避免各类部门法在纵向上自成体系，但横向上难成系统的局面，而且也弥补了《刑法》修改滞后性存在的缺陷，对经济违法犯罪行为的规制更加周密。需要注意的是，通过上述方式加强两法衔接应当坚持立法的明确性原则，即刑法规范对行政犯罪的概念、构成要件及处罚措施应作明晰而确定的规定，同时行政法规范中的刑事责任条款也应具有指向性和明确性。比如，对于引述性条款，可将条文设置如下："构成犯罪的，依照《中华人民共和国刑法》第×条规定追究刑事责任。"只有在《刑法》与行政法对同一规制对象法律责任要素作出明确清晰规定的基础上，才能对经济违法行为的责任名称、行为定量、侵害法益、主观方面在行政违法和刑事犯罪之间进行准确划分和衔接，确保《刑法》对经济违法行为介入的谦抑性。

3. 遵循立法本意，充分发挥司法解释的法律完善功能

任何法律都难免存在立法缺陷，司法解释通过法律条文含义的阐明和对现实法律问题的解决，揭示立法意图，弥补法律缺陷和空白，是司法实践中完善现行法律的一种特殊手段。近年来，最高司法机关高度重视经济犯罪案件处理中法律规范与现实生活脱节、定罪量刑争议较大的现象，先后就刑民交叉、涉税犯罪、非法经营犯罪、金融诈骗犯罪等相关法律适用问题进行广泛调研，起草相关司法解释并征求意见。我们期待最高司法机关尽快就相关问题形成统一的司法观点，通过对刑民交叉案件处理规则的确立，厘

---

① 参见龙兴盛:《经济违法行为刑事制裁介入度研究》，法律出版社2015年版，第225页。

清产权纠纷与侵害产权犯罪中责任承担的主体、方式以及范围,确保产权受损一方得到充分、及时的救济;通过对非法经营等“口袋罪”的规制范围作出符合立法目的、与行政法律法规相衔接的解释,确保刑事司法对经济活动的适度介入,保护市场主体创新经营的积极性;通过对经济犯罪定罪量刑标准的统一设置,确保刑法的打击力度与经济社会发展水平相适应,此罪与彼罪之间相平衡,使各类市场主体能够在一个公平、安定、有序的法治环境中从事经济活动。

## 结 语

对合法产权的保护和对非法利益的剥夺,是刑法调节社会关系,维护市场公平竞争秩序的重要内容,营造公平竞争诚信经营的市场环境,依法维护企业家合法权益,是司法机关义不容辞的责任。各级司法机关应当通过个案正义的实现,充分发挥司法对市场经济的引领、规范和保障作用,通过打击侵犯产权犯罪行为、维护契约自由和市场诚信等手段,加大对产权的保护力度,切实增强企业家财产安全感,为推进民营企业发展营造更加公平公正的法治环境。

# 关于审理串通投标犯罪案件情况的调研报告

江西省高级人民法院刑二庭课题组*

在当前项目招标投标尤其是工程建设项目招标投标活动中，串通投标现象较多，严重扰乱了各类项目建设领域的市场秩序，极大地破坏了公开、公平、公正的市场环境，造成了国有建设资金的巨量流失。被称为"密室中的犯罪"的串通投标行为，具有一定的隐蔽性，不易监管，再加上现有法律法规对其规制不够完善，行政监管手段又相对有限，司法实践中办案人员对串通投标行为查证难、认定难、处理难，在一定程度上导致了惩防串通投标行为力度不够。本文主要通过对江西法院2017年1月至2019年10月审结的84件串通投标犯罪案件的实证分析，研究串通投标犯罪的特点，总结审理串通投标犯罪案件取得的成效和经验，探索串通投标犯罪发生的原因，梳理汇总审理该类案件存在的问题，并进而提出预防和惩治的相应对策。

## 一、案件审理情况

2017年1月至2019年10月，江西法院审结串通投标犯罪案件84件。其中，2017年审结24件25人，2018年审结42件77人，2019年1月至10月审结18件71人。

## 二、该类犯罪呈现的特点

1. 犯罪手段较为类似。串通投标的犯罪手段主要表现为：(1)串通标价。在招标投标活动中，有的投标人为了排挤其他投标人，破坏正常的竞价活动，互相串通、私下勾结，约定好投标价格，使竞争对手的正常报价失去竞

* 课题组成员：江西省高级人民法院刑二庭庭长曾华，副庭长李方平，法官助理林勇康。

争力,导致其不能中标。有的投标者之间先进行内部兑价,内定中标人,然后再参加投标。(2)共享收益。投标人之间互相约定,项目中标后大家共同投资入股,按照投资金额实行比例分成,从而实现利益的共享。有的地方,同类竞标企业往往是轮流中标,轮流派发好处费。(3)陪标补偿。投标人之间私下确定中标人,再参加投标,内定中标人以高价中标后,给予其他投标人失标补偿费,使投标者之间不存在竞争,招标人无法达到节约、择优的目的。(4)投标人和招标人私下勾结。投标人通过招标人获取技术参数、资质要求、价格等关键信息,提高中标概率。招标者在公开开标前,开启标书,并将投标情况告知其他投标者,或者协助投标者撤换标书,更改报价。有的招标者直接向投标者泄露标底。

2. 群体犯罪越发明显。工程招标投标活动参与主体往往以群体出现。团体性较强,在工程招标投标活动中一旦有串通投标的行为,往往会出现团体违法犯罪现象,串通投标的企业之间存在千丝万缕的关系,各企业的负责人或是亲戚或是朋友,往往以集体形式出现,影响了一个地区同类行业的发展,对经济社会发展存在较大的危害性。标书雷同较多,从查获的标书看,内容高度重复。或项目结束后集体瓜分利润,或卖标后,各被告人根据参与程度、所起作用不同来瓜分卖标款,且一个案件中,通常涉及多起共同串通投标的违法事实,易引发窝案、串案。如安远县人民法院审理的被告人孙某伙同唐某某、李某某、谢某某等人协商挂靠 32 家公司进行围标的案件,中标金额为 1997 余万元,中标后,唐某某等人将该项目以中标价的 18% 共计 358.4 万元的价格卖给了魏某等人。谢某某、唐某某等人将 358.4 万元的卖标款按所挂靠公司的数量比例进行分赃,唐某某等人分得 11.2 万元至 67.2 万元不等的赃款。又如,龙南县人民法院审理的钟某等人串通投标案中,王某某等人得知招标信息后,便同被告人钟某某、钟某等人先后共计联系包括江西某建筑工程有限公司在内的 60 家公司对该项目进行围标,江西某建筑公司以 2066 余万元的投标报价中标,并以中标价的 15% 约 309.9 万元将该项目卖给了谭某某,卖标款由王某某、钟某某等以每家公司 4.4 万元分配给参与串标的人员。

3. 多发于工程建设项目领域,中标金额大,被告人非法获利大。从审理的串通投标案件来看,查处的串通投标犯罪多为工程建设领域,如房屋建设、道路修建、改造或市政亮化工程等,单个工程涉及的工程项目中标金额少则几百万元,多则上千万元甚至上亿元。由于工程项目中标价金额巨大,被告人在串通投标成功后,往往以中标金额的一定比例来卖标,能够获得高额的非法利益。如九江县人民法院审理的王某某串通投标案,被告人王某某违反国家《招标投标法》,在工程建设项目招标投标活动中串通投标报价,中标项目总金额达到9.93亿余元,其中九江市八里湖安置小区工程中标金额达到3亿余元,九江市市民中心代建楼工程中标金额达到2.5亿余元,九江市儿童医院工程中标金额达到2亿余元。

4. 易滋生"受贿"腐败。串通投标是滋生贿赂主要领域之一和职务犯罪的高发地带。招标投标项目涉及资金越多、规模越大的项目,其中的经济利益就越大,也越容易发生利益输送。面对如此诱人的"利益",一些公职人员会铤而走险,积极参与,企图分得一杯羹。商人们拉关系、找路子,官员们千方百计地寻找"权力寻租"的空间,招标工程成了滋生腐败的土壤。如安远县人民法院审理的原赣州市城市管理局党委委员、市政工程管理处处长刘某某受贿、串通投标案以及原上犹县城市管理局主任科员彭某某受贿、行贿、串通投标案,均是此方面的典型案例。

5. 审理串通投标案件对被告人判处的刑罚较轻,上诉、抗诉案件极少。在串通投标刑事案件中,对各被告人的量刑大部分在有期徒刑一年以下,免予刑事处罚或适用缓刑的也不少。在173名被告人中,被判处一年以下有期徒刑的48人,判处拘役的26人,单处罚金的20人,免予刑事处罚的7人,适用缓刑的48人,共占86.13%;判处一年以上二年以下有期徒刑23人,判处二年以上三年以下有期徒刑的仅1人。由于对被告人判处的刑罚较轻,上诉案件共4件,抗诉案件仅1件。

6. 串通投标往往伴随其他犯罪,甚至存在黑恶势力染指的情况。拔出萝卜带出泥,很多串通投标犯罪是在侦查受贿、行贿、玩忽职守等职务犯罪时顺带侦查出来的。在有些案件中,行为人犯串通投标罪,同时会犯受贿罪,行贿罪,侵犯商业秘密罪,伪造证件、印章罪等。如鄱阳县人民法院审理的被告人李某某、黄某犯串通投标案,被告人李某某、黄某等人还犯伪造、买卖国家机关证件、印章罪和伪造公司、企业、事业单位印章罪，被告人黄某还犯伪造身份证件罪。而且，在不少串通投标案中，还发现黑恶势力的身影。

## 三、该类犯罪产生的原因

1. 有关行政监督管理部门对招标投标活动中相关事项流于形式审查，监管措施不到位，履职不力，挂靠、借用资质现象严重扰乱市场。如萍乡市安源区人民法院审理的王某某等人串通投标案，涉及出借建筑公司资质的公司数量多达50余家，这些公司通过出借资质、收取管理费的方式牟取非法利益，但目前为止尚未发现有公司受到行政处罚。

2. 监管合力尚未形成。对于招标投标市场的行政监督，许多职能部门都负有职责。但由于各自为政，各部门对于具体招标投标行政监督过程中碰到的问题，尤其是涉及本部门监管职能边缘的一些突出问题，尚未建立起沟通协调、共同应对、及时解决的机制，从而造成监管工作存在盲区和死角，一些违规违法行为因此得以长期规避监督。

3. 查处、惩罚力度不够，违法成本低。一方面，由于对串通投标行为缺乏有效的认定依据，导致串通投标案件被查处的不多，行为人违法违规成本远远小于风险收益。另一方面，《刑法》和《招标投标法》对串通投标犯罪分子的处罚力度不大，串通投标罪的最高刑期为有期徒刑三年，刑罚的惩戒与预防目的难以实现。

4. 不少参与投标的人员法律意识淡薄，不愿也不会主动向有关机关举报他人违法犯罪行为，有效维护自己的合法权益。社会上有部分人将串通投标视为行业潜规则，以此为业。涉案人员通过关注招标投标网上的招标信息参与各地工程项目的围标，违法所得有几十万元到上千万元不等。

5. 取证困难。现阶段，对于串通投标行为的认定仍以口供为主，串标人之间只要建立攻守同盟，现有常规的调查手段就很难取证和认定，致使工程建设领域的串通投标之风愈演愈烈，逐步发展成为一种行业潜规则。

6. 黑恶势力及其“保护伞”插手项目招标投标。黑恶势力通过暴力或软暴力手段，长期破坏建设工程领域公平竞争的市场规则，打击了其他正常经营企业的积极性，如景德镇市珠山区人民法院审理的余某某组织、领导黑社会性质组织、故意伤害、寻衅滋事、故意毁坏财物、开设赌场、非法拘禁、强迫交易、聚众斗殴、串通投标案。另外，相关部门人员为获取非法利益，甘于充当黑恶势力“保护伞”，为串通投标者提供便利和帮助。

**四、审理该类犯罪案件存在的困难**

1. 侦查机关办理串通投标刑事案件取证难。串通投标犯罪专业性、技术性较强，作案手段隐蔽，往往以合法形式掩盖其串通投标的实质，公安机关取证难。如今对于串通投标行为的认定在一定程度上仍停留在“口供认定”基础之上，除非发生投标文件内容雷同或出现相同错误等低级现象，投标人之间只要建立攻守同盟，现有的常规调查手段很难取证、认定，很多项目存在串通投标嫌疑，而最终由于难以查证而不了了之，致使串通投标之风在招标投标领域中渐成“潜规则”。

2. 现行关于串通投标的法律法规可操作性不强，缺乏客观、科学、统一的认定标准。串通投标罪，从法条上理解应为情节犯，当达到“情节严重”才成立犯罪。但何谓“情节严重”，目前尚无司法解释予以界定，仅有公安机关的立案追诉标准。且对于如何确定直接经济损失数额以及违法所得数额没有相应的标准，使得罪与非罪的认定往往成为案件处理的焦点问题。例如，用于串通投标的保证金、资质费、材料费、雇佣人员的工资等费用是否应在违法所得中予以剔除？对此，有的认为应当予以剔除，有的认为这也是犯罪成本不应剔除。另外，对于被告人用于串通投标的保证金是否应予以没收，司法实践中的观点也不一致。

3. 串通投标犯罪主体传统意义上的界定已无法适应当前打击犯罪的需要。随着招标投标市场的日益繁荣，参加招标投标活动的市场主体呈现多元化趋势，不仅包括传统意义的招标人、投标人，还包括投标人的代理人及有关人员、招标代理机构及有关人员、评标委员会及其成员、挂靠人或被挂靠企业等诸多主体，我国《刑法》将该罪的主体局限于招标人与投标人，针对其他主体实施的串通投标的行为无明确规定，导致刑事法网出现疏漏。

4. 各地法院量刑尺度不统一。根据我国《刑法》规定，串通投标行为情节严重的，处三年以下有期徒刑或者拘役，并处或者单处罚金。被告人串通投标的中标金额有的一千万元以下，有的几亿元，均在三年以下量刑。江西在全省开展围标串标专项整治行动以前，法院审理此类案件相对较少，对于积极退缴违法所得，有自首、坦白等情节，未造成实际损失的被告人适用缓刑比例较大。自专项整治开展以来，此类犯罪属于经济犯罪的打击重点，打击力度有所提升，但各县市区法院对此类犯罪案件的量刑尺度仍不统一。

5. 串通投标罪最高法定刑偏低，打击力度不够。现行《刑法》第二百二十三条对串通投标罪仅规定了“处三年以下有期徒刑或者拘役，并处或者单处罚金”的法定刑，行为人实施串通投标犯罪，能够在短期内以少量成本获取巨大利润，且在案发后，被告人为了争取量刑从宽，或多或少都会退缴违法所得，多数被告人又有坦白、退赃情节，而现行《刑法》规定的串通投标罪量刑幅度明显偏低，法院对被告人的判罚难以有效遏制该类犯罪。行为人实施串通投标犯罪，情节特别严重的，获得的非法利润巨大，社会危害性极大，该法定刑更是不能产生刑罚的惩戒与预防功能，根本无法有效遏制与打击情节特别严重的串通投标犯罪。如前所述九江县人民法院审理的王某某串通投标案，被告人王某某中标项目总金额达到9.9亿余元，就算按照串通投标罪现有的最高法定刑判处有期徒刑三年，也无法真正体现罪责刑相适应。

6. 串通投标罪的客观行为方式较为复杂，加之法律规定不够明确，如何准确认定犯罪存在一定困难。如行为人同时挂靠几个企业进行围标，行为人构成串通投标罪不成问题，但被挂靠企业是否构成串通投标罪，实践中较难把握。如果被挂靠企业明知挂靠者参与“围标”而积极配合的，其行为应具有“串通性”，挂靠者与被挂靠者均构成串通投标罪，这在司法实务中并不存在分歧。但在被挂靠的企业不知情或者没有证据证明被挂靠企业知情的情况下，单个行为人利用掌控的多家企业进行围标，能否认定被挂靠企业构成串通投标罪，难免令司法部门困惑。

7. 有的行为人在实施串通投标犯罪行为的同时，还实施了贿赂犯罪、侵犯商业秘密犯罪等行为，该种情形下，对行为人是从一重罪处罚还是数罪并罚，目前尚无明确规定。另外，对于行为人有串通投标行为但未中标的，是认定既遂还是未遂，在司法实践中也有不同的观点。

## 五、预防和惩治此类犯罪的意见和建议

1. 建议有关行政主管部门强化招标投标工作组织者的责任。招标投标工作组织者必须认真审查参与投标者的资质,评标办法要合理,招标文件制定要考虑周全,如投标人资格条件设置、设备技术指标设置、废标条款设置及招标限价设置等。有关行政监督管理部门在招标投标活动中发现有串通投标嫌疑的,应及时审查、制止。

2. 建议尽快修订完善相关立法。针对现有招标投标实践中容易出现问题的关键环节,抓紧修订完善《建设工程施工招标投标管理办法》,通过降低市场准入门槛、放宽资格预审条件、放开投标人数限制、取消业主指定企业、设定最高投标价格等,从机制上加大不正当竞争的成本和难度,从而有效减少串通投标行为的发生。

3. 加强违规违法惩戒力度。加强行政监管,依法打击出借资格或资质证书的行为,对利用个人资质参与违规投标活动的直接责任人,及时限制或取缔相关资质,并视情追究个人法律责任。对参与串通投标活动的相关企业,除依法追究法律责任外,限制或停止该企业在当地的市场经营活动,甚至终身禁止责任人从事相关职业。强化监督举报措施,对举报者给予相应的奖励措施,并为举报者保密。对主动检举揭发参与串通投标的企业和个人,实行免责制。建立违规违纪行为公开曝光制度,对被查处的违规违法行为,除纳入全国联网的相关信用体系外,一律公开曝光,强化震慑警示作用。

4. 要扩大串通投标罪的犯罪主体范围,除了原有法定串通投标犯罪主体招标人、投标人之外,还要将投标人的代理人及有关人员、招标代理机构及有关人员、评标委员会及其成员、挂靠人或被挂靠企业等一并纳入。就招标代理机构而言,首先,《招标投标法》第五十条中规定,招标代理机构违反本法规定,泄露应当保密的与招标投标活动有关的情况和资料的,或者与招标人、投标人串通损害国家利益、社会公共利益或者他人合法权益,构成犯罪的,依法追究刑事责任。可见,追究招标代理机构串通投标行为的刑事责任于法有据。其次,招标代理机构能够直接实施串通投标的实行行为。招标代理机构应该是代表一方的市场交易型中介组织,即它直接代表招标人

一方参与交易活动。因此,与其他中介组织不同,招标代理机构不完全具有独立性。招标人通过代理招标协议把招标人的部分权利转移给了招标代理机构,招标代理机构在行使这部分权利时,一方面受代理协议的约束,不得损害招标人的利益;另一方面,作为招标人的代理机构,又必然受《招标投标法》的约束,承受招标人的法律义务。招标人不得与投标人串通投标,自然也能得出作为代理机构也不得串通投标的逻辑结论。同理,投标人的代理人及有关人员、评标委员会及其成员等,也可以成为串通投标罪的犯罪主体,严格来说,串通投标罪的主体应该是指招标投标的参与人。

5. 建议法院、检察院、公安机关等多部门共同出台办理该类案件的相关具体意见,形成长效联合工作机制。建议最高司法机关出台关于审理串通投标犯罪案件的司法解释,针对司法实践中一些常见的疑难问题提供具有实际可操作性的意见,如行为人实施串通投标犯罪行为的同时,还实施了贿赂犯罪、侵犯商业秘密犯罪等行为,参照渎职罪的有关司法解释,对行为人进行数罪并罚。行为人有串通投标行为但未中标的,因没有造成直接经济损失或造成直接经济损失数额不满 50 万元的,无违法所得或违法所得不满 10 万元的,中标项目金额不满 200 万元的,认定未遂;但若行为人采取威胁、欺骗或者贿赂等非法手段,或二年内因串通投标受过行政处罚二次以上,又串通投标的,认定既遂。被挂靠企业仅是出借资质,对行为人同时挂靠几个企业进行围标,不知情或者没有证据证明被挂靠企业知情的,被挂靠企业不构成串通投标罪。对串通投标罪"情节严重"进行界定,对直接经济损失数额、违法所得数额的计算统一标准,对被告人用于串通投标的保证金视为犯罪成本予以没收,等等。同时,建议最高人民法院根据实际情况,出台此类犯罪的量刑指导意见,统一量刑尺度。

6. 充分发挥罚金刑的惩罚与预防作用。在现有串通投标罪法定刑偏低的情况下,要做到罪刑均衡,就要加大罚金刑的处罚力度,这样既可以增加行为人的犯罪成本,让其承受犯罪所带来的不良后果,又可以削弱其经济能力,降低其再犯的概率。

7. 增设一档更高的法定刑。通过立法适度提高串通投标罪的最高法定刑,对情节特别严重的串通投标犯罪依法定罪量刑,做到罪责刑相适应。这样，既可以严厉打击串通投标犯罪，又可以威慑潜在犯罪分子，有效遏制犯罪发生，降低犯罪率，从而实现刑罚的惩戒与预防功能。

8.建立工程建设招标投标监管协调机制。根据《招标投标法》等相关规定，建立招标投标监管协调机制。由监察、建设、交通、水利、财政、审计、公安、检察、法院、司法行政、工商等部门参加，通过联席会议制度，定期研究解决工作中面临的突出问题，增进部门间信息沟通与工作协调，促进各部门监管规范、规则、工作机制的衔接统一。招标投标数据实行全国联网，以便通过大数据监测建筑公司异常投标情况。上述举措有利于有关部门及早发现串通投标行为，及时收集固定证据，结合当前扫黑除恶和反腐败斗争形势，严厉打击串通投标违法犯罪、黑恶势力犯罪、职务犯罪。

# 论组织卖淫罪的司法适用

潘　洁*

## 一、组织卖淫罪的立法沿革

1979年《刑法》只规定了强迫卖淫罪和引诱、容留卖淫罪。1991年9月4日,全国人民代表大会常务委员会(以下简称全国人大常委会)通过《关于严禁卖淫嫖娼的决定》(以下简称《决定》),对1979年《刑法》作出补充和修改,增设组织他人卖淫罪、协助组织他人卖淫罪、介绍他人卖淫罪、传播性病罪。其中,对组织卖淫罪作出如下规定,组织他人卖淫的,处十年以上有期徒刑或者无期徒刑,并处一万元以下罚金或者没收财产,情节特别严重的,处死刑,并处没收财产。

1992年12月21日,最高人民法院、最高人民检察院出台了《关于执行〈全国人大常委会关于严禁卖淫嫖娼的决定〉的若干问题的解答》(以下简称《解答》,已废止),明确了组织卖淫罪的定义,并对相关法律适用问题作出解释。《解答》规定,组织他人卖淫罪,是指以招募、雇佣、强迫、引诱、容留等手段,控制多人从事卖淫的行为。本罪的主体必须是卖淫的组织者,可以是几个人,也可以是一个人,关键要看其在卖淫活动中是否起组织者的作用。在组织他人卖淫的犯罪活动中,对被组织卖淫的人有强迫、引诱、容留、介绍卖淫行为的,应当作为组织他人卖淫罪的量刑情节予以考虑,不实行数罪并罚。如果这些行为是对被组织者以外的其他人实施的,仍应当分别定罪,实行数罪并罚。

* 潘洁,最高人民法院刑事审判第四庭审判员。

1997年《刑法》第三百五十八条第一款、第二款规定了组织卖淫罪和强迫卖淫罪，第三款规定了协助组织卖淫罪。该条第一款、第二款的具体内容为，“组织他人卖淫或者强迫他人卖淫的，处五年以上十年以下有期徒刑，并处罚金；有下列情形之一的，处十年以上有期徒刑或者无期徒刑，并处罚金或者没收财产：（一）组织他人卖淫，情节严重的；（二）强迫不满十四周岁的幼女卖淫的；（三）强迫多人卖淫或者多次强迫他人卖淫的；（四）强奸后迫使卖淫的；（五）造成强迫卖淫的人重伤、死亡或者其他严重后果的。有前款所列情形之一，情节特别严重的，处无期徒刑或者死刑，并处没收财产”。根据最高人民法院、最高人民检察院所确定的罪名，该法第三百五十八条规定涉及三个罪名，分别是组织卖淫罪、强迫卖淫罪和协助组织卖淫罪。

2015年8月29日全国人大常委会发布的《中华人民共国刑法修正案（九）》（以下简称《刑法修正案（九）》）第四十二条对《刑法》第三百五十八条作了修订，废除了本条的死刑，以“情节严重”代替了原条文的五种量刑情节，并增设了两款。修改后该条规定为，“组织、强迫他人卖淫的，处五年以上十年以下有期徒刑，并处罚金；情节严重的，处十年以上有期徒刑或者无期徒刑，并处罚金或者没收财产。组织、强迫未成年人卖淫的，依照前款的规定从重处罚。犯前两款罪，并有杀害、伤害、强奸、绑架等犯罪行为的，依照数罪并罚的规定处罚”。

2017年，最高人民法院、最高人民检察院出台了《关于办理组织、强迫、引诱、容留、介绍卖淫刑事案件适用法律若干问题的解释》（以下简称《涉卖淫刑案解释》），其中第一条至第三条对组织卖淫罪的定义、组织卖淫罪“情节严重”的情形、组织卖淫中有引诱、容留、介绍卖淫行为的法律适用等问题作出了规定。

从上述组织卖淫罪的立法沿革可以看出，对组织卖淫及相关联犯罪的规定经历了一个从无到有、逐步完善的过程。中华人民共和国成立后，我国取缔了卖淫嫖娼，卖淫嫖娼现象一度在大陆灭迹，淫业犯罪不猖獗，有组织的卖淫活动更为罕见，故1979年《刑法》中未规定组织卖淫罪。但随着社会的发展，人员流动性增加，社会管理难度加大，卖淫嫖娼现象死灰复燃，一些有组织、成规模的卖淫问题渐渐突出，破坏了社会秩序、毒化了社会风气，造成了严重的社会危害,这使得1979年《刑法》的相关规定显得滞后。1991年全国人大常委会出台《决定》,增设了组织他人卖淫罪、协助组织他人卖淫罪、介绍他人卖淫罪、传播性病罪,完善了惩治淫业犯罪的立法,体现了对淫业犯罪从严打击的态度。《决定》的内容被1997年《刑法》吸收采纳,形成了现行《刑法》第六章妨害社会管理秩序罪中第八节淫业犯罪的基础。《刑法修正案(九)》依据当前社会状况对组织卖淫罪的罪状表述和法定刑进行了进一步完善。在量刑方面,根据《决定》,只要构成组织卖淫罪,即处十年以上有期徒刑或者无期徒刑,并处一万元以下罚金或者没收财产,情节特别严重的可处死刑,应当说刑罚是比较严厉的。1997年《刑法》降低了组织卖淫罪的起点刑,并区分了组织卖淫一般情节、情节严重、情节特别严重的情形,分别规定不同法定刑。其中,一般情节的判处五年以上十年以下有期徒刑,并处罚金;情节严重的处十年以上有期徒刑或者无期徒刑,并处罚金或者没收财产;情节特别严重的,处无期徒刑或者死刑,并处没收财产。到了2015年《刑法修正案(九)》中取消了"情节特别严重的规定",并废除了本条的死刑。上述变化过程,反映了立法者对组织卖淫这种社会问题形成了更为科学、深刻的认识,体现了社会管理手段的多样化,也符合刑罚宽缓的趋势。其中,对组织卖淫罪不适用死刑,符合我国缩小死刑适用罪名、"严格控制、慎重适用死刑"的政策。同时《刑法》中规定,组织卖淫中并有杀害、伤害、强奸、绑架等犯罪行为的,依照数罪并罚的规定处罚。也就是说,对于组织卖淫中有其他严重暴力犯罪、造成人身伤亡等严重后果的,仍可以依所犯之罪予以重罚,直至判处死刑,并不会因此而放纵犯罪。

## 二、关于组织卖淫罪的适用条件

组织卖淫罪,是指以招募、雇佣、引诱、容留、介绍等手段,管理、控制多人从事卖淫。本罪侵犯的主要客体是社会治安管理秩序和良好的社会风尚;客观方面表现为组织他人从事卖淫活动;犯罪主体为一般主体;主观方面系故意。根据《刑法》及司法解释,结合司法实践,我们认为,适用组织卖淫罪应当具备以下要件:

1. 行为人实施了一定组织手段

所谓“组织”,按照现代汉语词典解释,意指“安排分散的人或者事物使其具有一定系统性或者整体性”。对于组织卖淫而言,行为人需要采取一定的组织手段,把分散的卖淫人员、分散的卖淫活动集合起来。司法实践中常见组织手段,主要有招募、雇佣、引诱、容留、介绍等。招募,是指通过公开或者秘密手段主动表明接受卖淫人员的意愿,广泛征集愿意从事卖淫活动的人员纳入卖淫组织。公开招募的,如在公共场所张贴小广告招募所谓会所工作人员等;秘密招募的,如私下有针对性地物色符合条件的卖淫人员纳入自己的组织内。雇佣,本意指用货币购买劳动力,在组织卖淫活动中,行为人通过支付报酬的方式将自愿卖淫者纳入卖淫组织内从事卖淫活动。引诱,是指在他人原本无卖淫意愿的情况下,使用勾引、利诱的方式使他人从事卖淫活动。这种方法的表现形式除了对他人进行直接的物质上的引诱外,还包括从精神上、心理上对他人进行诱惑和劝说,使其价值观产生动摇,从而心甘情愿的从事卖淫活动。容留,是指允许他人在自己支配的场所卖淫或者为他人卖淫提供场所。介绍,是指在卖淫人员与嫖娼人员之间牵线搭桥,促成性交易的达成。对于上述组织卖淫的手段,行为人可能实施一种手段也可能实施多种手段,如通过招募或者引诱过来的卖淫人员,通过雇佣的手段与其建立相对稳定的关系,继而容留、介绍其卖淫。

因《刑法》对组织卖淫罪的罪状描述比较简单,故而先后两部司法解释对组织卖淫罪的组织手段都有规定。《解答》规定“以招募、雇佣、强迫、引诱、容留等手段,控制多人从事卖淫的行为……”《涉卖淫刑案解释》规定“以招募、雇佣、纠集等手段,管理或者控制他人卖淫……”比较两部司法解释表述的区别,主要有以下三点:第一,《涉卖淫刑案解释》未明确规定引诱、容留、介绍的手段。我们认为,《涉卖淫刑案解释》之所以未明确列举引诱、容留、介绍手段,主要是防止文字表述上与《刑法》第三百五十九条规定的引诱、容留、介绍卖淫罪发生混淆,并不表明引诱、容留、介绍不属于组织手段。事实上,引诱、容留、介绍都属于常见的组织卖淫手段。可以说绝大多数组织卖淫犯罪,行为人对卖淫人员至少实施了容留和介绍的行为,否则难以实现对卖淫活动进行管理和控制。第二,《涉卖淫刑案解释》增加了“纠集”手段。“纠集”实际是一种概括性的手段，意指把分散的个人及其活动集合起来，《涉卖淫刑案解释》使用“纠集”以弥补列举不足，包括招募、雇佣、容留在内诸多手段都可以认为系纠集人员的方式。第三，关于“强迫卖淫”的手段。在组织卖淫的手段中，争议最大的就是强迫卖淫是否属于组织卖淫的手段。一种观点认为，组织卖淫的手段包括强迫卖淫，主要依据是《解答》中明确规定强迫卖淫属于组织卖淫的手段，《解答》还规定“对被组织卖淫的人有强迫、引诱、容留、介绍卖淫行为的，应当作为组织他人卖淫罪的量刑情节予以考虑，不实行数罪并罚”。另一种观点认为，组织卖淫罪中被组织者都是非强迫性从事卖淫活动的。如果组织者以强制的手段迫使他人卖淫，则不属于组织卖淫罪的手段范畴，不能以组织卖淫来评价。我们认为，上述争议实际是两个层次的问题，先是组织卖淫的手段是否包括强迫卖淫，然后是行为人采取强迫手段组织卖淫的应当如何定罪。就前一个问题，从文义解释的角度看，所有能将卖淫人员及卖淫活动集合起来的手段都可称为组织手段。组织卖淫的手段是多种多样的，包括卖淫人员自愿的如招募、聘用，包括卖淫人员起初没有卖淫意愿后被说服诱导的如引诱，也包括卖淫人员并不自愿的如强迫。事实上，司法实践中单纯的强迫卖淫行为并不多见，更多强迫卖淫是伴随组织卖淫行为而发生的，且有不少组织卖淫案件，行为人采取的主要手段就是强迫。因此，不论从文义理解还是司法实践情况看，强迫卖淫都属于组织卖淫的手段。至于行为人采取强迫手段组织卖淫的应当如何定罪，则属另外一个问题，下文将作详细阐述。

2. 行为人通过组织手段实现对卖淫人员的控制或者管理

《刑法》第六章第八节规定的犯罪中，组织卖淫罪与其他犯罪，如引诱、容留、介绍卖淫罪在手段上有重合之处，在犯罪的表现形式上也常常类似，区分此罪与彼罪的关键在于能否通过一定手段实现对卖淫人员及卖淫活动的管理或者控制。所谓管理，是指行为人指挥卖淫人员、协调卖淫活动，对卖淫组织的人员、场所等进行有效配置，以实现安全、高效的组织卖淫活动。比如组织卖淫者按照一定的模式向嫖客推荐、介绍卖淫女，统一调度、安排卖淫女，并为卖淫活动提供卖淫场所、安排相关服务、保障人员，提供物质便利条件等。所谓控制，基本含义是卖淫活动在组织者掌握的范围内或者操纵下进行。这种“控制”一方面表现在对卖淫对象人身和财产的控制,使之服从、接受卖淫组织的统一安排,如统一管理卖淫人员的身份证件、规定作息时间、统一管理卖淫人员的收入,等等。另一方面表现为对卖淫行为的控制,如指定固定的场所为卖淫场所,规定不同的卖淫行为不同的价格,收取固定的介绍费用等。

需要说明的是,管理或控制不能狭义理解为仅对卖淫人员人身自由进行限制或剥夺,司法实践中不少卖淫组织中的卖淫人员是具备相当高的自由度的,有的卖淫组织实施类似公司管理制度,卖淫人员自愿置于组织者的管理、控制之中,人身自由不受限制,卖淫人员对是否从事卖淫活动有一定的意思自治,可以在不同的卖淫组织之间“跳槽”。在这种情况下,组织者的管理和控制主要体现在对组织内人员、财物、场所及其活动的综合把控和调度,这实际是一种更有效率、更能逃避打击的管理和控制手段。

3.应当具有一定的规模

刑法在罪名上使用“组织”一词的,大致可以分为两类:一类属于必要的共同犯罪,比如组织、参加黑社会性质组织罪,组织越狱罪等,组织者与被组织者构成同一犯罪,至少都构成犯罪,比如组织者可能构成组织他人偷越国边境罪,被组织者可能构成偷越国边境罪。另一类则属于任意共同犯罪,一般只对组织者进行刑事处罚,对被组织者不予处罚或者只进行行政处罚。组织卖淫罪属于后一种情形。本罪的行为人既可以与他人共同犯罪,也可以独自从事组织卖淫活动。因此,组织卖淫罪的规模要件并不体现在行为人即组织者方面。

组织卖淫罪的规模要件主要体现在被组织人员众多。组织卖淫罪在《刑法》第六章第八节中属于法定刑较高的犯罪,高于引诱、容留、介绍卖淫罪。这是因为行为人通过组织多人从事卖淫活动,并对卖淫活动进行管理和控制,形成了一定的组织体系,更容易实施犯罪、抵御侦查,也容易衍生其他犯罪,具有更大的社会危害性,故而属于重点打击的对象。一般来说只有被组织的人员达到多人以上的,才能称之为组织,否则与一般的引诱、容留、介绍卖淫行为在社会危害性上难有本质区别。历来司法解释对构成组织卖淫罪的卖淫人数都有要求,《解答》规定是“多人”,《涉卖淫刑案解释》进一步明确规定,组织卖淫罪中被组织人员的人数为3人以上。对于被组织人员未达到3人的,因不符合组织卖淫罪的组织要件,故按照其手段定罪,如强迫卖淫罪,引诱、容留、介绍卖淫罪等。

4. 不需要固定的场所

一般情况下,组织卖淫行为人是设置或者变相设置卖淫场所的,如以宾馆、洗浴中心、会所为固定场所或者以经营宾馆、洗浴中心、会所等为名,行组织卖淫之实。但近些年来,面对严厉的"扫黄"活动,一些不法之徒采取动态管理方式,即不建立固定的卖淫窝点,而是利用现代化的交通与通信设施,指挥、控制着多人从事卖淫活动。这种动态管理模式,将组织卖淫行为化整为零,或者将分散的单个卖淫行为组织起来,既能扩大卖淫的范围,又便于逃避公安机关的追查。这类没有固定场所的组织卖淫行为,依然明显地体现出组织者的管理、控制行为,即卖淫者并非作为单个个体而存在,而是受制于组织者,随时接受他们的指令去办事,有一定的组织性和纪律性。

## 三、关于组织卖淫罪"情节严重"的认定

《决定》中规定了犯组织他人卖淫罪"情节特别严重的"的可判处死刑,并处没收财产,但《决定》未对"情节特别严重"作出解释。《解答》规定,组织他人卖淫罪中的"情节特别严重",主要是指组织他人卖淫的首要分子情节特别严重的;组织他人卖淫手段特别恶劣的;对被组织卖淫者造成特别严重后果的;组织多人多次卖淫具有极大的社会危害性的,等等。1997年《刑法》分别规定了构成组织卖淫罪的一般情节、情节严重、情节特别严重的分别适用不同的法定刑,2015年《刑法修正案(九)》取消了情节特别严重的情形,故现组织卖淫罪只有"情节严重"一种加重处罚情形。对此,2017年《涉卖淫刑案解释》专门对适用组织卖淫罪"情节严重"的情形作出了规定。根据该解释,结合司法实践,可从以下几方面去评价刑法规定的"情节严重":

1. 卖淫组织的规模。卖淫组织的规模大致能反映其社会危害性。评价卖淫组织的规模主要有以下几个要点:一是受管理、控制卖淫人员的数量,二是组织卖淫活动非法获利情况,三是卖淫的次数。这三个方面实际是互相关联的。一般来说,被组织卖淫的人员越多卖淫的次数越多,卖淫次数越

多非法获利就越多。《涉卖淫刑案解释》中规定，“卖淫人员累计达十人以上或者非法获利人民币一百万元以上的，属于情节严重”。至于卖淫的次数，由于司法实践中关于卖淫次数问题取证通常比较困难、统计难以保证准确，且考虑组织卖淫活动获利的多少可以在较大程度上反映其组织卖淫的次数，体现其社会危害性的严重程度，故对组织卖淫的次数未作规定。

2. 受组织人员的情况。《涉卖淫刑案解释》中规定，“卖淫人员中未成年人、孕妇、智障人员、患有严重性病的人累计达五人以上的”属于情节严重。未成年人、精神有缺陷人员本身认识能力较弱，容易受到诱骗，属于需要特殊保护的对象。而组织孕妇卖淫有伤风化、违反人道。至于组织患有严重性病的人员卖淫，可能造成疾病流行，对公共卫生安全有影响，甚至形成恐慌危及公共安全。故组织上述人员实施卖淫达到5人以上的即可构成“情节严重”。

3. 社会影响。组织卖淫活动破坏了社会管理秩序、有伤社会风化，有的还可能造成不良的国际影响，比如，《涉卖淫刑案解释》中规定的“组织境外人员在境内卖淫或者组织境内人员出境卖淫的”。

4. 严重后果。《涉卖淫刑案解释》中规定，“造成被组织卖淫的人自残、自杀或者其他严重后果的”属于情节严重。需要注意的是，这里的严重后果不是基于组织者的故意行为。如果是组织者的故意行为，则应当依照《刑法》第三百五十八条第三款的规定，以故意杀人、故意伤害罪等对组织者实施数罪并罚。

## 四、关于组织卖淫罪与相关犯罪的区别和联系

### （一）组织卖淫罪与引诱、容留、介绍卖淫罪的区别和联系

所谓引诱、容留、介绍卖淫罪是指使用勾引、利诱等手段使他人从事卖淫，为他人卖淫提供场所以及在卖淫者和嫖客之间牵线搭桥的行为。《刑法》第三百五十九条规定，“引诱、容留、介绍他人卖淫的，处五年以下有期徒刑、拘役或者管制，并处罚金；情节严重的，处五年以上有期徒刑，并处罚金。引诱不满十四周岁的幼女卖淫的，处五年以上有期徒刑，并处罚金”。

组织卖淫罪与引诱、容留、介绍卖淫罪在犯罪构成要件上具有诸多相似

之处，在手段上有重合之处，均可以表现为引诱、容留和介绍行为。那么，对于实施了引诱、容留、介绍的行为人究竟构成何罪，我们认为主要可以从以下三个方面进行区分：一是组织卖淫罪要求管理、控制卖淫人员的数量在3人以上。一般来说，只有被组织的人员达到多人以上的才能称之为组织，否则与一般的引诱、容留、介绍卖淫行为在社会危害性上难有本质区别。根据《涉卖淫刑案解释》第一条的规定，被组织的卖淫人员在三人以上的才能认定为《刑法》第三百五十八条规定的“组织他人卖淫”。如果受引诱、容留、介绍卖淫的人数未达到3人的，则不符合组织卖淫罪的适用条件，应认定为引诱、容留、介绍卖淫罪。二是组织卖淫罪要求行为人对卖淫组织实现管理和控制，这是两罪区分的关键。所谓控制，就是说卖淫活动必须在组织者掌握的范围内或者操纵下进行。这种控制一方面表现在对卖淫对象人身和财产的控制，另一方面表现为对卖淫行为的控制。如果行为人只是简单地勾引、利诱他人从事卖淫活动、为他人卖淫活动提供场所、在卖淫者和嫖客之间牵线搭桥、沟通撮合，对卖淫人员、卖淫活动实际都不掌控，即使引诱、容留、介绍了多人从事卖淫活动，也不构成组织卖淫罪。三是两罪在引诱、容留、介绍卖淫行为的具体表现方式上存在差异。比如，容留卖淫罪中的容留，是指行为人为他人卖淫提供场所或其他便利条件的行为，其强调的是便利性。而组织卖淫罪中的容留，是指容纳收留自愿卖淫者参加卖淫组织，或参加有组织的卖淫活动。其强调的是组织性。容留卖淫罪中的容留可以以不作为的形式出现，而组织卖淫罪中的容留行为，是一种作为的犯罪，一般不以不作为的形式出现，否则难以对卖淫者实现管理和控制。

在具体处罚上，一般认为，组织卖淫罪与引诱、容留、介绍卖淫罪系法条竞合关系，两者手段有重合，保护的法益大致相同，刑法关于两罪的规定有交叉重合之处。再具体区分，两罪属于交叉竞合关系，即两个罪名概念之间各有一部分外延相重合，其适用原则系重法优于轻法。当行为人以引诱、容留、介绍的手段组织卖淫时，既可构成组织卖淫罪，又可构成引诱、容留、介绍卖淫罪的，依照处罚较重的规定处罚，不实行数罪并罚。一般情况下，组织卖淫罪的处罚重于引诱、容留、介绍卖淫罪，故一般按照组织卖淫罪进行处罚。但引诱的对象是不满十四周岁的幼女时，则存在引诱幼女卖淫罪重于组织卖淫罪的可能,即组织卖淫未达到情节严重时,其法定刑幅度为五年以上十年以下有期徒刑,而引诱幼女卖淫罪的法定刑幅度为五年以上(十五年以下)有期徒刑,此时,引诱幼女卖淫罪的处罚重于组织卖淫罪,应依照引诱幼女卖淫罪定罪处罚,组织卖淫行为作为犯罪情节考虑。如果组织卖淫犯罪达到"情节严重"时,因其法定最高刑为无期徒刑,应当以组织卖淫罪一罪定罪处罚。对被组织卖淫者以外的其他人实施引诱、容留、介绍卖淫行为的,则仍应当分别定罪,实行数罪并罚。

(二)组织卖淫罪与协助组织卖淫罪的区别和联系

所谓协助组织卖淫罪,则是指协助组织者组织他人卖淫的行为,即为他人实施组织卖淫的犯罪活动提供方便、创造条件、排除障碍的行为。协助组织卖淫罪实际上是组织卖淫罪的帮助犯,两罪在犯罪主体、客体和主观方面基本一致,协助组织卖淫罪的成立也以存在组织卖淫罪为前提。

两罪区别主要体现在以下几个方面:一是从行为性质看。协助组织卖淫罪的主体实施的是为组织他人卖淫活动提供方便、创造条件、排除障碍的帮助行为,主要有两个方面的内容:一方面是在组织他人卖淫的共同犯罪中起帮助作用的行为,如充当保镖、打手、管账人等;另一方面是为组织卖淫的人招募、运送人员或者有其他协助组织他人卖淫的行为,这两方面内容突出了协助性。而组织卖淫行为系能将卖淫人员及卖淫活动集合起来的行为,包括招聘、雇佣、引诱、容留、介绍等,突出了组织性。二是从行为对象看。组织卖淫罪的行为对象是卖淫人员,而协助组织卖淫罪的行为并非直接作用于卖淫人员,与卖淫人员之间也无直接的指挥、管理关系。

此外,根据《涉卖淫刑案解释》第四条的规定,明知他人实施组织卖淫犯罪活动而为其招募、运送人员或者充当保镖、打手、管账人等的,以协助组织卖淫罪定罪处罚。此外,在具有营业执照的会所、洗浴中心等经营场所担任保洁员、收银员、保安员等,从事一般服务性、劳务性工作,仅领取正常薪酬,且无前款所列协助组织卖淫行为的,不认定为协助组织卖淫罪。

(三)在组织卖淫中强迫他人卖淫的行为如何定罪处罚

组织卖淫中强迫他人卖淫的行为如何认识、如何定罪处罚,《解答》曾经有明确规定,"在组织他人卖淫的犯罪活动中,对被组织卖淫的人有强迫、引诱、容留、介绍卖淫行为的,应当作为组织他人卖淫罪的量刑情节予以考虑,不实行数罪并罚”。但是该条规定一直争议比较大,争议焦点在于能不能以组织卖淫罪来评价强迫卖淫行为。强迫卖淫虽是组织卖淫的手段之一,且司法实践中大多数强迫卖淫行为是伴随组织卖淫发生的,但是两者侵犯的法益并不相同。组织卖淫罪主要破坏了社会秩序和社会的善良风俗,而强迫卖淫的行为既对社会秩序造成破坏,更重要的是对被强迫人的人身权利尤其是性权利造成了侵犯。可见,组织卖淫罪并不能完全涵盖强迫卖淫罪侵犯的法益。此外,组织卖淫是建立在卖淫者自愿的情况下的,卖淫者对于自己被管理和控制都是自愿的,行为人的组织行为并未违背卖淫人员的意志。招募、雇佣、引诱、容留、介绍等手段,与强迫卖淫手段相比,卖淫人员的主观意愿不同,而行为人的主观恶性、行为的社会危害性也存在明显区别。

1997 年《刑法》将组织卖淫罪与强迫卖淫罪归于同条同款,表述为“组织他人卖淫或者强迫他人卖淫的……”并规定了同样的法定刑。根据最高人民法院、最高人民检察院关于罪名的规定,该款有两个罪名分别是组织卖淫罪和强迫卖淫罪。对此,有观点认为组织卖淫罪与强迫卖淫罪存在法条竞合关系,强迫卖淫行为在形式上同时符合组织卖淫罪与强迫卖淫罪两个犯罪构成,形成法条竞合。因组织卖淫罪适用于组织 3 人以上的场合,相对而言是特别法条;而强迫卖淫适用于所有场合,相对而言是普通法条,依据特别法优于普通法的原则,故以组织卖淫罪论处。

2015 年《刑法修正案(九)》第四十二条对《刑法》第三百五十八条作了修订,修改后该条表述为“组织、强迫他人卖淫的”。2017 年《涉卖淫刑案解释》中进一步明确“对于采取强迫卖淫的手段组织卖淫的,应定组织、强迫卖淫罪”。根据该司法解释的规定,“组织、强迫卖淫罪”属于选择性罪名,应根据行为人的具体行为性质来确定其罪名。我们赞同将组织、强迫卖淫罪作为选择性罪名来认定的做法,主要理由是:首先,从法律规定看,对于组织卖淫和强迫卖淫经历了一个从分条规定,到“组织他人卖淫或者强迫他人卖淫的”,再到“组织、强迫他人卖淫的”表述变化过程。根据上述罪状表述,在组织和强迫行为之间特意省去了连接词“或者”,而用顿号代替,符合选择性罪名特有的罪状表述。其次,一般认为,选择性罪名中各选择性要素应当具备密切关联,或者法益相同,或者具有吸收、牵连关系。如前文所述的,司法实践中单纯的强迫卖淫行为并不多见,更多的是伴随组织卖淫行为对组织内的人员实施强迫。强迫与组织既在大多数案件中相伴而发生,又在手段上具有牵连关系,符合构成选择性罪名的实质性要求。最后,使用选择性罪名能够准确反映、评价组织卖淫中有强迫卖淫行为的性质,以便与单纯的组织卖淫行为相区分,体现了两类犯罪在手段、社会危害性上的重要区别。需要注意的是,为了防止在组织、强迫卖淫罪中既够不上单一的组织卖淫的"情节严重"标准,又够不上单一的强迫卖淫"情节严重"标准的情况,《涉卖淫刑案解释》中还专门规定了组织、强迫卖淫"情节严重"的情形,有利于准确打击既组织卖淫又强迫卖淫的行为。

## 五、关于组织卖淫罪法律适用的其他问题

### (一)被组织人员尚未从事卖淫活动的是否属于组织卖淫罪的未遂

司法实践中,有的组织卖淫案件中,被组织卖淫人员尚未实际从事卖淫活动就被抓获。对于这类案件,有观点认为,因为被组织卖淫人员尚未实施卖淫活动,故行为人的组织卖淫行为尚未得逞,构成组织卖淫罪的未遂。我们认为,组织卖淫罪属于行为犯,行为犯的既遂并不要求造成物质性的和有形的犯罪结果,而是以行为完成为标志,组织卖淫罪的实行行为是组织行为,只要行为人完成了组织行为,不论被组织人是否实际从事卖淫,均构成组织卖淫罪的既遂。而从犯罪的社会危害性看,只要行为人采取招募、雇佣、强迫、引诱、容留等手段,实际管理、控制多人形成了卖淫组织,即对社会管理秩序和社会风化造成了一定的破坏,侵犯了刑法所保护的法益,具有了严重社会危害性。如果本罪的既遂必须包括被组织者在实际上从事了卖淫活动,这会缩小打击面,不符合行为犯的立法意图,使一些具有社会危害性的此类行为得不到法律的惩处。至于组织卖淫罪的未遂状态,是指组织卖淫行为并没有实施完毕即由于其意志以外的原因未得逞。比如,行为人已经开始着手实施招募、雇佣、强迫、引诱、容留等行为,但由于意志以外的原因,组织行为尚未实施完毕,尚未纠集一定规模的人员,或者尚未形成对卖淫人员的控制或者管理,在此情况下,可成立组织卖淫罪的未遂。

(二)组织卖淫罪不需要以营利为目的

《刑法》对淫业类犯罪罪状的表述起初是要求以营利为目的。1979 年《刑法》第一百六十九条规定,“以营利为目的,引诱、容留妇女卖淫的……”当时,淫业类犯罪并不猖獗,社会上出现的多为分散、零星的卖淫活动。引诱、容留妇女卖淫现象较少见且规模不大,社会危害性不突出,故《刑法》“以营利为目的”限制此类行为纳入刑事处罚的范围,符合罪刑相适应的要求。到了 1991 年《决定》颁布后,对所有淫业类犯罪不再规定以营利为目的,此后 1997 年《刑法》中也再未规定淫业犯罪需“以营利为目的”。究其原因,一方面,在于 20 世纪 80 年代后,卖淫嫖娼现场死灰复燃,越来越猖獗,有组织卖淫活动的规模越来越大,严重扰乱社会秩序,危害严重,故对于组织、强迫、引诱、容留、介绍他人卖淫的犯罪应当予以严惩。如果一律要求以营利为目的,则不利于打击此类犯罪。另一方面,淫业犯罪属于破坏社会秩序类犯罪,社会危害性主要体现在对社会秩序、社会风化的破坏,行为人是否以营利为目的、是否实际营利与其行为的社会危害性、刑事当罚性并无直接关系。虽然司法实践中大多数的组织卖淫是以营利为目的,但是确实也有行为人,其组织卖淫并无直接的获利目的,或者虽有组织行为但尚未营利的。对此,只要符合组织卖淫罪的犯罪构成,则应当以组织卖淫罪定罪处罚,而不考虑其是否以营利为目的或者是否实际营利。

(三)关于组织卖淫行为人实施杀害、伤害、强奸、绑架等犯罪行为的处理

《刑法修正案(九)》规定犯组织卖淫罪,并有杀害、伤害、强奸、绑架等犯罪行为的,依照数罪并罚的规定处罚。这样,可以确保取消组织、强迫卖淫罪的死刑后,对有杀害、伤害、强奸、绑架等犯罪行为的犯罪分子,如果应当判处死刑时,可以依法判处死刑。《涉卖淫刑案解释》第七条第一款对该条作了重申和强调,并规定协助组织卖淫行为人参与实施上述行为的,以共同犯罪论处。此外,组织、强迫卖淫行为人和协助组织卖淫行为人在杀人、伤害、强奸、绑架犯罪中的地位、作用,并不一定是依照他们在组织、强迫卖淫犯罪中的地位、作用来认定,而是依照他们在杀人、伤害、强奸、绑架犯罪的具体情况确定主从犯地位。

# 协助组织卖淫罪的定罪量刑问题

张　剑*

## 一、协助组织卖淫罪的概念

### (一)协助组织卖淫罪的含义及罪名的由来

协助组织卖淫罪,是指对组织卖淫犯罪起外部帮助作用的行为。《刑法》第三百五十八条第四款规定为,“为组织卖淫的人招募、运送人员或者有其他协助组织他人卖淫的行为”。

1979年《刑法》没有规定协助组织卖淫罪。本罪最初始于1991年《全国人民代表大会常务委员会关于严禁卖淫嫖娼的决定》(以下简称《决定》)第一条的规定,“组织他人卖淫的,处十年以上有期徒刑或者无期徒刑,并处一万元以下罚金或者没收财产,情节特别严重的,处死刑,并处没收财产。协助组织他人卖淫的,处三年以上十年以下有期徒刑,并处一万元以下罚金;情节严重的,处十年以上有期徒刑,并处一万元以下罚金或者没收财产”。该《决定》第一次从法律上确认了组织卖淫罪和协助组织卖淫罪。随后,最高人民法院、最高人民检察院于1992年出台《关于执行〈全国人民代表大会常务委员会关于严禁卖淫嫖娼的决定〉的若干问题的解答》(以下简称《两高解答》),《两高解答》第一条确定了《决定》第一条的罪名,第三条规定了本罪的具体罪状,即“协助组织他人卖淫罪,是指在组织他人卖淫的共同犯罪中起帮助作用的行为。如充当保镖、打手、管帐人等”。并明确“依照《决定》第一条第二款的规定,协助组织他人卖淫的行为,有具体的罪状和单独的法定刑,应当确定为独立的罪名,适用单独的法定刑处罚,不适用刑法总则第

* 张剑,最高人民法院刑事审判第四庭审判员。

二十四条关于从犯的处罚原则”。1997 年《刑法》将上述组织卖淫罪和协助组织卖淫罪的相关内容吸纳进去。

2011 年,全国人民代表大会常务委员会(以下简称全国人大常委会)发布《刑法修正案(八)》修改了本罪的罪状,将“协助组织他人卖淫的”修改为“为组织卖淫的人招募、运送人员或者有其他协助组织他人卖淫行为的”,但《最高人民法院、最高人民检察院关于确定罪名的补充规定(五)》并未对罪名进行修改。2017 年,最高人民法院、最高人民检察院出台了《关于审理组织、强迫、引诱、容留、介绍卖淫刑事案件适用法律若干问题的解释》(以下简称《解释》),其中对本罪进行了更为详细的规定:“明知他人实施组织卖淫犯罪活动而为其招募、运送人员或者充当保镖、打手、管账人等的,依照刑法第三百五十八条第四款的规定,以协助组织卖淫罪定罪处罚,不以组织卖淫罪的从犯论处。”

(二)关于主观方面

本罪的主观方面,要求行为人具有协助组织卖淫活动的犯罪故意——“协助故意”,即行为人明知自己是在进行协助组织卖淫的犯罪活动,而为他人的组织卖淫犯罪提供帮助、创造条件,并希望或放任组织卖淫犯罪行为造成的危害结果的发生。因此,协助组织卖淫罪的行为人主观上是双重的,一方面,由于本罪的行为人与组织卖淫罪的行为人是共同实施犯罪,因此从共同犯罪的意义上说,本罪的行为人也具有组织卖淫的故意;另一方面,行为人认识到自己所实行的是协助行为,是为他人组织卖淫犯罪提供帮助、创造条件,使组织卖淫行为得以顺利实施,具有协助组织卖淫的故意,这正是本罪行为人主观上的核心要件。如果行为人在主观上缺乏故意,仅仅在客观上为他人组织卖淫提供了方便,则不能构成本罪,但行为人协助组织他人卖淫的动机、目的如何,不影响本罪构成。总而言之,从构成本罪要件的角度讲,行为人对自己的行为具有协助组织卖淫的性质主观上是明知的。

实践中存在一种情况,即确实有一些人不知是卖淫人员而认为是运送、招募劳务人员,但实际协助了组织卖淫的情况。对此,《解释》明确规定不构成协助组织卖淫罪。而认定行为人是否明知,关键是看行为人的行为,一般可以实施协助组织卖淫行为持续的时间来佐证其主观上的直接故意,如果行为人受雇时并不知情,而且也仅工作了一两天,则并不能排除其主观上的非明知;如果是长期配合、互相熟知的,则很难解释为不明知。

(三)关于客观方面

本罪的客观方面表现为行为人明知他人实施组织卖淫犯罪活动而为其招募、运送人员或者充当保镖、打手、管账人等行为。

1997年《刑法》对本罪的罪状规定非常简单,即"协助组织他人卖淫的"。2011年《刑法修正案(八)》第四十八条补充规定了为组织卖淫的人招募、运送人员为协助组织卖淫的行为,这就是因为1997年《刑法》关于协助组织卖淫罪的规定比较原则,对于为组织卖淫的人招募、运送人员等行为未明确规定,实践中对这些行为是否应当和如何追究刑事责任存在模糊认识,因而作了补充。2017年《解释》对此进行了进一步的明确和补充,将"明知他人实施组织卖淫犯罪活动而充当保镖、打手、管账人等"行为也纳入本罪范围。

司法实践中,协助行为可发生于组织卖淫犯罪活动的各个环节,且表现形式多种多样。组织卖淫犯罪的实行行为(主行为)包括以招募、雇佣、强迫、引诱、容留等手段,控制多人从事卖淫的行为,核心是策划、指挥、管理、控制、安排、调度等组织行为,而协助组织卖淫罪的行为人就是没有具体参与实施上述组织行为而只是在外围协助组织者实施主行为,提供物质上、体力上和精神上帮助的行为的人员,主要有三种形式:(1)招募、运送。以招工为名,通过广告、互联网等方式,协助诱骗、招募妇女卖淫,但本身不参与组织卖淫活动;提供交通工具,为组织卖淫者接送、转移卖淫人员,只收取相应运输费用的。(2)充当保镖、打手、管账人等。充当保镖,看家护院,望风放哨;充当打手,协助强迫妇女卖淫,逼良为娼;为组织卖淫者充当管账人。(3)其他方法和行为。这是一种兜底规定,实践中主要包括:对卖淫人员进行所谓的"技术培训",明知是组织卖淫场所而从事保洁员、收银员、保安员等工作,并有帮助行为的;为卖淫者安排住处;为组织卖淫者指示犯罪目标,提供犯罪工具,排除障碍;提供反调查信息等。

## 二、协助组织卖淫行为单独定罪的缘由

(一)组织卖淫罪与协助组织卖淫罪的区分

组织卖淫罪与协助组织卖淫罪二者密切相关。从行为人之间的关系来

看,属于实质上的共同犯罪,协助组织卖淫者可以认为是组织卖淫者的从犯,二者只是由于分工及行为内容的不同而导致罪名及刑事责任的差异。但《刑法》单独规定了协助组织卖淫罪,表明这类行为应当确定为独立的罪名,适用单独的法定刑处罚,不再适用《刑法》关于从犯的处罚原则,即不再比照组织卖淫罪的主犯来从轻、减轻或者免除处罚。《两高解答》第三条对此亦明确规定:"依照《决定》第一条第二款的规定,协助组织他人卖淫的行为,有具体的罪状和单独的法定刑,应当确定为独立的罪名,适用单独的法定刑处罚,不适用刑法总则第二十四条关于从犯的处罚原则。"虽然《两高解答》已经废止,但其关于协助组织卖淫罪的解释还是正确的。

在司法实践中对于二者应当注意予以区分。实践中有种观点认为,组织卖淫罪一般是由数人或者多个环节组成的共同犯罪行为,凡是共同组织卖淫罪的主犯应当定性为组织卖淫罪,凡是共同组织卖淫罪的从犯应当定性为协助组织卖淫罪。这种观点是错误的,协助卖淫罪是一种独立的犯罪,而不是共同组织卖淫罪的从犯;共同组织卖淫罪的从犯,应当定性为组织卖淫罪,而不能定性为协助组织卖淫罪。

组织卖淫罪的行为人主观为故意组织他人卖淫,而协助组织卖淫罪行为人主观方面是具有协助组织卖淫活动的犯罪故意。协助组织卖淫行为属于帮助犯,帮助犯与主行为实施者即实行犯是按照分工不同划分的,不能简单地以作用大小为标准,二者的根本区别在于,帮助犯不实施主行为。就组织卖淫罪而言,帮助所实施的行为不能是组织行为(策划、指挥、管理、控制、安排、调度等实行行为),否则应当以组织卖淫罪论处。没有实施组织行为,不与卖淫行为发生直接联系,而是在外围协助组织者实施其他行为,充当保镖、打手、管账人或为直接组织者招募、雇佣、运送卖淫者,为卖淫者安排住处,为组织者提供反调查信息等行为,这些都不构成组织卖淫罪的共犯,而仅构成协助组织卖淫罪。

在司法实践中,组织他人卖淫场所中的老板、经理、领班、直接管理人员等一般应认定为组织者,老板系组织者是无疑的,而对于后三者,虽然受他人雇佣、领导和指使,但在整个组织卖淫过程中,地位和作用相对于组织者、指挥者(老板)属于次要角色,但是,从这部分人员与卖淫人员的关系上看,他们仍然管理、支配、控制着卖淫活动，也就是与卖淫人员之间存在管理与被管理的关系，这些行为已经超越了单纯的帮助行为的界限，因此，他们的行为实质上属于控制他人从事卖淫活动，亦即分担了组织卖淫罪的实行行为，故应将这部分管理人员的管理行为认定为是组织卖淫行为，应当以组织卖淫罪论处。而保镖、打手、管账人、保洁、服务生等一般系协助组织者，虽然这部分人员对卖淫场所的正常运行发挥重要作用，但他们并没有直接管理和支配卖淫人员，与组织卖淫罪中的"控制多人从事卖淫活动"存在本质上的不同，应当以协助组织卖淫罪论处。[①] 而如果是在具有营业执照的会所、洗浴中心等经营场所担任保洁员、收银员、保安员等，从事一般服务性、劳务性工作，仅领取正常薪酬且无协助组织卖淫行为的，不认定为协助组织卖淫罪。

（二）区分的必要性

刑法将协助组织卖淫罪从组织卖淫罪中区分开来，是有其必要性的：

1. 司法实践中协助行为的常态化

改革开放以来，随着社会环境的不断变化及社会矛盾的逐渐凸显，一些过去已经消失的违法犯罪行为又重新出现，卖淫嫖娼现象就是其一，它不仅会严重破坏社会风气、秩序，更有可能导致性病传播，危害公民的身体健康。为了打击组织卖淫犯罪，1991年全国人大常委会出台《决定》，将之规定为单独的罪名。而从实践看，由于组织卖淫犯罪的复杂性，涉及内部管理、对外交涉等各种复杂关系，组织卖淫者往往不能单独完成犯罪，需要合作者或者帮助者才能顺利实施组织卖淫行为。[②] 在组织卖淫者开设"娱乐场所"的过程中，离不开保镖、打手、管账人等的"协助"，这些协助组织行为已经常态化、类型化，甚至可以说必不可少。而由于其中犯罪人之间的分工不同、作用不同，导致各自承担的刑事责任也是不同的，必须区别对待。实施了策划、指挥、管理、控制、安排、调度等组织行为的行为人相对主观恶性更大、更深，而实施招募、运送人员或者充当保镖、打手、管账人等行为的协助者在犯

① 参见徐贤飞：《对卖淫场所中管理人员之定罪量刑》，载《人民司法（应用）》2016年第16期。

② 参见茹士春：《论帮助行为单独定罪——以协助组织卖淫罪与组织卖淫罪的切分为例》，载《中国刑事法杂志》2011年第1期。

罪中仅仅起到“跑龙套”等帮助作用，往往依附于组织者，一般危害要轻于组织者，其处罚也必然要小于组织者。因此，将这些协助行为从组织卖淫行为中分离出来，而不是按照组织卖淫罪一并处罚，进行区别定罪量刑，就成为一个比较稳妥的选择，也体现了罪责刑相适应原则。同时，如果只有组织卖淫罪一罪，将一部分处于从属地位的行为人定为从犯，则如何将从事组织卖淫行为的从犯与协助组织卖淫行为人区分开来？只有将协助组织卖淫行为单独定罪，才能更好地评价这些行为人在此类犯罪中的地位作用，从而准确量刑。

2. 协助行为的相对独立性

协助组织卖淫行为发生于组织卖淫犯罪活动的各个环节，表现形式是多种多样，既有充当保镖、打手、管账人的，也有为组织者招募、雇佣、运送、培训卖淫者的，还有为卖淫者安排住处，为组织者提供反调查信息的，等等。这些协助者与组织者之间的关系是协助与被协助的关系，在大多数情况下，这些保镖、打手、管账人等往往是组织者的依附品，依靠组织者生存，二者之间密不可分。但在实践中，也存在协助者独立于组织卖淫者的情况，如一些协助组织卖淫的行为人专门负责招募、雇佣、运输、培训卖淫者，但他们不仅服务于某一个组织卖淫者或某一个团伙，而同时为好几个团伙服务；或者提供反调查信息的人员，平时也并不与某个组织卖淫团伙直接关联，而是收钱办事。这种情况下，协助者与组织卖淫者之间并不存在密切的人身依附关系，也很难说是同一个犯罪组织，如果简单地按照共同犯罪理论，以组织卖淫罪共犯定罪处罚，对协助者的处理可能会出现偏差。比如，对于同时服务于几个组织卖淫团伙的招募、雇佣、运输、培训卖淫者，如果仅仅将之作为某一个组织卖淫团伙的共犯来处理，就很可能会遗漏掉对协助者其他协助行为的处罚。

3. 有利于打击协助组织卖淫行为

实践中，组织卖淫犯罪过程中，除了组织者外，往往有非常多的其他参与者，包括保镖、打手、管账人、服务员等。但由于组织卖淫罪的“组织”含义是比较确定的，对这些不具有组织特点的外围帮助人员，如果适用组织卖淫罪来定罪处罚，显然比较牵强，适用法律困难。而《刑法》将“协助组织”行为单独规定为犯罪,从而合理合法的将这些协助行为纳入刑法调整范围,显然更有利于打击这类犯罪行为。且从量刑的角度来看,如果只有组织卖淫罪一罪,则对于这些协助组织卖淫者,只能作为从犯而从轻、减轻或免除处罚,在处刑上与组织卖淫罪的主犯拉开差距,而在单独成罪后,就可以避免此问题,从而加大对协助组织卖淫行为的打击力度。[①] 此外,组织卖淫罪可能存在犯罪预备、未遂、中止等停止形态,将协助组织卖淫行为单独定罪,对其进行法律制裁就不再受制于前罪的这些形态,也有利于打击本罪。

4. 不违反共同犯罪原则

组织卖淫与协助组织卖淫,从广义上而言属于共同犯罪,但是对共同犯罪人分别定罪处刑,也并不违反《刑法》总则中有关共同犯罪的规定。

从《刑法》总则与《刑法》分则的关系而言,总则具有指导作用,分则是具体规定,但分则仍然可以在总则之外作出特别或例外规定。协助组织卖淫行为当然是组织卖淫罪的帮助犯,如果《刑法》没有单独规定,则对此行为当然要适用组织卖淫罪的法定刑,并结合《刑法》总则有关共同犯罪的规定进行处罚,但现有《刑法》分则已经对此行为单独定罪量刑,则不必再结合《刑法》总则有关共同犯罪的规定以组织卖淫罪来处罚。[②] 但共同犯罪的规定仍然适用于组织卖淫罪和协助组织卖淫罪。在组织卖淫罪中,不同的组织者地位、作用仍有可能不同,仍然可以区分主从犯,在协助组织卖淫罪中,其内部也同样可以区分主犯和从犯,两罪均可以适用共同犯罪的规定,并对从犯从轻、减轻或免除处罚。因此,并不存在违背《刑法》总则的问题。

总之,将协助组织卖淫行为单独定罪,有利于正确区分卖淫类犯罪中不同行为人在犯罪中的地位作用,从而准确量刑。从目前我国《刑法》规定来看,将主行为的帮助行为单独定罪量刑,将帮助犯正犯化,也并非特例,如资助危害国家安全罪,帮助毁灭、伪造证据罪等。这也说明从立法上而言,将协助组织卖淫行为单独定罪是可行的。

---

① 参见郑伟:《就这样动摇了共同犯罪的根基——论组织卖淫罪与协助组织卖淫罪的怪异切分》,载《法学》2009年第12期。

② 参见茹士春:《论帮助行为单独定罪——以协助组织卖淫罪与组织卖淫罪的切分为例》,载《中国刑事法杂志》2011年第1期。

## 三、协助组织卖淫罪之罪与非罪问题

实践中，公安机关在查处组织卖淫案件时，往往是“一锅烩”，不仅抓捕组织卖淫者和主要协助组织卖淫者，对一般协助卖淫行为性质不明显的人员也一并抓获。对此类人员应具体情况具体分析，不能一概而论地都予以定罪处罚。那种认为只要是在卖淫场所工作的人，都应当按照协助组织卖淫罪定罪的观点是错误的。

如果行为人协助组织卖淫行为性质明显的，不论其从事何种协助行为，均应以协助组织卖淫罪定罪处罚。但对协助组织卖淫行为性质不明显的，则不宜轻易定罪处罚。区分协助卖淫行为性质是否明显，主要看以下三个方面：一是从其工作场所来区分。如果是在隐蔽场所，非合法经营场所，则不存在协助行为性质不明显的问题。这是前提条件。行为人明知是非法场所，仍然实施协助行为，不能认定为协助性质不明显。因此，在会所、洗浴中心等合法经营场所，是认定协助行为性质不明显的首要条件。二是以从事工作性质来区分。充当保镖、打手、管账等工作的，从其平时工作中就应发现组织卖淫犯罪活动。而从事一般性的服务工作，如打扫卫生、迎宾、一般结账等一般性服务工作的，就不一定能在主观上具有协助组织卖淫的故意。三是从所获取的利益来区分。这是认定行为人与组织卖淫者关系密切程度的重要方法之一。仅领取正常的一般性薪酬且协助行为的，与领取高额工资者，明显不同。上述三个方面结合起来，可以确定协助行为性质是否明显。

就缩小犯罪打击面的角度而言，政策上也需要从宽掌握，除在组织卖淫或协助组织卖淫中发挥重要作用的人员外，一般情节显著轻微、从事一般工作并领取固定工资的人员，不宜按照协助组织卖淫罪处理。因此，《解释》第四条第二款规定，在具有营业执照的会所、洗浴中心等经营场所担任保洁员、收银员、保安员等，从事一般服务性、劳务性工作，仅领取正常薪酬，且无“明知他人实施组织卖淫犯罪活动而为其招募、运送人员或者充当保镖、打手、管账人等”等协助组织卖淫行为的，不认定为协助组织卖淫罪。

此外，协助组织卖淫行为是组织卖淫行为的帮助行为，故组织卖淫行为是否构成犯罪，对协助组织卖淫行为是否构成犯罪也是有影响的。如果组织卖淫行为情节显著轻微，不构成犯罪，则显然相应的协助组织卖淫行为也不能认定为犯罪；如果组织卖淫行为情节较轻，比如人员较少、次数很少等，则也要考虑相应的协助组织卖淫行为是否属于情节显著轻微、危害不大，不以犯罪论处的情况。

## 四、协助组织卖淫罪与其他相关犯罪的区别

### （一）协助组织卖淫罪与窝藏、包庇罪的区别

窝藏、包庇罪，是指明知是犯罪的人而为其提供隐藏处所、财物，帮助其逃匿或者作假证明包庇的行为。《解释》第十四条规定，“根据刑法第三百六十二条、第三百一十条的规定，旅馆业、饮食服务业、文化娱乐业、出租汽车业等单位的人员，在公安机关查处卖淫、嫖娼活动时，为违法犯罪分子通风报信，情节严重的，以包庇罪定罪处罚。事前与犯罪分子通谋的，以共同犯罪论处”。

这种通风报信、提供隐藏处所或其他方便条件的，广义上也是一种包庇行为，但对这种“情节严重”的行为，根据《刑法》第三百六十二条的规定，应按《刑法》第三百一十条规定的包庇罪定罪处罚。区别关键在于事前是否有同谋。如果事前有同谋的，应定为组织卖淫罪或协助组织卖淫罪的共犯；如果事前没有同谋，而纯系在组织卖淫犯罪完成之后的一种帮助行为，说明行为人并没有协助他人组织卖淫犯罪的主观故意，则应定为包庇罪，而不能定为组织卖淫罪或协助组织卖淫罪。此外，如果是负有查禁犯罪活动职责的国家机关工作人员，向组织卖淫犯罪者通风报信、提供便利，帮助其逃脱法律追究的，则应当依照《刑法》第四百一十七条之规定，以帮助犯罪分子逃避处罚罪论处。

### （二）组织卖淫罪、协助组织卖淫罪与强迫卖淫罪的区别

强迫卖淫罪，是指以暴力、胁迫、虐待或者其他手段，迫使他人卖淫的行为。组织卖淫罪、协助组织卖淫罪与强迫卖淫罪的手段行为都包含有强迫卖淫的情形，其间存在竞合关系。区分的关键在于，组织卖淫罪、协助组织卖淫罪中，存在相对稳定的卖淫团体，组织者对卖淫活动进行控制，进行管

理、支配、控制,而卖淫人员听从组织和管理,卖淫活动一定程度上服从、依赖于组织者的安排、调度、管理等组织行为,而协助者则帮助组织者进行控制,主观上是为他人组织卖淫提供帮助,不具有迫使他人卖淫的故意;而在强迫卖淫罪中,行为人以殴打、伤害、捆绑等暴力手段或者以暴力相威胁,以及其他手段,如以揭发隐私或者进行精神上的摧残、折磨等,迫使对方违背自己的意志进行卖淫,是单纯的人身强制,不存在组织、控制性。

(三)组织卖淫罪、协助组织卖淫罪与引诱、容留、介绍卖淫罪的区别

引诱、容留、介绍卖淫罪,是指以金钱、物质或者其他利益为手段,诱使他人卖淫,或者为他人卖淫提供场所,或者为卖淫的人与嫖客牵线搭桥的行为。组织卖淫罪、协助组织卖淫罪,与引诱、容留、介绍卖淫罪在犯罪的客体、客观方面、主观方面有相同或者相似之处。在组织卖淫、协助组织他人卖淫活动中,往往有引诱、容留、介绍等行为。但是,三者仍然是可以区分的:组织卖淫罪中的引诱、容留行为是以控制多人为基本特征的,存在管理与被管理、服从与被服从的关系,具有组织性;协助组织他人卖淫的行为主要是在组织他人卖淫犯罪中起帮助作用的行为,同样也有一定的强制性、组织性;而引诱、容留、介绍他人卖淫的行为,则表现为纯粹的引诱、容留、介绍他人卖淫的行为,手段被动、消极,双方之间不存在服从、依赖、支配等管理关系,相互之间只是一种比较松散的关系,卖淫人员来去自由和行动自由,同时有权决定何时卖淫、和怎样的嫖客进行卖淫行为、收费多少等事项,而不必受制于人。

(四)一罪与数罪的问题

实践中,还存在一种情况,即行为人既实施了组织卖淫行为、又实施了协助组织卖淫行为。对此,有观点认为,既然行为人的行为分别构成两种独立犯罪,就应当按照数罪并罚的原则处罚。

我们认为这种观点是错误的。组织卖淫行为与协助组织卖淫行为二者是密切相关的,在行为人基于同一犯罪目的,同时实施这两个行为时,其行为分别触犯了组织卖淫罪、协助组织卖淫罪,但行为之间是有着牵连关系的,已经构成了牵连犯,应当从一重处断的一般原则处理,即按照组织卖淫罪来定罪处罚,不存在数罪并罚的问题。

## 五、协助组织卖淫罪中的共同犯罪问题

协助组织卖淫行为与组织卖淫行为是实质上的共同犯罪,协助组织卖淫者可以认为是组织卖淫罪的从犯,但《刑法》分则的规定将之单独定罪,故不再作为组织卖淫罪的从犯来进行处理。有观点认为,组织卖淫罪只有主犯、没有从犯,协助组织卖淫罪只有从犯,没有主犯[①]。也有观点提出,按照《两高解答》第三条的规定,"依照《决定》第一条第二款的规定,协助组织他人卖淫的行为,有具体的罪状和单独的法定刑,应当确定为独立的罪名,适用单独的法定刑处罚,不适用刑法总则第二十四条关于从犯的处罚原则",因此在协助组织卖淫罪中就排斥了从犯问题[②]。这些观点是错误的。

首先,任何一种犯罪,在数人共同犯罪的形态中,除都是主犯或者共同正犯的情况外,只要犯罪分子在犯罪过程中发挥的作用有所不同,就应当有主犯、从犯之分,处于组织、指挥地位起着主要作用的是主犯,处于被指挥或者起次要、辅助作用的是从犯。

其次,就《刑法》规定而言,《刑法》总则规定了共同犯罪的处罚原则,而总则对分则各条有着普遍指导适用性,《刑法》分则中也并未排除共同犯罪条款对本罪的适用。如果排除在协助组织卖淫罪中对《刑法》总则关于共同犯罪一般规定的适用,显然不符合立法将之独立定罪的原意,也在法理上无法自圆其说。

最后,从实践来看,通常情况下,协助组织卖淫共同犯罪中,往往涉及的人员也比较多、关系复杂,既有充当保镖、打手、管账人的,也有为组织者招募、雇佣、运送、培训卖淫者的,还有为卖淫者安排住处,为组织者提供反调查信息的,他们之间有不同的职责分工,共同参与犯罪活动,但不同的协助者有不同的犯罪参与度,即使实施同一协助行为的,同样作用有大有小、地位有高有低,当然要根据其行为、作用、地位区分不同的罪责,确定主从犯,

① 参见郑伟:《就这样动摇了共同犯罪的根基——论组织卖淫罪与协助组织卖淫罪的怪异切分》,载《法学》2009年第12期。

② 参见蒋志如、严明:《社会变迁视野下的组织卖淫罪与协助组织卖淫罪——以陈某、张思某组织卖淫罪为例》,载《贵州警官职业学院学报》2017年第3期。

从而准确量刑。如果一概不区分主从犯,显然有悖罪责刑相适应原则,导致法律适用的不公平。实践中还存在一种情况,如有的行为人纠集人员专门从事协助组织卖淫的行当,比如组织一些人充当打手,成立运输组织等。在协助组织卖淫的这些人员中,有的人起着指挥、领导者地位,甚至对组成人员进行利益分配,成为一个标准的共同犯罪组织甚至可能成为一定规模的犯罪集团。对这样的共同犯罪组织,当然应当区分主从犯。因此,《解释》第五条明确规定,对协助组织卖淫犯罪,可依照《刑法》有关规定区分主从犯。

需要注意的是,根据《解释》第七条的规定,“根据刑法第三百五十八条第三款的规定,犯组织、强迫卖淫罪,并有杀害、伤害、强奸、绑架等犯罪行为的,依照数罪并罚的规定处罚。协助组织卖淫行为人参与实施上述行为的,以共同犯罪论处”。即虽然协助组织卖淫行为人与组织卖淫者在本罪中不作为共同犯罪处理,但如果二者共同实施了杀害、伤害、强奸、绑架等犯罪行为的,在后面这些犯罪中仍然构成共同犯罪,应当依照共同犯罪的有关规定处罚。

## 六、协助组织卖淫罪“情节严重”的认定

《刑法》第三百五十八条第四款规定,“为组织卖淫的人招募、运送人员或者有其他协助组织他人卖淫行为的……情节严重的,处五年以上十年以下有期徒刑,并处罚金”。这里规定的“情节严重”,是本罪的加重处罚情节。但对何为“情节严重”,《刑法》中并未进行明确。一般而言,认定情节严重与否,应当结合协助组织卖淫犯罪中的卖淫人员数量、运送次数、规模、情节及危害后果等犯罪情节综合考虑。

2017 年最高人民法院出台《解释》,对哪些情形属于“情节严重”进行了明确,有利于司法实践中对本罪的正确处理。《解释》第五条规定:“协助组织他人卖淫,具有下列情形之一的,应当认定为刑法第三百五十八条第四款规定的‘情节严重’:(一)招募、运送卖淫人员累计达十人以上的;(二)招募、运送的卖淫人员中未成年人、孕妇、智障人员、患有严重性病的人累计达五人以上的;(三)协助组织境外人员在境内卖淫或者协助组织境内人员出境卖淫的;(四)非法获利人民币五十万元以上的;(五)造成被招募、运送或

者被组织卖淫的人自残、自杀或者其他严重后果的;(六)其他情节严重的情形。”

从《解释》条文来看,协助组织卖淫罪的“情节严重”的“情节”基本上是比照组织卖淫罪的“情节严重”界定的。其理由在于,从“刑法”关于两个罪名的刑罚幅度配置看,实际上协助组织卖淫罪的刑罚幅度就相当于组织卖淫罪从犯的刑罚幅度。因此,本罪“情节严重”的标准也可以参照组织卖淫罪“情节严重”的标准来确定。仅对其中非法获利一项作了调整。组织卖淫非法获利100万元作为“情节严重”的起点,但协助组织卖淫的获利一般情况下明显小于组织卖淫者,因此,《解释》按照组织卖淫罪获利起点的一半即50万元作为协助组织卖淫罪“情节严重”的起点。

## 七、协助组织卖淫罪的量刑问题

根据《刑法修正案(八)》修改后的《刑法》第三百五十八条第四款的规定,“为组织卖淫的人招募、运送人员或者有其他协助组织他人卖淫行为的,处五年以下有期徒刑,并处罚金;情节严重的,处五年以上十年以下有期徒刑,并处罚金”。由此可见,协助组织卖淫罪的法定刑有两个量刑幅度:(1)符合本罪基本构成要件的,处五年以下有期徒刑,并处罚金;(2)如果符合本罪基本构成要件的,同时又达到前述情节严重标准的,处五年以上十年以下有期徒刑,并处罚金。

关于本罪的量刑原则。对犯协助组织卖淫罪行为人的量刑,其基本原则与其他犯罪相同,即(1)全面考虑、正确评价行为人所犯的罪行及所承担的刑事责任的大小;(2)正确认定犯罪性质,从而正确确定对应的法定刑;(3)全面考虑行为人有无法定、酌定从重和从宽处罚情节,尤其是在协助组织卖淫共同犯罪中,一般存在一定程度的分工和职责划分,对受人指使、安排,所处地位较低、发挥作用较小的行为人,可以认定为是从犯;(4)认真研究其行为对法律保护的社会关系损害的程度,既包括直接造成的危害后果,也包括潜在的危害后果等。

在对犯协助组织卖淫罪行为人进行量刑时,还需要特别注意的是,必须与组织卖淫罪主犯的量刑均衡考虑。协助组织卖淫罪与组织卖淫罪是实际上的共同犯罪，虽然不适用共同犯罪的有关规定，但在量刑时仍然要考虑到这一点。一般情况下，协助组织卖淫行为人在犯罪中所起的作用和行为的社会危害性比组织卖淫罪的主犯小，相对而言，处刑一般也会轻于组织卖淫罪的主犯。当然，具体量刑，仍需要考虑处于犯罪分子所参加实施的犯罪性质、情节轻重、参与犯罪的程度以及所起作用的次要程度等情况来确定。

【编者按】

被告人李旭贪污、受贿案共涉及两个罪名十五项指控，其中贪污罪两项，受贿罪十三项，事实、证据较为复杂，部分事实控辩双方争议较大。合议庭召开庭前会议，就管辖、回避、非法证据排除、证人出庭等方面听取双方意见，梳理事实和证据方面的争议点，确定法庭调查的顺序和重点。庭审中按照先易后难的顺序进行，即先审理无争议的事实和争议较小的事实、后审理争议较大的事实，使得法庭调查有条不紊地进行。本篇裁判文书如实还原庭审经过，充分体现控辩双方对抗过程；在犯罪事实部分表述繁简得当，简要的事实略说，争议的事实精说；论证说理深入全面，对法律争议焦点逐项回应并说明理由，充分展示了裁判文书的释法说理功能。

# 四川省成都市中级人民法院
# 刑事判决书

(2016)川01刑初152号

公诉机关四川省成都市人民检察院。

被告人李旭，男，1971年10月4日出生，汉族，大学学历，成都市投资促进委员会原党组书记、主任，因涉嫌犯受贿罪于2015年10月21日被刑事拘留，同年11月5日被逮捕。现羁押于成都市看守所。

辩护人余旺、周益频，四川华楚律师事务所律师。

四川省成都市人民检察院以成检公诉刑诉〔2016〕144号起诉书指控被告人李旭犯贪污罪、受贿罪向本院提起公诉。本院依法组成合议庭，召开了庭前会议，公开开庭审理了本案。四川省成都市人民检察院指派检察员余晖、安田出庭支持公诉,被告人李旭及其辩护人余旺、周益频均到庭参加诉讼。本案经合议庭评议并报本院审判委员会讨论决定,现已审理终结。

鉴于本案指控事实和证据较多,本院依职权决定召开庭前会议,成都市人民检察院检察员余晖,被告人李旭及其辩护人余旺参加了会议。在庭前会议中,本院就双方在管辖、回避、是否申请排除非法证据、是否申请证人出庭等方面了解情况,听取意见,梳理了事实和证据方面的争议点,确定了法庭调查的顺序和重点。

起诉书对被告人李旭提出两个罪名共计十五项指控,其中贪污罪两项,受贿罪十三项。法庭审理中,按照无争议的事实、争议较小的事实、争议较大的事实的顺序进行了法庭调查,控辩双方针对指控的事实、罪名及相关情节,当庭举证、质证和辩论,被告人李旭作了最后陈述。综合双方争议及各自理由,本院根据法庭调查顺序,分别评判如下:

一、公诉机关指控:被告人李旭利用担任成都市锦江区三圣街道党工委书记的职务便利,(1)为成都花香小城镇开发有限公司总经理邹胜,在位于三圣乡驸马村农贸市场的拆迁补偿等事项上提供帮助,于2008年收受邹胜人民币30万元;(2)为成都金沙陵园殡葬服务有限公司在用地拆迁事项上提供帮助,于2008年收受该公司实际控制人周于翔人民币20万元;(3)为成都琅玕营销策划有限公司承揽三圣乡景区导旗广告项目提供帮助,于2005年至2009年期间收受该公司法定代表人王磊人民币10万元;(4)为华西生辉建筑公司承建三圣街道画家村景区项目提供帮助,于2005年收受该公司项目承包人林才金人民币10万元;被告人李旭利用担任武侯区委常委、副书记、副区长的职务便利;(5)为成都香木林体育文化有限公司拟开发的环城生态区体育公园项目提供帮助,于2011年至2013年期间收受该公司总经理李柯人民币8万元、港币8万元;(6)为四川锦万房产开发有限公司开发的“簇锦家园”项目,在配套建设方面提供帮助,于2013年收受该公司法定代表人刘万龙人民币2万元;(7)为成都天易正堂保健服务有限公司续租经营用房提供帮助,于2011年收受该公司总经理柏莉人民币1万元;(8)为成都佳州房地产开发有限公司解决在武侯区投资遗留问题提供帮助,于2013年收受该公司实际控制人雷学峰价值人民币1万元的购物卡;(9)为中达宝马公司新4S店在土地变性等方面提供帮助，于2013年收受该公司负责人赵巍价值人民币1万元的购物卡；（10）为上海和鸿企业发展有限公司投资中医药研究院旧城改造项目提供帮助，于2011年至2015年期间收受该公司总经理周乐成人民币5.2万元。

针对上述指控，公诉机关根据庭前会议中控辩双方就举证方式达成的一致意见，简要出示了被告人李旭的任职文件、成都锦涛实业有限公司工商档案、成都锦涛实业有限公司与锦江区三圣街道驸马村签订的房屋租赁协议、成都建盟贸易有限公司与成都三圣东篱菊园生态旅游管理有限公司签订的《三圣土地整理项目区企业、种植补偿协议书》及相关材料、2008年2月1日三圣街道工委会会议记录、成都驿路梨花项目投资有限公司与三圣街道大安桥村村委会签订的《三圣“拆院并院”土地整理项目区企业、种植补偿协议书》、成都琅玕营销策划有限公司有关工程合同及财务凭证、三圣街道办广告制作清单、三圣街道办会议纪要、华西生辉公司工商资料及承揽荷塘月色音乐创业园工程资料、成都天易正堂保健服务有限公司租赁合同、天易正堂保健公司出具的证明、成都佳州房地产开发有限公司营业执照及委托贷款合同，证人胡杨、邹胜、邹俊刚、葛文、周于翔、王磊、林才金、李柯、郝斌、刘万龙、米毅、柏莉、雷学峰、赵巍、余晓华、周乐成的证言，被告人李旭的供述等证据。

公诉机关认为，在以上十项指控事实中，被告人李旭利用职务便利为他人谋取利益，收受他人价值共计人民币88.2万元、港币8万元的款物，其行为已构成受贿罪，且数额巨大。

被告人李旭及其辩护人对上述证据及指控事实无异议。

合议庭经当庭评议，认为上述指控证据具有合法性、真实性、关联性，对案件事实具有证明力，当庭予以采信，并对该十项指控事实予以确认。本院认为，公诉机关的上述指控事实清楚，证据确实充分，指控罪名成立。

二、公诉机关指控：被告人李旭利用担任成都市锦江区三圣街道党工委书记的职务便利，（1）为四川华晨融汇投资有限公司承揽“锦水花乡”安置房建设项目提供帮助，于2008年下半年收受该公司董事长时克义人民币50万元；（2）为成都春天花坊园艺公司承揽三圣街道花卉采购项目提供帮助，于

2005年至2009年期间收受该公司负责人林瑛人民币50万元。2009年3月,被告人李旭在调离锦江区后,因担心被调查,以代时克义还款的名义将50万元交给“锦水花乡”项目原承包人李文波,向林瑛退还了人民币50万元。

针对该两项指控事实,公诉机关根据庭前会议中控辩双方就举证方式达成的一致意见,简要出示了委托建设协议书、景安公司营业执照及公司章程、锦江区农村产权制度改革领导小组会议纪要、“锦水花乡”项目资料、项目工程财务资料、成都春天花坊农业开发有限公司、成都喜爱花艺有限责任公司、成都维生花卉园艺有限公司工商资料、春天花坊在三圣街道承接花卉项目的《订货合同》、付款凭证及账目资料,证人樊艳、胡杨、甘光全、朱瑾的证言等证据。

重点详细出示了以下证据:1. 证人时克义的证言。[①] 2. 证人邹胜的证言。3. 证人李文波的证言。4. 证人林瑛的证言。5. 被告人李旭的供述。

公诉机关认为,被告人李旭利用职务便利,为时克义、林瑛所在公司提供帮助,收受二人人民币100万元,其行为构成受贿罪,该100万元应计入受贿金额。

被告人李旭及其辩护人对该两项指控中李旭收过钱款的基本事实无异议,就李旭的主观故意和事实定性提出两点异议:第一,被告人李旭收受时克义50万元系出于帮助李文波收回欠款,无受贿的主观故意。第二,李旭在案发前六年即已主动将该两笔款项全额退还,且并非因自身或者有关联的人、事被查处,为掩饰犯罪而退还,符合《最高人民法院、最高人民检察院关于办理受贿刑事案件适用法律若干问题的意见》第九条第一款“国家工作人员收受请托人财物后及时退还或上交,不是受贿”之规定,不应认定为受贿罪进行处罚。

公诉人答辩称:第一,李旭的供述和证人邹胜、时克义的证言证实,李旭收受时克义50万元时具有受贿的故意。第二,李旭以代时克义向李文波偿还欠款的方式退还50万元,向林瑛退还50万元属于犯罪既遂后,为掩饰犯

① 该判决书中对于重点出示的证据均较为详细地摘录了证据主要内容,鉴于刊物篇幅所限,均予以省略。

罪而退还的行为,不符合该司法解释规定,应当以受贿罪定罪处罚。

本院认为,公诉机关针对该两项指控出示的前述证据均来源合法,内容真实,与指控事实相关联,本院均予以采信。针对控辩双方的争议焦点,本院综合评判如下:

(一)关于被告人李旭收受时克义50万元是否具有受贿故意的问题。本院认为,首先,李旭在侦查阶段明确供述其认为自己已经帮时克义使锦水花香项目得以顺利推进,收下这50万元是理所当然的,直接反映出李旭主观上具有受贿故意。其次,证人时克义、邹胜的证言与李旭的供述相互印证,证实李旭收到时克义50万元是在2008年;证人李文波的证言称,其曾于2009年年初请李旭帮忙向时克义催收欠款,但李旭当时并未向李文波提出代时克义归还50万元,该证言内容能够得到李旭供述的印证,亦证实李旭当时已将该50万元据为已有,并不想代时克义向李文波归还欠款。最后,从退还行贿款的角度而言,李旭应当将该50万元向时克义退还,即使代时克义偿还欠款,也应当让时克义知晓,但李旭的供述与证人时克义、李文波的证言相互印证,证实时克义对于李旭代其向李文波偿还50万元并不知情。此外,李旭明确供述其退款的原因是调离锦江区,担心此事败露被司法机关查处,而非自始即无受贿故意。因此,现有指控证据足以证实李旭收受时克义50万元时具有受贿的主观故意。被告人李旭及其辩护人所提李旭收受时克义50万元时不具有受贿故意的辩解及辩护意见,因与证据证明的事实不符而不能成立,本院不予采纳。

(二)关于该两项指控是否应认定为受贿罪进行处罚的问题。本院认为,首先,从受贿罪的构成要件来看,现有指控证据能够证实李旭利用职务便利,为时克义、林瑛提供帮助,分别收受二人50万元的事实,其行为完全符合我国《刑法》规定的受贿罪的构成要件,已经属于受贿既遂。其次,从李旭退款的及时性来看,如前述证据分析,李旭在收到时克义的50万元后,不仅不存在影响及时退还的客观阻碍事由,而且在李文波提出让其帮忙向时克义催要欠款后,仍未退还,不具有退还的及时性;李旭的供述和林瑛的证言相互印证,证实李旭收受林瑛50万元的时间跨度为五年,每年收受10万元,但李旭在五年内不仅未退还林瑛之前所送钱款,而且继续收受新送钱款,表明其不仅不具有影响及时退还的客观阻碍事由，反而能够证明李旭具有受贿故意。最后，从司法解释与刑法的效力关系来看，司法解释应当在《刑法》规定的范围内进行解释，目的在于帮助司法人员更准确地理解适用《刑法》规定，而不能突破《刑法》规定。该司法解释第九条所规定的“不是受贿”，是对虽然客观上收受了钱款，但主观上无受贿故意并及时退还的行为性质的解释说明，这种行为因不符合受贿罪的主观要件而当然不构成受贿罪，司法解释只有这样理解才符合其在法律渊源中的效力位阶。因此，李旭退还该100万元的行为不符合《最高人民法院、最高人民检察院关于办理受贿刑事案件适用法律若干问题的意见》第九条关于“不是受贿”的规定，而应认定为受贿既遂之后对赃款的处分行为。被告人李旭及其辩护人所提该两项指控事实不应认定为受贿罪进行处罚的辩解及辩护意见，因与法律规定不符而不能成立，本院不予采纳。

本院认为，该两项指控的事实清楚，证据确实充分，对该两项指控的事实和罪名均予以确认，该100万元应计入受贿金额。

三、公诉机关指控：被告人李旭利用担任三圣街道党工委书记的职务便利，为四川兴骋达建设发展有限公司承揽三圣乡荷塘月色佛手拈花雕塑等项目提供帮助，于2005年至2009年期间收受该公司法定代表人周云人民币15万元。

针对该项指控，公诉机关详细出示了以下证据：1. 成都兴骋达环境艺术公司承接佛手拈花雕塑工程的合同。2. 证人胡杨的证言。3. 证人周云的证言。4. 被告人李旭的供述。

公诉机关认为，被告人李旭利用职务便利，为周云提供帮助并收受人民币15万元，其行为构成受贿罪，该15万元应计入受贿金额。

被告人李旭对该项指控无异议，其辩护人提出该项指控因证据不足而不能成立的辩护意见，理由是：本案证据中仅有一份兴骋达公司与三圣街道办事处于2005年12月6日签订的雕塑制作合同，之后李旭未利用职务之便向周云提供帮助，即使收受周云钱款，也应认定为礼金，不应定性为受贿款，同时因收受款项的具体时间不明确，无法区分15万元中礼金和受贿款的比例，根据疑罪从无原则，该项指控不成立。

公诉人答辩称,指控证据能够确实充分地证实李旭收受周云15万元贿赂的事实,即使有以礼金名义所送钱款,根据司法解释规定,也应认定为受贿金额。

本院认为,公诉机关针对该项指控出示的前述证据均来源合法,内容真实,与指控事实相关联,本院均予以采信。

针对控辩双方的争议焦点,本院综合评判如下:第一,李旭的供述与证人胡杨、周云的证言相互印证,证实李旭收受周云钱款的数额为15万元,且事由是李旭在周云承揽三圣街道雕塑工程方面给予的帮助。第二,证人周云的证言称其于2005年至2009年期间,在三圣街道承揽了多个雕塑小品项目,造价共计100余万元。虽然本案仅收集到佛手拈花雕塑工程的一份书面合同,但李旭的供述和周云、胡杨的证言相互印证证实周云实际承接的并不止这一个项目。第三,李旭收受周云钱款的时间段为2005年至2009年,与其在三圣街道任职的时间段相吻合,2009年调离锦江区后未收受周云钱款,也可佐证其收受周云钱款与担任三圣街道党工委书记的职务相关联的事实。第四,胡杨、周云的证言明确称该15万元的性质为“返点费”“好处费”,从未认为是“礼金”。第五,依照最高人民法院、最高人民检察院于2016年3月28日发布实施的《贪污贿赂刑事案件适用法律若干问题的解释》第十五条之规定,“国家工作人员利用职务上的便利为请托人谋取利益前后多次收受请托人财物,受请托之前收受的财物数额在一万元以上的,应当一并计入受贿数额”。按照法律解释方法中的当然解释,入罪应举轻以明重,只要金额在1万元以上的,即使在受请托之前收受,也应认定为受贿款,那么,在受请托之后收受的1万元以上财物,当然应认定为受贿款。本案中,李旭供述周云每次送的都是“三万元、五万元不等的信封”,金额均在1万元以上,且时间均是在受请托之后,故该15万元无论是“礼金”,还是“好处费”,均应计入受贿数额。综上,现有指控证据足以证实李旭收受周云15万元贿赂的事实。被告人李旭的辩护人所提该项指控因证据不足而不能成立的辩护意见,因与证据证明的事实不符而不能成立,本院不予采纳。

本院认为,该项指控的事实清楚,证据确实充分,对该项指控的事实和罪名均予以确认,该15万元应计入受贿金额。

四、公诉机关指控:2008 年 1 月,被告人李旭经多次与胡杨、邹胜共同商议,决定以 120 万元的价格购买位于三圣街道江家堰社区的天缘汽配厂,胡杨出资 20 万元,邹胜负责筹集其余 100 万元,被告人李旭负责协调相关事宜。拆迁过程中,被告人李旭授意成都花香小城镇开发有限公司负责江家堰社区的拆迁工作,安排熟悉拆迁流程的邹胜具体办理天缘汽配厂的拆迁手续。邹胜随后组织黄登富(另案处理)等人,通过违规搭建钢棚、安装废旧变压器、人为拆分企业、伪造拆迁调查资料等手段,骗取拆迁补偿及按户调控奖励共计 3 124 987.94 元,非法占有拆迁款 1 924 987.94 元。其中,李旭、胡杨各分得 50 万元,邹胜分得 20 万元,其余 72 万余元由黄登富等人分得。

针对该项指控,公诉机关详细出示了以下证据:1. 李旭的任职文件。2. 胡杨的任职文件。3. 三圣街道办事处出具的情况说明。4. 三圣街道党工委 2005 年 2 月 4 日会议纪要。5. 成都市国土资源局锦江分局《关于实施“拆院并院”三圣项目拆旧区拆迁工作有关事宜的紧急报告》。6. 锦江区国土局关于成都天缘汽配有限公司拆迁补偿有关问题调查核实情况的报告。7. 天缘汽配公司房屋拆迁补偿金额测算表、黄登富和刘齐分别与江家堰社区签订的补偿协议、熊大俊手绘平面示意图,拆迁示意图。8. 中共成都市锦江区委锦委发(2008)1 号文件、锦江区国土局出具的情况说明。9. 三圣街道办事处及江家堰社区居委会出具的情况说明。10. 缴付款通知单。11. 琉璃供电所证明及成都市三新电力服务有限公司金牛分公司情况说明。12. 转让协议证实。13. 证人张德成的证言。14. 证人金治安的证言。15. 证人包贵云的证言。16. 证人刘齐的证言。17. 证人熊大俊的证言。18. 证人缪体芳的证言。19. 证人张超林的证言。20. 证人夏康忠的证言。21. 证人刘兴亮的证言。22. 证人邹昌军的证言。23. 证人常庆的证言。24. 证人张文友的证言。25. 证人刘德春的证言。26. 证人朱文飞的证言。27. 证人夏勇的证言。28. 证人赵全的证言。29. 同案犯邹胜的供述。30. 同案犯胡杨的供述。31. 同案犯黄登富的供述。32. 被告人李旭的供述。

公诉机关认为,被告人李旭身为国家工作人员,利用职务便利,伙同他人采取欺骗手段,非法占有拆迁补偿款 1 924 987.94 元,其行为已构成贪污罪。

被告人李旭及其辩护人对该项指控提出以下辩解及辩护意见:第一,李旭不构成贪污罪,而应构成受贿罪。理由是,李旭事前并未与邹胜、胡杨共谋骗取拆迁补偿款,对邹胜、胡杨拆分厂房、虚增面积等行为不知情,只是事后收受了邹胜的感谢费;李旭从未在涉及本案拆迁补偿款的任何文件上签字,未参加相关会议的讨论决策,而且三圣街道办事处只负责农户的拆迁工作,企业的拆迁由区国土局负责,李旭作为锦江区委常委,其职务不包含主管、管理、经手公众财物的内容,不属于贪污罪中"职务之便";李旭利用职务之便收受邹胜50万元,符合受贿罪的构成要件。第二,如果认定李旭构成贪污罪,则该笔的贪污金额应认定为1 525 410.74元,即以李旭等人实际获得的3 124 987.94元,扣除实际应补偿的1 599 577.2元。

公诉人答辩称:第一,李旭与邹胜、胡杨共谋骗取拆迁补偿款,属于共同犯罪,应认定为贪污罪。第二,贪污金额应以李旭等人实际获利数额认定。

本院认为,公诉机关针对该项指控出示的前述证据均来源合法,内容真实,与指控事实相关联,本院均予以采信。针对控辩双方的争议焦点,本院综合评判如下:

(一)关于被告人李旭是否与邹胜、胡杨共谋通过购买天缘汽配厂骗取拆迁补偿款的问题。本院认为,首先,李旭在侦查阶段多次稳定供述其与邹胜、胡杨一起商量购买天缘汽配厂以获取拆迁补偿款牟利,胡杨出资20万元,邹胜、胡杨说出钱的事不用其费心。同案犯胡杨、邹胜均供称三人一同商议过购买天缘汽配厂的事情,并且李旭表示过要出资,只是二人鉴于李旭是领导,未让其实际出资而已。三人的供述能够相互印证,证实在通过购买天缘汽配厂骗取拆迁补偿款的过程中,李旭参与了事前共谋。其次,邹胜供述其提出将天缘汽配厂拆成两个部分以保证李旭和胡杨的利益,李、胡二人均同意,但黄登富很不满意。该供述内容能够得到胡杨供述的印证和黄登富供述的佐证,证实李旭在骗取拆迁补偿款的过程中也参与了共谋。最后,李旭、邹胜、胡杨一致供述称,黄登富因天缘汽配厂拆迁问题被逮捕后,为了补偿黄登富,李旭和胡杨均将各自分得的50万元退出,李旭还另外支付5万元用于补偿黄登富,亦可从侧面反映出三人共同谋划、共享利益、共担风险的行为性质。因此,现有指控证据足以证实李旭与邹胜、胡杨共谋通过购买天缘汽配厂骗取拆迁补偿款的事实。

（二）关于李旭在获取拆迁补偿款过程中是否利用职务便利的问题。本院认为，首先，《企业、专业户情况调查登记表》、《三圣土地整理项目区企业、种养殖补偿协议书》、三圣街道办事处出具的关于为天缘汽配厂增加补偿的《情况说明》等证据证实，天缘汽配厂拆迁工作主要发生在2008年3月左右，在此过程中，三圣街道办事处具有入户调查、编制资料、决定补偿金额等职责。中共成都市锦江区委锦委发（2008）1号文件、锦江区国土局出具的情况说明载明，天缘汽配厂的拆除工作处于“198”土地整理的先行先试阶段，由三圣街道办事处负责对该企业拆除。由国土局负责企业拆迁工作的做法是在2008年9月之后才施行，亦可印证由三圣街道办事处负责对天缘汽配厂拆迁的事实。其次，李旭的任职文件、邹胜、胡杨的供述、时任三圣街道办事处主任朱文飞的证言等证据均证实，李旭虽然于2006年11月任锦江区委常委、统战部部长，但一直兼任三圣街道党工委书记至2009年3月。李旭作为三圣街道的党工委书记、主要领导，对三圣街道的全面工作负责，对于拆迁工作亦有决策权。再次，三圣街道党工委2008年2月1日的会议纪要载明，在确定某市场的拆迁补偿金额过程中，李旭对负责拆迁的公司、拆迁期限、补偿款的金额及支付方式等事项均作出安排，亦证实其对于辖区内的拆迁工作具有决策权。最后，本案系共同犯罪，在天缘汽配厂拆迁过程中，李旭与胡杨、邹胜利用各自的职权，分别负责不同的具体事项，例如该厂之所以能够顺利违法搭建、虚增面积，就与胡杨分管城管工作，具有管控违法建筑的职责，邹胜系小城镇公司负责人，负责编制拆迁资料的职责不无关系。根据共同犯罪法理，李旭与胡杨、邹胜共同利用各自的职务便利，属于贪污罪中的“利用职务上的便利”。因此，现有证据足以证实在通过天缘汽配厂骗取拆迁补偿款的过程中，李旭利用了职务便利的事实。

（三）关于贪污金额的认定问题。本院认为，在贪污罪中，应以国家遭受的实际损失为犯罪金额。本案中，锦江区国土局出具的《关于成都天缘汽配有限公司拆迁补偿有关问题调查核实情况的报告》证实，支付天缘汽配有限公司的拆迁补偿款3 124 987.94元中，实际应补偿1 599 577.2元，造成虚增多领取拆迁补偿款1 525 410.74元。公诉机关将李旭等人的获利总金额，即以实际所得3 124 987.94元,扣除120万元的购厂成本后,全部认定为贪污数额,确有不当,应予纠正,该笔贪污金额应认定为1 525 410.74元。

本院认为,公诉机关的该项指控事实基本清楚,证据确实充分,对该项指控的基本事实和罪名予以确认,但贪污金额应认定为1 525 410.74元。此外,根据上述指控证据,本院另查明,2012年黄登富因骗取拆迁款被司法机关调查后,李旭将分得的50万元退还邹胜,并另支付5万元用于补偿黄登富。

被告人李旭及其辩护人针对该项指控所提李旭不构成贪污罪而构成受贿罪的辩解及辩护意见,因与证据证明的事实不符,不能成立,本院不予采纳。关于贪污金额应认定为1 525 410.74元的辩解及辩护意见,与审理查明的事实相符,本院予以采纳。

五、公诉机关指控:2007年12月至2008年3月期间,被告人李旭经与胡杨、邹胜共同商议,授意邹胜寻找、购买待拆迁企业以骗取拆迁款。邹胜以22万元从三圣街道万福村9组居民张英全处购买了一处地上建筑,利用与龙泉洪桥金属门窗厂虚假签订的转让协议等材料,制造该建筑系龙泉洪桥金属门窗厂,属待拆迁企业的假象。2008年3月,邹胜等人又以安装废旧变压器、虚报企业损失等手段,骗取拆迁补偿及调控奖励共计686 494.50元,非法占有拆迁款466 494.50元。其中,李旭分得15万元,胡杨分得10万元,其余21万余元由邹胜等人分得。

针对该项指控事实,公诉机关根据庭前会议中控辩双方就举证方式达成的一致意见,简要出示了成都龙泉洪桥金属门窗厂拆迁补偿资料、成都三新电力服务公司金牛分公司出具的情况说明、三圣街道万福社区居民委员会出具的情况说明、三圣街道办事处出具的情况说明、龙泉洪桥金属门窗厂工商登记资料、转让协议,证人张德全、张美群、张英全、邹俊刚、缪体芳的证言等证据。

重点详细出示了以下证据:1. 同案犯胡杨的供述。2. 同案犯邹胜的供述。3. 被告人李旭的供述。

公诉机关认为,被告人李旭身为国家工作人员,利用职务便利,伙同他人采取欺骗手段,非法占有拆迁补偿款466 494.50元,其行为已构成贪污罪,该46万余元应计入贪污数额。

被告人李旭及其辩护人针对该项指控提出以下辩解及辩护意见:第一,李旭不构成贪污罪,而应构成受贿罪。理由是,李旭不具有合谋骗取金属门窗厂拆迁补偿款的主观故意;在金属门窗厂的拆迁过程中,李旭未提供帮助;李旭利用职务之便收受邹胜15万元,符合受贿罪的构成要件。第二,如果认定李旭构成贪污罪,则贪污金额应以实际取得的赔偿金额扣除应得的赔偿金额,而不应扣除购买价格。

公诉人答辩称:第一,现有证据足以证实李旭与邹胜、胡杨采取与前述天缘汽配厂相同的手段,共谋骗取拆迁补偿款,应认定为贪污罪。第二,贪污金额应以李旭等人实际获利数额认定,且由于时隔多年,不具备核实被拆建筑物真实数据的条件,无法查实正常应当补偿的金额。

本院认为,以上证据均来源合法,内容真实,与指控事实相关联,本院均予以采信。

针对控辩双方的争议焦点,本院综合评判如下:首先,从李旭的供述内容来看,关于通过天缘汽配厂骗取拆迁补偿款的事实,李旭供述了与胡杨、邹胜共同商议购买,以及各人出资等情节,但关于通过洪桥门窗厂骗取拆迁补偿款的事实,李旭供述内容主要为,邹胜购买了洪桥门窗厂后迟迟未被拆迁,遂找李旭帮忙,后在李旭协调下,该厂被顺利拆迁,邹胜为表示感谢,送给李旭15万元,并未供述过与邹胜共谋以及商谈出资等情节。其次,从李旭供述的真实性来看,办案机关并未掌握李旭与天缘汽配厂和洪桥门窗厂拆迁有关的犯罪线索,均系李旭主动交代,综合考察李旭对全案十五项犯罪事实的供述情况,其供述内容具有较高的真实性。最后,从胡杨和邹胜的供述来看,虽然二人供述过李旭曾参与共谋通过洪桥门窗厂骗取拆迁补偿款,但因二人均系同案犯,利害关系明显,不能排除二人试图推卸部分责任,减轻各自罪责的可能性,而且胡杨也曾作出邹胜在获得该笔赔偿款后送给李旭的15万元系感谢费的供述,与李旭的供述能够形成一定程度的印证,虽然之后翻供称邹胜是受李旭安排购买洪桥门窗厂,但未对翻供理由作出合理解释。因此,现有证据不能确实充分地证实李旭参与共谋,并安排邹胜购买洪桥门窗厂的事实,但能够证实李旭利用职务便利为邹胜获取拆迁补偿款提供便利,并收受其15万元的事实。

根据上述分析,本院确认以下事实:

2007年,邹胜得知成都市锦江区三圣街道万福村可能要被拆迁后,向时任三圣街道党工委书记的被告人李旭核实情况,告知李旭自己准备在万福村购买企业,以在之后的拆迁过程中获利,并请李旭在拆迁过程中给予帮助,李旭告知其可以购买。2008年年初,邹胜以22万元的价格从三圣街道万福村9组居民张英全处购买了一处地上建筑,利用与龙泉洪桥金属门窗厂签订的虚假转让协议等材料,制造该建筑系龙泉洪桥金属门窗厂,属待拆迁企业的假象。之后,邹胜又以安装废旧变压器、虚报企业损失等手段,取得拆迁补偿及调控奖励共计686 494.50元。为了感谢李旭在洪桥金属门窗厂拆迁过程中的帮助,邹胜送给李旭15万元。

本院认为,被告人李旭利用担任成都市锦江区三圣街道党工委书记的职务便利,为他人获取拆迁补偿款提供便利,并收受15万元,其行为已构成受贿罪,该15万元应计入受贿金额。公诉机关针对该项指控的基本事实清楚,证据充分,但定性有误,应予纠正。被告人李旭及其辩护人针对该项指控所提李旭不构成贪污罪的辩解及辩护意见成立,本院予以采纳。

此外,公诉机关还认定,2015年7月1日,中共成都市纪委在已掌握李旭涉嫌受贿线索的情况下,通知李旭接受调查。李旭在接受调查期间,如实交代了受贿事实,并主动交代与邹胜、胡杨等人共同贪污拆迁款的事实。公诉机关出示了成都市人民检察院成检(2015)4号案件线索移送函、成都市纪委成纪线移(2015)36号案件线索移送函、成都市纪委成纪案移(2015)18号案件移交函、成都市纪委出具的关于李旭到案及表现的情况说明等证据以证实上述情节。

公诉人当庭发表公诉意见认为,被告人李旭对于贪污罪具有自首情节,对于受贿罪具有坦白情节。

被告人李旭及其辩护人对上述事实无异议,但提出李旭对于受贿罪也具有自首情节的辩解及辩护意见。此外,李旭的辩护人还当庭出示由本院出具的收据一份,证实李旭的家属于2016年10月11日代李旭向本院退缴赃款125万元,并据此提出李旭具有退赃情节的辩护意见。

公诉人答辩称：第一，李旭交代办案机关掌握的同种犯罪线索，不构成自首。第二，对李旭的退赃情节予以认可。

本院认为，公诉机关出示的关于李旭接受调查情况的指控证据，以及辩护人出示的关于李旭退赃的证据，均来源合法，内容真实，与本案事实相关联，本院均予以采信。对于李旭就贪污罪具有自首情节，以及向法院退缴赃款 125 万元的事实予以确认。

针对控辩双方就被告人李旭犯受贿罪是否具有自首情节的争议焦点，本院认为，办案机关在掌握李旭收受时克义、周于翔和邹胜三人贿赂的线索后，通知李旭接受调查谈话，李旭没有自动投案的行为，在办案机关调查谈话期间，如实交代办案机关掌握的受贿线索所针对的此部分事实，不构成自首。对于李旭主动交代的其他受贿犯罪事实，因属于办案机关掌握的同种其他犯罪事实，亦不能构成自首。因此，被告人李旭及其辩护人所提李旭犯受贿罪具有自首情节的辩解及辩护意见因与法律规定不符而不能成立，本院不予采纳。

综上所述，本院认为，被告人李旭作为国家工作人员，利用担任成都市锦江区三圣街道党工委书记的职务便利，伙同他人采取欺骗手段，非法占有拆迁补偿款 1 525 410.74 元，个人分得 50 万元，其行为已构成贪污罪，且数额巨大。被告人李旭利用担任成都市锦江区三圣街道党工委书记、武侯区委常委、副书记、副区长的职务便利，为他人谋取利益，收受他人财物共计人民币 218.2 万元，港币 8 万元，其行为还构成受贿罪，且数额巨大。被告人李旭犯数罪，依法应当数罪并罚。被告人李旭在接受调查时，主动交代办案机关未掌握的贪污罪行，其行为对于贪污罪构成自首，依法可以从轻或者减轻处罚。在受贿罪中，办案机关仅掌握小部分犯罪事实，被告人李旭交代了大部分未被掌握的同种犯罪事实，应从轻处罚。被告人李旭还具有退赃情节，量刑时酌情考虑。被告人李旭退还给邹胜的 50 万元贪污赃款，属于违法所得，依法应当予以追缴，鉴于邹胜已在另案处理，可在邹胜贪污案处理过程中对 50 万元赃款一并作出处理；被告人李旭向本院退缴的 125 万元赃款，属于其违法所得，依法应当予以没收，上缴国库。

据此，为了打击职务犯罪，保护国家财产，维护国家工作人员的职务廉洁性,依照《中华人民共和国刑法》第三百八十二条,第三百八十三条第一款第(二)项,第三百八十五条,第三百八十六条,第二十五条第一款,第五十二条,第五十三条,第六十七条第一款、第三款,第六十九条第一款、第三款,第六十四条,以及《最高人民法院、最高人民检察院关于办理贪污贿赂刑事案件适用法律若干问题的解释》第二条第一款、第十九条之规定,判决如下:

一、被告人李旭犯贪污罪,判处有期徒刑四年,并处罚金人民币二十万元;犯受贿罪,判处有期徒刑六年六个月,并处罚金人民币二十万元;决定执行有期徒刑九年,并处罚金人民币四十万元。

二、对被告人李旭的违法所得共计人民币218.2万元,港币8万元依法予以没收,上缴国库。

如不服本判决,可在收到判决书的第二日起十日内,通过本院或直接向四川省高级人民法院提出上诉。书面上诉的,应当提交上诉状正本一份,副本二份。

审判长　周　磊

审判员　徐尔旻

审判员　魏　军

二〇一六年十二月二日

书记员　许　颖

# REFERENCE TO CRIMINAL TRIAL

## CONTENTS

【GUIDING CASES】

Case of Yu Kunfeng ' s Traffic Crime[No. 1334]

—*How to Understand the Proof Standard of "Reliable and Sufficient" in Self - Confession Cases* ································ Wang Miao ( 1 )

Case of Deng Wenjun and Fu Chunxuan's Producing and Selling Poisonous and Harmful Food[No. 1335]

—*Committing The Crime by Using Oil That Has Been Used by Previous Customers should be Convicted as Producing and Selling Poisonous and Harmful Food* ·························· Zhang Chuan( 11 )

Case of Mr. Yi ' s Illegal Business Operation[No. 1336]

—*The Nature of the Conduct of Illegal Selling Fireworks* ················································ Liu Shanshan, Xiao Bo( 17 )

The Acquittal Case of Zhou Changbing ' s Illegal Business Operation [No. 1337]

— *Does the Conduct of Operating Security Service without Approval Constitute the Crime of Illegal Business Operation and How to Determine the Circumstances of "Not Punishing as Unit Crime"* ························································ Liu Xiaohu( 25 )

Case of Wang Xiumei ' s Crime of Murder[No. 1338]

—*If the Joint Perpetrators in the Same Case Were Prosecuted*

*Separately, Could the Court Trail The Cases Together* …… Qi Su( 31 )

The Rape Case of Defendant Liang[No. 1339]

—*How to Use Evidence to Distinguish Crime and Non - crime in Acquaintance Rape Cases* ……… Wan Jie, Song Junmei, Xu Wang( 38 )

Case of Zhang X Wen's Crime of Robbery and Crime of Forcible Seizure [No. 1340]

—*How to Deal With the Circumstances if The Factual Circumstances of Identity of the Defendant and the Recidivist Were Wrongful Determined and Were Discovered during the Death Penalty Review Procedure* ……………………………………………… Fan Dongming( 44 )

Case of Pu Changcai's Crime of Theft[No. 1341]

—*How to Determine the Amount of Fine in the Case of Non-Monetary Theft* ………………………………… Wang Yongxing, Ai Qianyu( 51 )

Case of Huang Yu's Crime of Fraud[No. 1342]

—*How to Differentiate the Crime of Fraud and Civil Fraud* ……………………………………………………………… Zhang Qin( 57 )

Case of Wang Jianghao's Crime of Embezzling Funds[No. 1343]

—*How to Determine the Nature of the Conduct of The Director of the Community Owners Committee by Embezzling Community Owners Committee's Funds* …………………… Zhang Bing, Zhao Liang( 63 )

Case of Zhou Lubao's Crime of Extortion[No. 1344]

—*The Boundary between Crime of Extortion by Using Information Network and Using Network to Safeguard Rights* …… Wang Dong( 70 )

Case of Zhu Lunjun's Crime of Causing Disturbances[No. 1345]

—*How to Determine the Nature of the Conducts of Intercepting Children and Forcibly Seizure of Goods with Low Value for Several Times* ……………………………… Peng Dongmei, Wang Libing( 78 )

Case of Cai Heng's Crime of Causing Disturbances[No. 1346]

—*How to Determine the Nature of the Conducts of Drunk Driving and*

*Chasing Other' s Vehicle Resulting in Damages to the Vehicle and Injury to the Person* ······························ Shang Junfeng( 84 )

Case of Xia Yonghua's Crime of Running a Casino[No. 1347]

—*Whether the Conducts of Gambling by Snatching Virtual Red Envelopes in Wechat Group and So On Could be Convicted of This Crime* ······································· Lu Jianhong,Jiang Hua( 89 )

The Case of Sai Lihua and Wang Yilong Selling Drugs, and Illegal Possession of Drugs by Sai Lihua. [No. 1348]

—*How to Determine the Nature of the Same Kind of Crimes in Drug Crimes and How to Determine the Nature of the "Possession" in the Crime of Illegal Possession of Drugs* ·············· Jiang Linwei(100)

Case of Yuan Qihu' s Crime of Sheltering and Introducing Prostitution [No. 1349]

—*The Judicial Determination of "Gravity of the Circumstances" in Sheltering and Introducing Prostitution Crime* ··········· Wang Min(107)

Case of Yan Jiyue' s Crime of Introducing Prostitution[No. 1350]

—*How to Determine the Nature of the Conducts of Providing Convenience for QQ Group Chat Members for Prostitution and Whoring?* ················································ Li Jiantao(113)

Case of Liang Shixun' s Crime of Selling Pornographic Materials for Profit [No. 1351]

— *The Determination of the Amount of Pornographic Materials in Cloud Storage and The Relevant Sentence*
··············································· Zhao Fang,Chen Ke'e (119)

Case of Li Qun' s Accepting Bribes[No. 1352]

—*Whether the Conduct of Accepting Others Request to Decorate the House without Paying and Willingness to Pay Constitutes Crime of Accepting Bribes?* ··································· Zhang Ye(125)

Case of Wang Qiyun' s Crime of Dereliction of Duty in Signing and

Fulfilling Contracts by State Functionaries and Was Swindled[No. 1353]
—*How to Determine the Nature of the State Functionaries' Conducts of Swindled by Gross Irresponsibility during the Investigation, Verification and Negotiation process for Signing and Executing Contract without Signature*
······································ Yang Wenrui, Yuan Hongling(130)

**【LEGISLATION AND JUDICIAL RULES】**

**Supreme People's Court, Supreme People's Procuratorate**

Interpretations of the Supreme People's Court and the Supreme People's Procuratorate on Several Issues concerning the Application of Law in Handling Criminal Cases Involving Crimes of Illegally Using an Information Network or Providing Aid for Criminal Activities in Relation to Information Network ······································ (139)

The Understanding and Application of The Interpretations of the Supreme People's Court and the Supreme People's Procuratorate on Several Issues concerning the Application of Law in Handling Criminal Cases Involving Crimes of Illegally Using an Information Network or Providing Aid for Criminal Activities in Relation to Information Network ························································ (145)

**Supreme People's Court**

Interpretation of the Supreme People's Court on Several Issues concerning the Application of Law in the Trial of Criminal Cases of Smuggling, Illegal Operation, and Illegal Use of Stimulants ········ (156)

**Supreme People's Court**

Opinions of the Supreme People's Court on Legally and Properly Hearing Cases concerning Objects Thrown or Falling from Heights ··········· (158)

【EXCHANGE OF EXPERIENCES】

**Higher People's Court of Jiang Su Province**

Study on the Criminal Judicial Protection of Property Rights ………… (162)

**Higher People's Court of Jiangxi Province**

Report on the Trial of Forging Bid Crime ……………………………… (188)

【DISCUSSION IN PRACTICE】

Study on Judicial Application of Crime of Organizing Prostitution

……………………………………………………………… Pan Jie (197)

The Conviction and Sentencing Issues in Crimes of Assisting The Crime of Organizing Prostitution ………………………………… Zhang Jian (210)

【SELECTION OF JUDGMENTS】

Case of Li Xu' Crimes of Embezzlement and Accepting Bribes

—*Criminal Judgment of Cheng Du Intermediate People's Court Si Chuan Province* ………………………………………………… (224)

图书在版编目(CIP)数据

刑事审判参考. 总第122集 / 中华人民共和国最高人民法院刑事审判第一、二、三、四、五庭主办. -- 北京 : 法律出版社, 2020
ISBN 978-7-5197-4588-2

Ⅰ. ①刑… Ⅱ. ①中… Ⅲ. ①刑事诉讼－审判－中国－丛刊 Ⅳ. ①D925.218.4

中国版本图书馆CIP数据核字(2020)第089995号

**刑事审判参考(总第122集)**
**XINGSHI SHENPAN CANKAO**
**(ZONG DI-122 JI)**

中华人民共和国
最高人民法院刑事审判
第一、二、三、四、五庭 主办

责任编辑 许 睿 连晓敏
装帧设计 李 瞻

**编辑统筹** 司法实务出版分社
**出版** 法律出版社
**总发行** 中国法律图书有限公司
**经销** 新华书店
**印刷** 三河市龙大印装有限公司
**责任印制** 胡晓雅
**开本** 710毫米×1000毫米 1/16
**印张** 16
**字数** 239千
**版本** 2020年6月第1版
**印次** 2020年6月第1次印刷

法律出版社/北京市丰台区莲花池西里7号(100073)
网址/www.lawpress.com.cn
投稿邮箱/info@lawpress.com.cn
举报维权邮箱/jbwq@lawpress.com.cn
销售热线/400-660-8393
咨询电话/010-63939796

中国法律图书有限公司/北京市丰台区莲花池西里7号(100073)
全国各地中法图分、子公司销售电话:
统一销售客服/400-660-8393/6393
第一法律书店/010-83938432/8433
西安分公司/029-85330678
重庆分公司/023-67453036
上海分公司/021-62071639/1636
深圳分公司/0755-83072995

**书号:**ISBN 978-7-5197-4588-2 **定价:**38.00元

# 征稿启事

《刑事审判参考》是最高人民法院刑事审判第一、二、三、四、五庭共同主办、法律出版社出版、面向国内外公开发行的刑事司法业务指导和研究性出版物。

为能够以最前沿的视野、最权威的高度和最贴近刑事司法实践的方式编辑本书，欢迎各位同仁向本书以下栏目提供稿件：

1. 指导案例。在认定事实、采信证据和适用法律、司法解释定罪量刑方面具有研究价值和指导意义的典型、疑难案件，并附一审、二审裁判文书。

2. 理论前沿。对刑事司法的前沿理论问题进行深入研讨的论文。

3. 域外司法。评介域外的刑事立法及司法制度、实务问题和典型案件的文章。

4. 经验交流。地方司法机关制定的刑事司法规范性文件及其背景说明，地方人民法院院领导在刑事审判工作会议上的讲话，等等。

5. 实务探讨。对某一类刑事实务问题提出的解决方案。

6. 裁判文书。具有较强说理性、充分体现法官裁判思维和判案智慧的优秀裁判文书。

7. 编辑部答疑。读者在刑事司法实践中遇到的法律适用方面的疑难、复杂问题。

8. 疑案争鸣。针对刊登的疑难案例争议问题进行分析、发表观点，等等。

稿件应有问题意识，观点明确，语言平实，不晦涩。

来稿请注明作者的联系方式（包括地址、邮编和电话）。来稿一经采用，将按著作权的规定支付报酬。

来稿可向以下任何一位执行编辑投递：

北京市东城区北花市大街9号最高人民法院刑一庭　赵俊甫

zhaojunfu81@163.com

北京市东城区北花市大街9号最高人民法院刑二庭　段　凰

cankaodh@163.com

北京市东城区北花市大街9号最高人民法院刑三庭　周　川

xingsanting@sohu.com

北京市东城区北花市大街9号最高人民法院刑四庭　陆建红

Lu_Lu_jianhong@126.com

北京市东城区北花市大街9号最高人民法院刑五庭　方文军

fwjzgf@sina.com

邮编：100062

特别提示：为避免各庭之间采稿重复，来稿不可同时投递。

最高人民法院刑事审判第一、二、三、四、五庭